KB052522

근대 대구의 애국계몽운동

근대 대구의 애국계몽운동

초판 1쇄 발행 2021년 9월 3일

지은이   권대웅
펴낸이   윤관백
펴낸곳   ┃돌선┃선인
등 록   제5-77호(1998.11.4)
주 소   서울시 마포구 마포대로 4다길 4 곳마루빌딩 1층
전 화   02)718-6252/6257
팩 스   02)718-6253
E-mail   sunin72@chol.com

정가   30,000원
ISBN 979-11-6068-609-8 93900

근대 대구의
애국계몽운동

권대웅 저

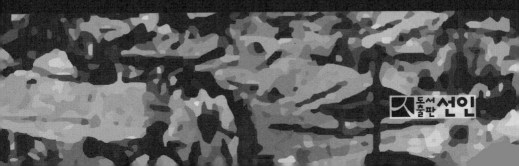
도서
출판 선인

│『근대 대구의 애국계몽운동』 집필을 마치고 │

2020년 2월 18일부터 대구에서는 코로나19 확진자가 폭증하기 시작하였다. 이때부터 대부분의 사람들이 외부 출입을 삼가며 집안에 머물렀는데, 필자는 『불굴의 의병장 해운당 김하락』을 집필하기 시작해서 4월 중순 무렵 마쳤다. 그리고 『근대 대구의 애국계몽운동』의 집필을 시작해 가을이 되어서야 초고를 마쳤다.

필자는 지금까지 한국근현대사를 공부하면서 자료를 수집하고 현지조사를 통해 역사적 사실을 확인하는 데 집중하였다. 자료 수집과 현지조사는 역사 연구의 기본이다. 필자는 연구 여건이 황폐한 전문대학의 교수로 재직했기 때문에 관련 연구 자료는 서재에서 해결할 수 있도록 한다는 목표로 자료를 수집하였다. 그리고 수집된 자료를 분석하고 현지조사를 통해 확인하는 것이 나의 연구 과정이었다.

처음 공부를 시작하면서 현지조사를 시작하였다. 왜냐하면 역사적 사실을 밝히는 데는 자료만으로 부족하다고 생각하였기 때문이다. 그래서 부족한 것은 역사의 현장을 살펴보고 보완해야 한다는 생각으로 현지조사를 벌였다. 그동안 나는 경상북도의 각 지역에서 자료수집과 현지조사를 했고, 중국의 동북삼성과 러시아의 블라디보스토크를 여행하면서 현장을 확인하는 등 견문을 넓히고자 했다. 자료를 통해서 알게 된 역사적 사실은 역사의 현장에서 구체화되었다.

나는 거의 60년 넘게 대구에서 살았다. 그동안 대구와 관련해서도 자료 수집과 연구를 틈틈이 수행하였다. 눈에 보이는 대로 모았고, 필요할 때마다 논문도 발표하였다. 세월이 흐르면서 상당한 자료와 몇 편의 논문이 모였다.

1989년 「조선국권회복단 연구」, 1994년 2월의 박사학위 논문 『1910년대 경상도지방의 독립운동단체연구』를 비롯하여 「한말 경북지방의 사립학교와 그 성격」(1994), 「한말 달성친목회 연구」(1995), 「한말 교남교육회 연구」(1996), 「소남 이일우의 생애와 국권회복운동」(2016), 「대한협회 대구지회의 활동과 성격」(2017), 「경북지역 국채보상운동의 발단과 전개」(2018) 등이다. 이러한 글들은 대체로 대한제국기 대구와 경상도 지역의 애국계몽운동과 관련된 글이다. 이 책은 그동안 발표했던 논문들을 해체하여 보완하고 체계화시켰다.

대구는 조선후기에 들어와 영남에서 가장 큰 도시가 되었고, 개항 이후 근대적인 도시로 성장하였다. 한말 풍운의 격동기에는 영남 각처에서 수많은 사람들이 몰려들었다. 대구는 정치의 중심지가 되었고, 상업도시로서의 면모도 갖추어 정치·경제적으로 영남 내륙지방의 교두보가 되었다. 특히 주목되는 것은 낙동강을 배경으로 상업자본을 장악한 신흥자본가들의 출현이었다.

대구지역의 신흥자본가들은 대한제국의 광무개혁에 적극적으로 참여하였다. 그리고 신교육과 신사조의 영향 속에서 근대를 지향하는 의식이 확산되면서 애국계몽운동의 후원자가 되어 역사의 전면에 부각되었다.

대구지역 애국계몽운동은 신흥자본가세력인 대부호들이 주도하였다. 이들은 계몽운동 단체를 설립하여 애국계몽운동을 전개하였고, 신교육기관인 학교를 설립하여 민중계몽을 주도하였다. 그리고 국채보상운동을 발의하여 전국적인 범국민운동으로 발전시켰다.

국권회복을 위한 이른바 애국계몽운동에는 친일과 민족주의가 함께 착종되어 있었다. 그 속에서 많은 대부호들은 일제의 침략정책에 편승하여 관료로 나아가거나 경제적인 부를 취하는 데 전력하였고, 나아가 경술국치 이후에는 일제의 식민지 통치기구에 종사하는 관리 및 후원자가 되었다. 이른바 애국계몽운동가로서의 한계를 드러냈다.

나는 이 책의 초고를 끝내고 출간을 미뤄왔다. 왜냐하면 애국계몽운동에 참여했던 대부분의 인물들이 일제의 침략 과정에서나 식민통치 과정에 편승하여 그 기구에 참여했었기 때문이다. 처음부터 이들은 상업 활동을 벌이는 과정에서 침략 세력과 타협하였고, 축적한 부를 지키기 위해 식민지 통치기구에 참여하였다. 이것을 친일과 반일이라는 프레임으로 설명할 수 없었다. 그렇다고 국가와 민족에 대한 도덕적 책무를 가지고 비판하는 데도 한계가 있었고, 우리가 겪었던 암울했던 식민지시기의 상처와 흉터를 가지고 선(善)과 악(惡), 정(正)과 사(邪)로 규정하는 것도 당혹스러운 점이 있었다. 그 후손들이 말하는 것처럼 그냥 자신의 일에 충실하게 살았던 것이 결과적으로 친일이 되었고, 반민족적 행위가 되었을 수도 있었을 것이다. 그러나 분명한 것은 이들은 상업 활동을 통해 막대한 부를 축적하였고, 축적한 부를 지키기 위해 일본 침략세력에 편승하였고, 일제의 통치기구에 참여하는 등 식민지 시대를 살았던 것이다.

이 책은 자료를 통해서 실제 확인할 수 있었던 사실만을 기록하고 가감하지 않았다. 다만 역사적 사실을 시기별로 나열하고, 사건별로 정리하여 서술했을 뿐, 역사적 이론과 논리에는 구애받지 않았다. 독자의 걱정과 비판은 필자의 책임이라 생각한다.

이 책의 출간을 선뜻 응해주신 도서출판 선인의 윤관백 사장님과 이동언 선인역사문화연구소장, 그리고 선인 편집부 여러분에게 감사드린다. 끝으로 부모님을 도와 어린 동생을 데려다 공부시켜 주신 백형(권대석)과 중형(권대인) 두 분께 감사드린다. 특히 백형은 공부를 시작하자 좋아하시며 성원해주셨다. 지금 이 지면이 아니면 기회가 없을 것 같아 이 말로 대신한다.

2021년 9월
무더운 여름의 시작
권대웅

|목 차|

Ⅴ. 대한협회 대구지회의 조직과 활동 / 141

Ⅵ. 교남교육회의 조직과 활동 / 207

I

개항기
대구개황

1. 상업의 발달과 상인자본의 성장

○ 대구, 상업도시로 성장하다

대구는 임진왜란이 끝난 1601년(선조 34) 감영이 설치되어 경상도의 중심지가 되었고, 1896년(고종 33) 갑오개혁으로 13도제를 실시한 뒤에는 경상북도의 중심지로 성장하였다. 따라서 대구는 영남의 수부(首府)로서 행정(行政)과 상업(商業)의 중심지가 되었고, 대구 서문시장(西門市場)과 약령시(藥令市)는 전국적인 교역시장으로 성장하였다.

대구 서문시장   대구 약령시

1876년 개항 이후 일제의 침략과정에서 대구는 경남 동래부(東萊府)의 부산(釜山)과 함께 신흥상업도시(新興商業都市)로 성장하였다. 부산이 개항되면서 일본상품이 낙동강의 선운무역(船運貿易)을 통해 경상도 일원으로 유입되었고, 대구는 낙동강을 배경으로 경상도 내륙지방과 개항장 부산을 연결하는 내륙상권의 교두보가 되었다.

이리하여 대구지역의 상인들은 낙동강을 이용하여 동래부 부산항의 토착상인이 공급하는 일본상품을 교역하였다. 그런데 개항장 부산에 진출한 일본 상인들이 청일전쟁 이후 국가권력의 비호를 받으며 동래와 부산의 상권을 장악하였고, 1893년 9월 이후 대구로 진출하기 시작하였다. 일본 상인들은 청일전쟁 이후 대구의 상권을 위협하였다.

1895년 설립된 동래부의 부산항상무회(釜山港商務會)와 1898년 대구에 설립된 수창상회(壽昌商會)는 개항장 부산의 대일교역 확장과 일본 상인의 토착상권 위협에 대응하기 위해 조직된 상인단체였다.

부산항상무회는 동래부상무회의소(東萊府商務會議所)를 말하는데, 이것은 동래부 부산항에서 활동하던 객주들에 의해 조직된 상인단체이다.[1] 부산항상무회는 개항 이후 영남지방에서 대일무역의 거점이었던 부산항을 중심으로 상권을 확장해 갔다.

대구 상인들도 처음에는 부산항상무회에 참여하여 상업 활동을 하였다. 1898년 8월에는 대구지역의 상인들이 수창상회(壽昌商會, 일명 壽昌社)를 설립하였다. 수창상회는 '상업흥왕(商業興旺)과 상권보호(商權保護)'를 목적으로 설립한 대구지역의 상인조합이었는데, 대일무역의 거점인 부산의 동래(東萊)와 하단(下湍)에 그 지점을 설치하여 물화(物化)를 저장하고 물가(物價)를 관리하였다.[2]

이와 같이 대구는 행정적으로 경상도의 수부이기도 했지만, 경상도 내륙지방을 대표하는 신흥 상업도시였다. 그리고 부산과 경상도 내륙을 잇는 낙동강 선운무역의 교두보였다. 대구지역의 상권을 장악한 신흥자본가 세력은 대한제국기 광무개혁이 진행되는 과정에서 역사의 전면에 부상하였다.

○ 신흥자본가, 애국계몽운동을 주도하다

한말 신교육과 신사조의 영향 속에서 근대를 지향하는 의식이 확산되면서 지주와 상인, 그리고 영리계층(營吏階層) 등의 부호들이 강력한

---

1) 김승, 「한말·일제하 동래지역 민족운동과 사회운동」, 『지역과 역사』 6, 부경역사연구소, 2000.
2) 「수창상회사규칙」(1898. 8)

애국계몽운동 후원자로 나타났다. 이들은 서울을 중심으로 전개되던 애국계몽운동이 지방으로 확산되면서 역사의 전면에 부각하였다.

신흥자본가 세력은 현실적인 한계를 인식하고 극복하고자 했다. 이들은 관찰사의 중요한 협조자로서 대구를 비롯한 관찰부 주변의 상권을 장악하였다. 나아가 낙동강 연변 경상도 일원의 내륙지방 상권까지 장악하였다.

한말 대구지역의 사회적 주도권을 장악하고 있던 신흥자본가는 서상돈·정규옥·서병오·정재학·서상하·이장우·이일우·최만달·최대림·박기돈·이종면 등이다. 이들은 1904년 설립된 우현서루(友弦書樓)와 1905년 2월 설립된 시무학당(時務學堂) 등을 조직하여 대구지역 애국계몽운동을 선도하였다. 곧이어 1906년 1월 설립된 대구광문사(大邱廣文社)와 1906년 8월 설립된 대구광학회(大邱廣學會)는 교육진흥(敎育振興; 교육을 진흥함)과 식산흥업(殖産興業; 생산을 늘이고 산업을 일으킴)을 목표로 애국계몽운동을 주도하였다. 나아가 애국계몽운동의 전개과정에서 활동의 방향을 달리하는 자치조직으로 이일우·윤영섭·윤필오 등 대구광학회 계열의 대구시의소(大邱市議所)와 서상돈·김광제 등 대구광문사 계열의 인민대의소(人民代議所)로 분화되었다.

애국계몽운동을 주도하였던 신흥자본가들은 사범학교(師範學校) 설립을 위한 발기인[3]이나 국채보상운동(國債報償運動)의 발기인,[4] 대한협회(大韓協會) 대구지부(大邱支部)의 회원 등으로 활동하였다. 대체로 그 직함은 전·현직관인 및 유생이었지만, 소수의 인사들을 제외하

---

3) 『대한매일신보』, 1906. 3. 11, 「달찰미적」
4) 『황성신문』, 1907. 7. 26, 「광고」

고는 대부분 경상감영의 영리(營吏) 출신의 상인이었다. 이들은 상업으로 축적한 부(富)를 이용하여 관료로 나아간 사람들이거나 관료 출신으로 상업에 종사한 사람들이었다.[5]

이일우(李一雨, 1870~1936)는 시전상인에서 출발하여 거부가 된 이동진(李東珍, 1836. 4. 6~1905. 3. 5)의 장남이었다. 이동진은 대구 서문시장과 낙동강을 통해 개항지 부산을 연결하여 소금·미곡 등을 매매하는 상업을 통해 부를 축적하였고, 대구를 비롯한 그 주변의 선산·칠곡·현풍·경산 등지에 전장을 소유한 대지주로 성장했던 사람이다.[6]

이일우는 1904년 '민지개발(民智開發; 국민의 지혜를 개발함)'을 위한 교육진흥(敎育振興; 교육을 진흥함)의 일환으로 우현서루(友弦書樓)를 설립하였고, 1905년에는 우현서루에 시무학당(時務學堂)을 설립하였다. 그리고 1906년 8월에는 대구광학회(大邱廣學會)를 조직하여 교육진흥과 식산흥업(殖産興業; 생산을 늘이고 산업을 일으킴)을 목표로 한 애국계몽운동을 후원하였다.

특히 주목되는 것은 대구지역의 상인층은 봉건정부의 조세징수 과정에서 세금대납을 통해 부를 축적하였는데,[7] 대구광문사를 주도한

---

5) 미와조테츠(三輪如鐵), 『조선대구일반』, 1911(최범순 옮김, 영남대학교 출판부, 2016) "이러한 상인 가운데는 대구시내에 거주하는 정 몇 품 벼슬아치도 있고 군수출신자도 있으며 부산의 일본인 상인도 있는가 하면 멀리 인천에서 오는 상인도 있다."

6) 조긍섭, 「전」, 『성남세고』 권1, 부록 「금남유고」

7) 미와조테츠, 『조선대구일반』, 1911, 48쪽. "최근에는 일종의 세상(稅商)이 새롭게 등장했다. 중앙정부의 재정이 곤란한 틈을 타 인천과 부산 등지의 징수 청부업자들이 경성에 올라가 요직에 있는 인물에게 아첨해서 경상도 낙동강과 전라도 금강지역의 편리한 한 개 군 또는 두세 개 군의 세금을 선납하고 세전징수 위임명령서를 발급받아 군수를 통해 인민들에게 훈령하는 것이다."

서상돈을 비롯한 정규옥·정재학·김병순(본명 김윤란)·정해붕 등이었다. 이들은 변혁과 외침의 시대적 상황 속에서 현실에 보다 민감할 수 있었던 성향을 가졌다. 우선 이들은 자신들이 소유한 부(富)를 통해 관직에 나아감으로써 부(富)에 걸맞은 신분과 권력을 향유할 수 있었다. 동시에 이것은 기존의 부를 유지하고 새로운 부를 획득할 수 있는 길이기도 하였다.

1906년 1월 서상돈을 비롯한 정재학·정규옥·김병순·정해붕 등 대구지역 부호들이 설립한 애국계몽운동 단체가 대구광문사이다. 대구광문사는 1906년 3월 경북관찰사 신태휴가 추진하였던 근대학교 설립에 참여하였고, 같은 달 고종이 발표한 흥학조칙(興學詔勅)과 곧이어 경북관찰사 신태휴가 발표한 흥학훈령(興學訓令)에 부응하여 총회를 개최하고 흥학조칙을 낭독·선포하였다. 뿐만 아니라 관찰사 신태휴와 함께 각 군을 순행하며 학교설립을 위한 방략을 결의하는 등 애국계몽운동을 주도하였다. 이것은 관찰부의 중요한 협조자로서 대한제국 정부가 추진하던 개혁사업에 적극적으로 호응한 것이기도 했다.

2. 일제의 침략과 일본인의 진출

○ 일본인 상인, 대구에 들어오다

조선후기 이래로 대구는 낙동강을 배경으로 경상도 내륙과 개항장 부산을 연결하는 내륙 상권의 교두보였다. 그런데 1895년 4월경부터 일본인 상인들이 대거 대구 남문 부근에 이주하기 시작하면서 지주 및 상인층은 일본 상인들의 상권 침탈에 직면하게 되었다. 이러한 상황에 대응하기 위해 조직된 상인 단체가 1895년 설립된 동래부의 부산항상무회(釜山港商務會)와 1898년 대구에 설립된 수창상회(壽昌商會)였다.

1894년 청일전쟁 이후 국가권력의 비호 아래 내륙으로 진출한 대구지역의 일본상인들은 대구의 상권과 토지 침탈을 통해 정착하기 시작하였다. 이에 정부는 1898년 10월 외부 훈령(訓令 제3호)으로 각국인의 내지 여행과 통상, 그리고 내국인을 앞세워 전토와 가옥을 매매하는 행위를 금지하고, 이미 각국인의 매득한 전토와 가옥은 본 주인에게 돌려주도록 하였지만,[8] 일본인의 토지 침탈은 공공연히 이루어졌다. 특히 1899년 경부철도(京釜鐵道) 부설에 관한 약정을 일본철도회사(日本鐵道會社)와 맺은 뒤, 대구지역에는 일본인 노동자를 비롯한 일본거류민들의 정착이 급속도로 증가하였고, 이들에 의한 전토와 가옥 매입이 본격화되었다.

대구에 이주한 최초의 일본인은 히자츠키 마스키치(膝付靈)와 무로코오타로(室孝太郎) 두 사람이었다. 이들은 1893년 9월에 대구 남문 안에 있던 조선인의 집을 빌려 의약 및 잡화점을 개설하였다.[9] 그 후 청일전쟁을 거치면서 일본군 병참부대의 설치, 경부철도의 부설 등과 더불어 일본인의 진출이 본격화되어 1904년 2월말 약 200명이었던 것이 4월말에는 약 7·800명, 6월말에는 약 1,000명 이상에 달했다. 이에 대구지역의 조선인들과 대한제국 정부의 관료들은 일본거류민에 대한 구축을 논의하였고, 대구에 거류하고 있던 일본인들도 적지 않게 압박을 받았다.[10]

---

8)『경상남북도래거안』, 1898. 10. 19, 훈령 제3호.
9) 미와조테츠,『조선대구일반』, 1911(최범순 옮김, 영남대학교 출판부, 2016, 97~98쪽).
10) 대구부,『대구부사』제1, 1915, 189·200쪽.

1903년 12월 경상북도관찰사 이윤용(李允用)은 일본인이 임대하거나 구매한 가옥을 팔고 산 전토를 일일이 조사하여 물러주고, 행상의 퇴거를 압박하고, 상품거래를 막고, 미곡의 판매를 금지하였다.[11] 그리고 1904년 1월 관찰부에서는 일본인에게 토지를 매도한 사람과 그 것을 주선한 17~8명을 체포하였다.[12]

1901년 8월 20일 경부철도가 착공되어 1905년 1월 1일 개통되자 대구는 경부선의 주요 역으로 부상하여 일본인 이주민이 급증하기 시작하였다.[13] 이 기간 중 철도종사원, 공사 청부업자, 하청업자, 자재상인 등 1,000여 명의 일본인이 대구에 이주하였다. 경부철도가 완공된 후에도 800여 명의 일본인 상인들이 대구에서 상업 활동을 계속하였다. 이들은 1904년 7월 대구에 주둔한 일본군 수비대의 비호 아래 상업 활동을 할 수 있었고, 또 이들에 의한 토지매매도 매우 활발하게 이루어졌다.[14]

1905년 4월 경상북도관찰사 이용익(李容翊)은 경부철도 부설 이후 대구에 거류하는 일본인에게 전답을 저당하는 경우가 많아지자 이를 금지하는 공문을 대구 주재 일본경찰소 및 거류민회사에 보내기도 하였다.[15] 그리고 일본인에게 전답을 저당하거나 매매를 중개한 한인 22명을 투옥하고 곤장 20대씩을 쳤다.[16]

11)『경상남북도래거안』, 1903. 12. 4,「보고서」및「서목」
12) 미와조테츠,『조선대구일반』, 1911, 88쪽.
13) 대구상업회의소,『대구안내』, 1928, 7쪽.
14) 미와조테츠,『조선대구일반』, 1911, 98쪽.
15)『경상남북도래거안』, 1905. 4. 2,「보고서」
16) 미와조테츠,『조선대구일반』, 1911, 99쪽.

○ 일본인 상인, 대구의 상권을 위협하다

대구지역에 이주한 일본인은 초기에는 부산이사청(釜山理事廳)의 관할에 속하였지만, 1904년 6월 대구동포회(大邱同胞會)를 조직하고, 같은 해 8월 일본거류민회(日本居留民會)를 설립함으로써 자치조직을 갖게 되었다. 1905년 3월에는 일본거류민 시모츠 사부로(下津三郎) 등이 『대구실업신문(大邱實業新聞)』을 창간하였다.[17] 또 1906년 8월 설치가 결정된 대구이사청(大邱理事廳)이 9월 15일 개청식을 가졌고, 같은 해 11월 대구거류민단(大邱居留民團)이 설치되면서 일본인들은 정치·경제적으로 활동을 보장받게 되었다.

1904년 10월 체결된 한일의정서에 따라 재정고문 메가다 다네타로(目賀田種太郎)가 부임한 후 설립된 재정고문지부(財政顧問支部)가 1908년 1월 대구재무감독국(大邱財務監督局)으로 이름을 변경하면서 경상북도 각 지역에 설치된 58개 재무서(財務署)를 지휘·감독[18]하였다. 이리하여 일제는 한국의 지방 재정권을 장악하였고, 대한제국이 설립한 은행 및 금융조합도 감독하였다. 그리고 1908년 8월 대구공소원(大邱控訴院)과 대구지방재판소(大邱地方裁判所), 대구구재판소(大邱區裁判所), 남한수비관구사령부(南韓守備管區司令部) 등 각종의 관공아(官公衙)가 설치됨으로써 일본인의 정착은 안정되어 갔다.[19] 또 1907년 3월 대구 거주 일본인 상인이 회원으로 조직된 일본인 상업회의소(商業會議所), 1907년 7월에 설치된 대구보세화물취급소(大邱保

---

17) 『경상남북도래거안』, 1904. 12. 13, 「보고서」·『대구실업신문』은 1908년 4월 『대구일일신문』, 1908년 10월 『대구신문』으로 이름을 바꿔 간행하였다.
18) 미와조테츠, 『조선대구일반』, 1911, 141쪽.
19) 미와조테츠, 『조선대구일반』, 1911, 146쪽.

税貨物取扱所)는 일본상인들의 경제침투를 크게 촉진하였다.[20]

대구이사청(1906년 9월), 대구부청(1910년)   일본주차군20사단 보병제80연대

대구농공은행(1906), 경상농공은행(1908)   제일은행대구지점(1906), 조선은행대구지점(1911)

　　1907년 4월 대구읍성을 철거하였던 '성벽파괴사건(城壁破壞事件)'을 계기로 일본인에 의한 경제침투는 더욱 촉진되었다.[21] 당시 폭발적으로 증가하였던 대구지역 일본 상인들은 교통이 불편하고, 나아가 도시의 발전을 저해한다는 이유를 들어 성벽의 철거를 주장하였다. 왜냐하면 당시 대구읍성을 경계로 한국인들의 상권이 일본상인들과는 분리되어 있었기 때문이었다. 이미 일본군 수비대가 1905년 11월 북문과 동문 쪽, 1906년 2월 서문과 남문 쪽의 성첩 일부를 허물었지만,[22]

---

20) 대구신문사, 『경북요람』, 1910년, 18쪽.
21) 대구부, 『대구부사』(제1), 1915년, 206쪽.
22) 『대한매일신보』, 1905. 11. 26, 「자훼성첩」; 1906. 2. 13, 「철훼성벽」; 『경

1906년 10월 경상북도관찰사 서리 겸 대구군수 박중양은 일본인의 요구대로 전체 성벽을 허물었고, 이듬해 4월 성벽의 철거를 완료하였다.[23]

대구부전도

『경상남북도래거안』, 1906년 10월, 경상북도관찰서리 대구군수 박중양, 「보고서」

이와 같은 과정 속에서 대구지역 거류 일본인들의 상권은 크게 확장되었고, 대구지역의 경제구조도 일본인을 중심으로 재편성되어 갔다. 이에 대구지역의 한국인 토착상인들은 새로운 경제체제에 대해 자립적인 태세를 모색하지만, 군사·정치력을 배경으로 한 일본인의 경제 침투를 극복할 수 없었다. 일본인의 경제 침투와 대한제국의 광무개혁 과정에서 발생한 국채 1,300만 원은 경제적 예속이라는 위기의식을 한층 가중시켰다. 특히 1905년 을사늑약 이후 국권 피탈이라는 정치적 상황과 일본인들의 경제적 침투 속에서 경제적 실권을 유지하고 있

상남북도래거안』, 1905. 11. 21, 「보고」
23) 『경상남북도래거안』, 1906. 10, 「보고서」; 1907. 3. 1, 「보고서」

던 한국인 상인자본가들은 당면한 현실적 과제에 대처하지 않을 수 없었다.

이러한 현실인식과 그 해결방안은 일본의 경제적 침탈에 대처하기 위한 애국계몽운동의 캐치프레이스(Catch Phrase)인 식산흥업(殖産興業), 즉 산업발달(産業發達)을 통해 찾아야만 했고, 그 연장선에서 대구지역의 상인들은 국채보상운동을 발의하여 전국적인 범국민운동으로 이어갔던 것이다.

3. 애국계몽운동과 그 단체

○ 애국계몽운동의 씨앗이 심어지다

대한제국기 애국계몽운동은 "한편으로 제국주의 침략으로부터 국가의 독립을 보조·유지·회복하고, 다른 한편으로 국내 보수지배세력의 횡포로부터 민중의 인권을 보호하고 신장하기 위해 민중의 의식을 계발한 조직적인 운동"이라고 정의 할 수 있다.

1896년 7월 설립된 독립협회(獨立協會) 활동은 민중의 지식을 개발하고 민중의 권리를 성장시켜야 한다는 점에서 민중계몽운동의 효시가 되었다. 대한제국 정부는 광무개혁 과정에서 식산흥업(殖産興業; 생산을 늘이고 산업을 일으킴)과 교육진흥(敎育振興; 교육을 진흥함)을 추진하였고, 이에 호응하여 독립협회는 민중의 지식을 개발하고 민중의 권리를 신장시켜야 한다는 민중계몽에 관심을 기울였다.

대구지역 애국계몽운동도 대한제국이 추진했던 광무개혁 과정에서 싹트기 시작하였다. 1896년 7월 서울에서 독립협회가 설립된 후 대구지역 인사들도 지회 설립을 추진하였다. 그러나 본회에서는 폐단이 생길까 염려하여 허락하지 않았다가,[24] 1898년 9월 평양(平壤)·공주(公州) 지회와 함께 대구지회(大邱支會)의 설립을 허가하였고,[25] 김창제(金昌濟)가 지부장을 맡았다.[26]

1898년 12월 대구 공립소학교 학생들이 조직한 토론회 개진협회(開進協會)와[27] 사립 흥화학교(興化學校) 대구지교(大邱支校)가 설립되었고,[28] 1899년 7월에는 대구달성학교(大邱達城學校)가 설립되었다. 이것은 독립협회가 지향하였던 민중의 지식을 개발하고 민권을 성장시켜야 한다는 민중계몽에 대한 관심에서 비롯된 것이었고, 광무개혁을 추진하던 대한제국 정부의 식산흥업과 교육진흥 정책에 부응하는 것이기도 했다.

1904년 2월 대구 부호 이일우는 서숙(書塾) 형태의 도서관 우현서루(友弦書樓)를 건립하였고,[29] 1905년 2월에는 우현서루에 시무학당(時務學堂)을 설립하였다. 그리고 시무학당의 학당장을 맡은 이일우는 1906년 8월 대구광학회(大邱廣學會)를 조직하여 "대한국민의 지식을 개발증진"하는 데 그 목표를 두고 운영하였다.

대구광학회는 사무소를 우현서루에 두고 '민지개발(民智開發; 국민의 지혜를 개발함)과 확장민업(擴張民業; 민업을 확장함)을 목표로 활동하였다.[30] 우현서루와 시무학당은 구분해서 설명할 수 없는 도서관

---

24) 『독립신문』, 1898. 8. 27, 「지회불허」
25) 『독립신문』, 1898. 9. 2, 「협회확장」; 『황성신문』, 1898. 9. 22, 「우허지회」
26) 『주한일본공사관기록』 13권, 1899. 6. 30, 기밀제59호 「폭렬탄 1건」
27) 『독립신문』, 1898. 12. 26, 「개진협회」
28) 『황성신문』, 1898. 12. 14, 「대구학교」
29) 박승조, 「행장」, 『성남세고』 권2, 부록 「소남유고」
30) 『황성신문』, 1905. 3. 4, 「이씨청원」

을 갖춘 학교였는데,[31] 수많은 선비들이 방문하여 서적을 열람하거나 강학을 통해 한학 및 신학문을 공부하였다.

한편, 대구지역의 상권을 장악하고 있던 서상돈 등이 1906년 1월 대구광문사(大邱廣文社)를 설립하였고, 곧이어 1월 18일 경북관찰사로 임명된 신태휴(申泰休)가 2월경 대구에 부임하였다. 대구광문사는 흥학설교(興學設校; 교육을 일으키고 학교를 세움)를 목적으로 교과서 및 잡지의 인쇄를 통해 신태휴의 학교설립운동과 대한제국정부의 광무개혁에 호응하여 활동하였다.[32]

○ 애국계몽운동 단체가 조직되다

대구광문사와 대구광학회 등이 벌였던 애국계몽운동의 전개 과정에서 나타난 것이 국채보상운동이었다. 1907년 2월 16일 대구광문사 사장 김광제, 부사장 서상돈 등이 발의한 국채보상운동이 대구단연상채소(大邱斷煙償債所)를 필두로 전국적으로 확산되었다. 경상북도의 경우에는 경북각군국채의무금수합소(慶北各郡國債義務金收合所)가 결성되어 대구단연상채소와 유기적인 연결 속에 전개되었다. 또 각 군에서는 국채보상을 위한 보상소가 설립되어 광범위한 대중운동으로 확산되었다.

대구지역 애국계몽운동은 1908년 3월 대한협회 대구지회와 서울의 교남교육회가 설립되면서 본격화되었다. 경상북도의 대한협회 지회는 1908년 3월 설립된 대구지회를 비롯하여 김천·경주·자인·성주·인동·영천·안동·무릉·선산군 등 10개 군에서 설립되어 교육진흥과 실

---

31) 이상악, 「유사」, 『성남세고』 권2, 부록 「소남유고」
32) 『대한매일신보』, 1906. 1. 14, 「광문창설」; 1906. 3. 2, 「달찰신적」

업 장려를 목표로 활동하였다. 한편, 1908년 3월 서울에서 설립된 교남교육회는 서울에서 활동하던 영남 출신의 인사들이 상호간의 친목과 출신지역의 계몽사상 보급을 목표로 설립하고 흥학운동을 목표로 활동하였다.

대한협회 대구지회나 교남교육회 회원들은 그 성향이 매우 관료 지향적이었다. 특히 대한협회 대구지회의 임원 및 회원 중 많은 사람들이 초기부터 관료로 임명되었고, 1910년 경술국치 이후에는 일제의 식민지 통치기구에 종사하는 관리가 되었다. 이러한 현상은 교남교육회의 경우에도 거의 비슷한 양상으로 나타나고 있어 애국계몽운동이 가진 한계를 보여주고 있다.

이러한 한계를 극복하고 있는 애국계몽운동 단체가 달성친목회(達城親睦會)였다. 1908년 9월 5일 결성된 달성친목회는 이근우·김용선 등의 계몽지식인들이 조직하였다. 그 회원들은 대구지역의 자본가세력인 부호들의 후원 속에 신사상과 신문물을 희구하며 성장한 계몽지식인이었다. 달성친목회는 대구를 중심으로 청년의 교육진흥과 실업 장려를 표방하였지만, 실제로는 국권회복을 목표로 활동하였다. 나아가 1910년 경술국치 이후에는 항일독립운동을 목적으로 하는 비밀결사의 성격까지 띠게 되었고, 1915년 정월 15일 독립운동단체 조선국권회복단(朝鮮國權恢復團)으로 발전하였다.

II

애국계몽운동의 발단

1. 애국계몽운동 단체

1) 우현서루와 시무학당

○ 우현서루는 도서관이었다

우현서루는 1904년 대구 부호 이일우(李一雨)가 민지개발을 위한 교육진흥을 목적으로 설립하였다. 곧이어 1905년 우현서루에 시무학당을 설립하였으며, 1906년 8월에는 대구광학회를 조직하였다.[1]

시무학당의 학당장을 맡은 이일우는 "대한국민의 지식을 개발증진"함에 그 목표를 두고 있었는데, 우현서루와 같은 방식으로 운영된 사립학교였다. 대구광학회는 사무소를 우현서루에 두고 "개발민지(開發民智)와 확장민업(擴張民業)"을 목표로 활동하였다.[2] 따라서 시무학당은 1906년 8월 그가 조직한 대구광학회와 더불어 청말 량치차오(梁啓超)가 설립한 시무학당(時務學堂)과 남학회(南學會)에 비견할 수 있는 교육기관의 성격을 띠고 있었다.[3]

우현서루는 도서관이었고, 시무학당은 학교였다. 이일우 문집 『소남유고(小南遺稿)』에서 그 아들 이상악(李相岳, 1886. 9. 20~1941. 1. 8)은 우현서루에 대해 다음과 같이 기억하고 있다. 우현서루가 설립된 1904년은 그의 나이가 20세였으니 아버지 이일우가 우현서루와 시무학당을 설립하던 당시의 상황을 지켜보았을 것이다.

갑진년에 서울을 가니 세상은 크게 변했고, 풍조가 진탕하야 서구의 동점지

---

1) 우현서루의 설립연도를 1905년으로 비정하는 경우도 있으나, 『소남유고』의 「행장」에 의하면, 1904년이 분명하다.
2) 『황성신문』, 1905. 3. 4, 「이씨청원」
3) 양계초, 『음빙실합집』, 북경중화서국, 1994.

세를 통찰하였다. 스스로 생각하니 선비가 이 세상에 나서 옛 것만 잡고 있을 수 없다고 생각했다. 돌아와서 부친께 아뢰고 넓은 집을 하나 세워서 육영(育英)의 계(計)로 삼아, 편액하기를 우현(友弦)이라 하였다. 대개 옛 은나라 사람들이 군사를 모아서 나라를 구하는 뜻에서 취한 것이다. 또 동서양 신구서적 수천 종을 구득하여 좌우도의 총명하고 뛰어난 인재를 널리 맞이하였다. 그 과정(課程)을 정함에 있어 구학(舊學)을 바탕으로 삼고 신지식으로 빛나게 해서 의리에 함빡 젖게 하고 법도를 따르게 하였다. 원근 유지의 선비들이 소문을 듣고 일어나는 자가 날로 모여들어 학교가 수용할 수 없을 정도가 되었으니 일대에 빛나고 빛난 모습이었다.[4]

우현서루와 시무학당은 구분해서 설명할 수 없는 도서관을 갖춘 학교였다. 이에 관해서 성주유생 공산(公山) 송준필(宋浚弼, 1869~1943)은 이일우의 묘갈명에서 "우현서루를 건축하여 선비를 양성하고, 서적 만 권을 구입"하였다고 하였다.[5] 이것은 서숙 형태의 도서관이었다. 또 비안유생 해악(海岳) 김광진(金光鎭, 1885~1940)이 이일우가 죽은 후 쓴 제문에서 수많은 선비들이 사방에서 찾아와 '과학토론(課學討論; 학문을 토론함)'을 했다는 기록이나,[6] 고령유생 성와(省窩) 이인재(李寅梓, 1870~1924)가 김광진에게 보낸 편지에서 '굉담위론(宏譚偉論; 학문을 널리 토론)'[7]했다는 기록을 통해서 볼 때, 우현서루는 학교의 성격도 지니고 있었다.

---

4) 이상악, 「유사」, 『성남세고』 권2, 부록 「소남유고」
5) 송준필, 「묘갈명」, 『성남세고』 권2, 부록 「소남유고」
6) 학계대표 이수기 김광진, 「제문」, 『성남세고』 권1, 부록 「소남유고」
7) 이인재, 『성와문집』 권2, 「답김광진」

○ 시무학당은 학교였다

우현서루와 시무학당의 관계를 보다 분명하게 보여주는 것이 『황성신문』의 시무학당 관련 기사이다.

- 유지개명(有志開明) 대구 사는 이일우(李一雨)씨가 민지개발(民智開發)에 유의하야 자금을 스스로 변출하고 달성 내에 시무학당(時務學堂)을 설립하야 학문이 연박(淵博)한 사람으로 학당장을 연빙(延聘)하고 내외국 신구서적의 지식발달에 유익한 서책과 각종 신문 잡지 등을 널리 구입하여 그 학당에 저치하고 상중하 삼등 사회 중에 총준유지(聰俊有志)한 인원을 모집하야 서적과 신문 잡지를 매일 열람 토론할 계획으로 학부에 청원하야 인허를 요청한다니 이 같이 뜻이 있는 사람은 정부에서도 장려할만하다더라.(필자, 현대어로 고침)[8]

즉 시무학당은 우현서루가 갖추고 있는 '서적(書籍)과 신문(新聞)·잡지(雜誌)를 축일열람토론(逐日閱覽討論; 날마다 열람하고 토론함)할 계획'으로 설립된 학교였다. 우현서루에 설립된 시무학당에 대해 『황성신문』의 다음 기사는 그 성격을 보다 구체적으로 설명하고 있다.

- 이씨청원 대구군 사립 시무학당 학당장 이일우씨가 학부에 청원하였는데, 본 학당은 일반 대한국민의 지식을 개발증진하기 위하여 내외국 신구서적 중 시무를 알아보는 데 유익한 것을 구매 저축하여 연구하고 강습하는 데 편리하게 하며, 학당은 이름을 시무(時務)로 할 것. 1. 서적의 종류는 대한 및 동서각방(大韓及東西各邦)의 고금역사(古今歷史)·지지(地誌)·산술학(筭術學)·격치(格致)·화학(化學)·경제(經濟)·물리(物理)·농상공법률학(農商工法律學)·의학(醫學)·병학(兵學) 및 신문(新聞)·잡지(雜誌) 등 제서(諸書)'요, 기타 잡술 쓸데없고 병든 책(小技蠢心 病俗之書)은 일절 저장하지

8) 『황성신문』, 1905. 2. 1, 「유지개명」

●李氏請願 大邱郡私立時務學堂은李一兩氏가學堂四請願하얏는터 本學堂은一般大韓國民의智識을開發增進코자기爲하야內外國新舊書籍中時務智兒上有益者를購買貯蓄하야以供攷究講習하되學堂은名以大韓務堂事 一. 籍名目은大韓及與西各邦의古今歷史地誌經學學格致化學經濟物理農商工法律學醫學兵學及所聞雜誌와諸書와其他雜術小技蠱心病俗을一切勿貯藏堂며一籍購買와學堂建築은本人이擔經紀하되其他一切費用은學員과商措辦할것 一. 學長은學問이淵博호고時務貫通한人으로延聘하되古邦人을用할것 一. 入堂하야書籍閱覽은遠近上中下等會社與老少는勿論하고志願하야課日閱覽하며或討論하고並從志願하야 一. 本學堂細則은自學會中으로權宜酌定하다하얏더라

「황성신문」, 1905. 3. 4. 「이씨청원」

말 것. 1. 서적 구매비와 학당 건축비는 본인이 경영하며 기타 일절 비용은 학원과 상의하여 변통할 것. 1. 학당장은 학문이 해박하고 시무에 정통한 인원으로 초빙하되 본국인을 쓸 것. 1. 입당(入堂)하여 서적 열람은 원근 상중하 등 회사 및 노소 없이 지원하여 매일 열람하며 혹 토론도 할 것. 1. 본 학당의 세칙은 학회가 임의로 참착하여 결정한다고 하였더라.[9]

이와 같이 시무학당은 우현서루가 소장하고 있는 대한 및 동서 각국의 고금역사 지지 산술학 격치 화학 경제 물리 농상공법률학 의학 병학 및 신문 잡지 등 여러 서적을 읽고 토론하는 과정으로 운영되었다.

또 1908년 러시아령 블라디보스토크에서 발간된 『해조신문(海潮新聞)』에서는 우현서루의 실체에 대하여 한층 구체적으로 설명하고 있다.

• 이씨문명사업 대구 서문 밖 후동 사는 이일우씨는 일향에 명망 있는 신사인데 학문을 넓히 미치게 하고 일반 동포의 지식을 개발코자 하여 자비로

---

9) 『황성신문』, 1905. 3. 4. 「이씨청원」

도서관을 건축하고 국내에 각종 서적과 청국에 신학문책을 많이 구입하여 일반 인민으로 하여금 요금 없이 서적을 열람케 한다 하니 이씨의 문명사업은 흠탄할 바더라.[10]

• 우현미사 대구 서문 외 있는 유지신사 이일우씨는 일반 동포를 개도할 목적으로 자본금을 자당하여 해지에 '우현서루'라 하는 집을 신축하고 내외국에 각종 신학문 서적과 도화를 수만 여종이나 구입하여 적치하고 신구학문에 고명한 신사를 강사로 청빙하고 경상 일도 내에 중등학생 이상에 자격되는 총준 자제를 모집하여 그 서루에 거접케 하고 매일 고명한 학술로 강연 토론하며 각종 서적을 수의 열람케 하여 문명의 지식을 유도하며 완고의 풍기를 개발시키게 한다는데. 그 서생들의 숙식 경비까지 자당한다 하니 국내에 제일 완고한 영남 풍습을 종차로 개량 진보케 할 희망이 이씨의 열심이 기초가 되리라고 찬송이 헌전한다니 모두 이씨같이 공익에 열심하면 문명사회가 불일 성립될 줄로 아노라.[11]

『해조신문』, 1908. 4. 22, 「우현미사」

---

10) 『해조신문』, 1908. 3. 7, 「이씨문명사업」
11) 『해조신문』, 1908. 4. 22, 「우현미사」

즉 러시아령 블라디보스토크의 해조신문은 도서관으로서 우현서루와 학교로서의 시무학당을 연결하여 설명하고 있다. 이 기사는 『해조신문』의 주필 장지연(張志淵, 1864~1921)이 대구에서 직접 본 우현서루와 시무학당에 관해 작성한 기사이다.

장지연은 1908년 2월 4일 대구에서 만난 백초(白樵) 유완무(柳完茂, 1861~1909)의 권유로 블라디보스토크 망명을 결심하였고, 2월 8일 동래에서 출발한 안동환(安東丸)을 타고 원산·성진 등을 거쳐 2월 28일 블라디보스토크 항에 도착하였다. 도중에 원산에서 대구 협성학교 교사로 근무했던 영양 출신의 조창용(趙昌容, 1875~1948)을 만나 동행하였는데, 조창용 역시 유완무의 권유로 망명하여 유완무가 설립한 한민학교(韓民學校) 교사로 근무하였다. 장지연도 3월 2일부터 6월 24일까지 유완무가 설립한 『해조신문』의 주필로 근무하였는데, 위의 기사는 3월 7일과 4월 22일 각각 작성된 것이다.[12]

○ 우현서루에 선비들이 모이다

대구부 팔운정 101번지(현재, 중구 수창동 101~1번지)에 설립된 우현서루는 동편에 서고가 있는 단층 목조건물로 지어졌다. 2009년 우현서루의 실제 모습에 대해 최재목 외 3인이 수행한 연구에서는 다음과 같이 고증하고 있다.

설립 당시 「우현서루」는 서고와 본관이 일자형의 긴 평면으로 총 700평 대지에 중심부가 비워진 건축물 구조를 가지고 있다. 또한 사면이 도로와 면하고 있

---

12) 장지연, 『장지연해항일기』; 이희환, 「백초 유완무의 북간도에서의 민족운동」, 『범월犯越과 이산 離散』, 인하대학교 출판부, 2010; 권대웅, 『한계 이승희의 생애와 독립운동』, 성주문화원, 2018.

어 그 접근성을 용이하게 하였다. 두 건물 사이에 보이는 방과 마루에서는 「우현서루」를 찾아온 지식인들에게 숙식을 제공한 것으로 보이며 비워둔 중앙의 공간은 아마도 지금의 운동장과 같이 사용하면서 그 활용도를 도모하였던 것으로 추측된다. 동시에 이러한 중앙의 빈 공간은 일자형의 긴 평면 교사와 본관의 우측에 위치한 서고를 찾아온 많은 대중을 수용하여 강당으로서 기능을 담당하였을 것으로 짐작된다.[13]

이 연구에 의하면 건축 당시 우현서루에는 "동편에 서고가 있어 동서서적 수백 종"을 모아두고 있다는 대한자강회 고문 오가키다케오(大垣丈夫)의 방문에 관한 기록과 공통점이 있다.

그 때에 대구광학회 회원 김선구(金善久)씨가 그 회의 강사로 정중히 청한 일에 응낙이 있어 25일 행사를 시행할 때 본회 고문 오가키다케오(大垣丈夫)와 김선구씨로 동반하여 대구정차장에 도착함에 당지 유지신사 수십 인이 김선구씨의 미리 통지함에 따라 정차장에 나와 맞이하여 광학회사무실로 인도하니 이른바 우현서루요 그 서루는 당지 유지 이일우씨가 건축 경영한 바이니 동변에 서고가 있어 동서서적 수백 종을 저치하고 도서실 자격으로 지사의 종람(縱覽)을 허락하여 신구학문을 마음대로 연구케 한 곳이라.[14]

우현서루에는 수많은 선비들이 찾아왔고, 이들은 서적을 열람하거나 강학을 통해 한학 및 신학문을 공부했던 것으로 기록하고 있다. 대표적 기록이 『대륜80년사(大倫八十年史)』인데, 장지연·박은식·이동휘·조성환·김지섭 등이 우현서루를 거쳐 간 것으로 기록하고 있다.

---

13) 최재목 외, 「일제강점기 신지식의 요람 대구 「우현서루」에 대하여」, 『동북아문화연구』 제19집, 2009.
14) 『대한자강회월보』 4, 1906. 10. 25, 「본회 회보」

한말지사로서 이 서루를 거친 분은 150여 명이 넘었다. 장지연(張志淵), 박은식(朴殷植), 이동휘(李東輝), 조성환(曺成煥) 등 제 선생과 김지섭(金祉燮) 열사들이 이곳을 거쳐 나간 것만 보더라도 그 업적을 짐작할 수 있고, 근대 우리 민족정기의 본원지였음을 알 수 있다.[15]

당시 시무학당에서 공부했던 비안유생 해악(海岳) 김광진(金光鎭)은 수많은 선비들이 사방에서 찾아왔다고 기록하고 있는데,[16] 당시 신사조와 신학문에 대해 관심을 가지고 있었던 고령유생 성와(省窩) 이인재(李寅梓)도 「답김광진(答金光鎭)」에서 우현서루에 비치하고 있던 장서 수천 권에 대하여 경탄하고 김광진에게 그 서적을 열람할 수 있도록 주선해 달라고 요청하고 있다.[17] 뿐만 아니라 1907년 사망한 이일우의 동생 이시우의 아들 상정(相定)·상화(相和)·상백(相佰)·상오(相旿) 등도 우현서루와 시무학당에서 수학하였다.

2) 대구광학회와 대구광문사

○ 애국계몽운동을 주도하다

대구광학회(大丘廣學會)는 1906년 8월 대구의 윤필오(尹弼五) 등 5·6인이 광학회를 발기하고,[18] 「대구광학회취지(大丘廣學會趣旨)」를 발표하였다. 발기인은 최대림·이일우·윤영섭·김선구·윤필오·이종면·이쾌영·김봉업 등이며, 학교와 유치원, 그리고 박물관·도서관·박람회·연설회·토론회·강의회·서적종람회·신문종람소 등을 설립하여

---

15) 대륜80년사편찬위원회, 『대륜80년사』, 2001.
16) 학계대표 이수기 김광진, 「제문」, 『성남세고』 권1, 부록 「소남유고」
17) 이인재, 『성와문집』 권2, 「답김광진」
18) 『황성신문』, 1906. 8. 20, 「고광학사급일반사회동포」

"개발민지(開發民智; 국민의 지혜를 개발함)와 확장민업(擴張民業; 민업을 확장함)"을 목표로 운영하였다.[19]

『대한매일신보』, 1906. 8. 20, 「대구광학취지」

대구광학회는 1906년 4월 서울에서 설립된 대한자강회 연락기관인 광학사 지회 성격을 띠고 설립되었다.[20] 우선 대구광학회는 1906년 8월 발기와 더불어 대한자강회 고문 오가카다케오(大垣丈夫)를 초청하여 강연회를 개최하였다.[21] 이것은 서울의 광학사가 1905년 체임된 경북관찰사 이근호(李根澔)와 경북 출신의 유생 김호규·김진수 등 재경유생들과 연결되어 있었고, 나아가 대한자강회와는 표리를 이루는 연락기관으로 설립되었기 때문이다.

이와 달리 서상돈·김광제 등 1906년 1월 중순 설립한 대구광문사(大邱廣文社)는 1906년 1월 18일 임명된 뒤, 2월경 부임한 경북관찰사

---

19) 『황성신문』, 1906. 8. 27, 「대구광학취지」; 『대한매일신보』, 1906. 8. 20, 「대구광학취지」
20) 『황성신문』, 1906. 5. 1, 「고광학사급일반사회동포」
21) 『황성신문』, 1906. 8. 20, 「학회청사」

신태휴와 연결되었다. 대구광문사는 흥학설교(興學設校; 교육을 일으키고 학교를 세움)를 목적으로 교과서 및 잡지의 인쇄를 통해 신태휴의 학교설립운동에 밀착되어 활동하였다.[22]

「대한매일신보」, 1906. 1. 14, 「광문창설」

1906년 3월 관찰사 신태휴에 의해 관덕정(觀德亭)에 사범학교(師範學校)가 설립되었다. 이때 전군수 김병순·전시찰 서상돈 등 65인이 의연금을 출연하였고, 이일우도 500원을 출연하였다.[23] 곧이어 고종의 흥학조칙(興學詔勅)에 따른 관찰사의 흥학훈령(興學訓令)이 발표되면서 관찰사와 연결된 대구광문사의 독주 체제가 형성되었다.

○ 대구광학회와 대구광문사, 반목하고 대립하다

1905년 6월 경북관찰사로 부임한 이근호는 1906년 2월 체임되기 직전 유생 김진수·김호규 등과 함께 경북 41개 군에 사립보통학교 설립을 계획하고 이를 학부에 보고하였다.[24] 곧이어 그는 체임되었지만 유생 김진수·김호규 등의 학교설립을 위한 노력은 계속되었다.[25]

1905년 12월 28일 경북관찰사로 임명되어 1906년 2월경 부임한 신태휴는 1906년 1월 설립된 대구광문사와 협의하여 근대학교의 설립을

22) 「대한매일신보」, 1906. 1. 14, 「광문창설」; 1906. 3. 2, 「달찰신적」
23) 「대한매일신보」, 1906. 3. 11, 「달찰미적」
24) 「황성신문」, 1906. 2. 8, 「학교청설」
25) 「황성신문」, 1906. 2. 8, 「경북흥학」

추진하였다. 그는 관하 각 군·면의 학교 확장에 힘을 기울였고, 신문 구독과 서적 구입을 권고하기도 하였다.[26]

경북관찰사 신태휴는 1906년 3월 발포된 광무황제의 「흥학조칙」에 부응하여 3월 20일 「흥학훈령」을 발표하였다. 이에 대구지방의 유력 인사 서상돈·김광제 등이 조직한 대구광문사는 총회를 개최하여 학교 총무 권태성·김진수·김호규·김택 등이 봉승한 흥학조칙을 낭독·선포하였다.[27] 그리고 관찰사와 학교 총무들은 흥학조칙을 받들고 각 군을 순행하여 학교를 확장하기로 하였다.[28]

신태휴는 학교총무 김호규 등을 대동하고 안동·예안을 필두로 관하 41개 군을 순방하여 학교설립을 추진하였다.[29] 뿐만 아니라 신태휴는 학교설립의 실천여부를 파악하기 위해 김광제를 파견하였으며,[30] 각 군 유생들에게도 권학문(勸學文)을 발송하여 학교 설립을 위해 단결·용진할 것을 권유하였다.[31]

흥학훈령이 발표되면서 대구광문사는 관찰부와 더욱 밀착되어 교육과 계몽 사업을 전개하였다. 우선 1906년 5월말경에는 서문 밖 달서교(達西橋)에 두었던 사무실을 관찰부의 공해(公廨)로 옮기고 인쇄기를 설치할 건물을 세워 교과서의 인쇄와 『영남신보』를 간행하기로 하였다. 동시에 대구광문사 문회(文會)를 중심으로 도내의 유력한 인사 수백 인이 참석한 가운데 국권회복에 관한 방략을 저술하고 서로 논평

---

26) 『대한매일신보』, 1906. 3. 2, 「달찰신적」
27) 『대한매일신보』, 1906. 4. 25, 「경북성학」
28) 『대한매일신보』, 1906. 4. 22, 「경학대흥」
29) 『황성신문』, 1906. 4. 23, 「경북교황」
30) 『대한매일신보』, 1906. 5. 29, 「달찰광학」
31) 『황성신문』, 1906. 9. 1, 「문사대진」

하였으며,[32] 같은 해 6월말경에는 활자와 활판을 일본 동경에서 구입하기도 하였다.[33]

1906년 2월 경상북도 관찰사 이근호는 다른 벼슬을 맡기 직전까지 유생 김진수·김호규 등의 권유로 경북 41군에 사립보통학교 설립을 계획하였고, 전보된 뒤에도 학교확장사업비 1천 원을 지원하는 등 성의를 보였다. 그러나 신임 경상북도 관찰사 신태휴가 각처에 학교를 설립하는 등 교육과 계몽 사업을 전개하면서 신태휴의 공적은 인정되었으나 이근호가 재임 중에 유생들과 함께 기울였던 학교 설립의 흔적은 사라지게 되었다.

1906년 4월 서울에서 교과서 편집간행을 통해 학교와 교육을 진흥하고 학술을 전국에 널리 펼치기 위한 단체인 광학사(廣學社)가 설립되었다.[34] 이때 전 경북관찰사 이근호는 광학사 찬무원에 선임되었고,[35] 김진수·김호규와 같은 유생들이 이근호의 후원 아래 경북 출신 재경인사들과 함께 서울의 광학사에 참여하게 되었다.

1906년 4월 이근호는 『국민신보』에 여러 차례 "신태휴가 학교를 설립한다고 칭하고 각부 인민들에게 늑검(勒劍)하여 착복(着服)"하였다는 투서를 했던 것이다. 이에 대해 관찰사 신태휴의 지원 아래 교육과 계몽사업에 참여하고 있던 대구광문사 소속 유생들이 상경하여 항의하는 등 반발을 하였다.[36]

대구광학회와 대구광문사의 반목과 대립은 애국계몽운동의 전개 과

---

32) 『대한매일신보』, 1906. 5. 29, 「달찰광학」
33) 『대한매일신보』, 1906. 6. 22, 「광문승인」
34) 『황성신문』, 1906. 5. 1, 「고광학사급일반사회동포」
35) 『대한매일신보』, 1906. 5. 1, 「광학총회」
36) 『대한매일신보』, 1906. 6. 20, 「영학풍란」; 1906. 6. 23, 「영학속문」

정에서도 드러났다. 두 단체의 구성원을 보면, 전 관찰사 이근호와 연결된 대구광학회 회원들은 대구·경북지역의 향리 출신 및 유생들이었고, 반면 현 관찰사 신태휴와 연결된 대구광문사 회원들은 관찰부와 밀착된 상인 출신들이었다. 그 회원의 성향은 뚜렷한 차이를 가지고 있었다.

대구광문사와 대구광학회의 반목과 대립은 대구지역 애국계몽운동 전개 과정에서도 드러났다. 1906년 6월 16일자『황성신문』의 대구사립중학교 교감 윤영섭과 사범학교 학감 김용선의 "광문사장 김광제와 광학회원 이일우 등이 항상 서로 싫어하여 분개하여 질타한다."고 하는 기고문(寄稿文)에서 나타나고 있다.[37] 또『대한매일신보』1906년 8월 26일자에 실린 대구광문사 사장 김광제의 경북관찰사 신태휴와 관련된『국민신보』의 보도 내용을 해명하는「기서(奇書)」에서도 그 상황이 나타나고 있다.[38]

『황성신문』, 1906. 6. 16,「대구사립중학교감윤영섭 사범학교학감김용선기서」

---

37)『황성신문』, 1906. 6. 16,「대구사립중학교감윤영섭 사범학교학감김용선 기서」
38)『대한매일신보』, 1906. 8. 26,「경상북도 대구부민의소장 김광제씨의 경 고문이」

3) 인민대의소와 대구시의소, 대구부민의소

○ 인민대의소와 대구시의소는 자치조직이었다

계몽운동의 전개과정에서 대구광문사와 대구광학회는 활동 방향을 달리하여 각기 인민대의소(人民代議所)와 대구시의소(大邱市議所)를 설립하였다. 이것은 서상돈·김광제 등 대구광문사 계열의 인민대의소와 이일우·윤영섭·윤필오 등 대구광학회 계열의 대구시의소로 분화된 자치조직이었다.

대구광문사 계열의 인민대의소는 1906년 5월 '민지개발과 민권부식'을 목표로 설립되어 '설교흥학과 식산흥업'을 실천 방안으로 설정하였다. 즉 1906년 5월 대구광문사 부사장 서상돈은 경북관찰부를 거쳐 내부에 올린 인민대의소 설립청원서에서 '개발민지(開發民智; 국민의 지혜를 개발함)와 설교흥학(設校興學; 학교를 설립하여 교육을 일으킴)'을 그 설립 취지라고 하였고[39] 곧이어 인민대의소 총의장에 선출된 김광제도 총회 연설에서 '민지개발(民智開發; 국민의 지혜를 개발함)과 민권부식(民權扶植; 국민의 권리를 바로 세움)'을 그 설립 취지라 하였다.

인민대의소는 그 실행방침으로 "교육방침(敎育方針)을 연구권면(研究勸勉)하며, 법률범위(法律範圍) 내의 행동으로 관리에게 질문(質問) 혹 건의(建議)도 하며, 국민(國民)된 의무를(義務)를 지키며, 농상공

『황성신문』, 1906. 6. 1, 「경북대의소」

---

39) 『황성신문』, 1906. 5. 14, 「설립대의청원」

(農商工) 실시발달(實施發達)에 대한 방책"[40]을 강
조하였다. 인민대의소는 1906년 8월경에 이르러
대구부민의소(大邱府民議所)로 이름을 변경하고,
"애국정신(愛國精神)과 성업사상(成業思想)을 강
토(講討)하여 국민의 의무를 고취하는 데 있다."는
것을 강조하였다.[41]

『대한매일신보』, 1908.
2. 28, 「자선사업」

한편, 대구광학회 계열의 대구시의소는 교육부
(敎育部)와 빈민부(貧民部)를 설치하여 무료로 교
육의 기회를 제공하고, 자선사업을 실시하였다.[42]
1907년경 설립된 대구시의소는 윤영섭·윤필오·양재기 등 대구지역의
유력한 유생들이 교육과 계몽 사업을 목적으로 활동하였다.

○ 대구민의소를 조직하고 대구금연상채회로 변경하다

1907년 1월 29일 대구광문사 문회(文會)는 회명을 대동광문회(大東
廣文會)라 개칭하고, 회장은 박해령, 부회장은 사장 김광제를 선출하
였다. 그 회원은 장상철·강주영·심정섭·김우근·서병오·윤하선·정재
덕·이종정·길영수·이우열·강신규·정규옥·추교정 등이었다.[43]

대구광문사 문회, 즉 대동광문회는 일본의 동아동문회(東亞同文會)
와 청나라의 광학회(廣學會)와 연락하여 친목을 두텁게 하고 교육을

40) 『황성신문』, 1906. 6. 1, 「경북대의소」
41) 『대한매일신보』, 1906. 8. 26, 「경상북도 대구부민의 소장 김광제씨의 경
고문」
42) 『대한매일신보』, 1907. 4. 28, 「환등개설」; 1908. 2. 28, 「자선사업」
43) 『대한자강회월보』 제9호, 1907. 3. 25, 「대구광문사내 대동광문회에셔 국
채보상취지서를 수선발포함이 여좌하다」

확장한다는 목적 아래,[44) 국채보상운동의 발의와 의무교육제 시행을 모색하였다.

대구광문사 문회는 국채보상운동을 발의하면서 1907년 2월 21일 북후정 민중대회를 개최하기로 하였다. 그리고 서상돈 등은 우선 인민 대의소, 즉 1906년 8월경 이름을 변경한 대구부민의소와 대구시의소를 기반으로 한 대구민의소(大邱民議所)를 조직하였다. 대구민의소는 '서문(西門) 밖 대시장(大市場) 변(邊)'에 있는 북후정(北堠亭)에서 개최된 대규모의 민중대회를 주도하였다. 이날 공식적으로 발족한 대구단연상채회(大邱斷煙償債會)는 대구민의소의 조직을 변경한 것이었다.[45)

대구민의소 조직을 변경하여 설립된 대구금연상채회의 구성원은 대부분 서상돈 등의 대구광문사 계열의 상인들과 전직 관료들이었다. 대구광학회 계열의 전 경주군수 이현주가 의장을 맡았으며, 대구광문사 계열의 상인 정재학이 부의장, 정규옥이 총무, 그리고 경주군수와 경상북도 시찰(視察)을 역임하였던 김병순(일명 김윤란)이 서상돈과 함께 재무를 맡아 국채보상운동을 주도하였다. 대구광학회 계열에서 전 경주군수 이현주가 참여하여 대구금연상채회 의장을 맡긴 했으나 이일우를 비롯한 대구광학회 계열 인사들의 참여는 매우 소극적이었다.[46)

---

44) 『대한매일신보』, 1907. 1. 23, 「연락광학」
45) 『경상남북도래거안』, 1907. 2. 24, 경상북도관찰사서리 참서관 백남준 「보고서」
46) 『경상남북도래거안』, 1907. 2. 24, 「민의소규칙」

2. 애국계몽운동의 본질

○ 애국계몽운동의 초석이 마련되다

　대한제국기 서울을 중심으로 전개된 애국계몽운동은 1896년 7월 설립된 독립협회의 민중계몽운동이 그 효시였고, 1904년 6월 설립된 국민교육회(國民敎育會)의 교육문화운동이 그 확산의 계기를 만들었다. 이와 같이 계몽운동의 전개 과정에서 근대를 지향하는 의식이 지방으로 확산되면서 대구지역 지주와 상인, 그리고 영리계층(營吏階層)의 부호들이 강력한 애국계몽운동의 후원자로 나타났다.

　대구 부호 이일우가 설립한 우현서루는 대구지역 애국계몽운동의 초석이 되었다. 도서관을 겸비하고 있던 우현서루는 신지식에 목마른 전국 각처의 젊은 선비들의 관심을 불러일으켰다. 선각적인 지식인 장지연·박은식·이동휘·조성환·김지섭 등이 우현서루를 방문하여 서적을 열람하거나 강학을 통해 한학 및 신학문을 토론했다는 기록도 있고,[47] 우현서루에 설립한 시무학당에서 공부했던 비안유생 김광진(金光鎭), 신사조와 신학문에 관심을 가지고 있었던 고령유생 이인재(李寅梓) 등이 남긴 기록도 있다.

　대구지역 애국계몽운동은 1906년 1월 설립된 대구광문사와 같은 해 8월 설립된 대구광학회가 교육진흥(敎育振興; 교육을 진흥함)과 식산흥업(殖産興業; 생산을 늘이고 산업을 일으킴)을 목표로 활동하면서 본격화 되었다.

　1906년 1월 설립 당시 대구광문사 조직이나 회원에 관한 기록은 지금 알 수 없지만, 부호 서상돈의 후원 아래 김광제가 사장을 맡았고,

---

47) 대륜80년사편찬위원회, 『대륜80년사』, 2001.

서상돈이 부사장을 맡았다. 1906년 2월 경북관찰사로 부임한 신태휴가 3월 발표된 고종 황제의 「흥학조칙」에 따라 「흥학훈령」을 발표한 뒤, 학교설립의 실천여부를 파악하기 위해 김광제를 각 지역으로 파견하였는데,[48] 그가 대구광문사 사장이었기 때문이다.

서상돈이 1904년 공전을 유용하고 상납을 지체한 것이 문제되어 해임된 뒤, 곧이어 김광제도 관직을 사임하고 일본을 배척하고 부패한 내정을 개혁하라는 상소를 올렸다가 1905년 12월 고군산도(古群山島)로 유배되었다. 2달 후 특별사면 된 김광제는 서상돈의 제의로 1906년 1월 대구광문사 사장이 되었다. 1월 18일 경북관찰사로 임명된 신태휴(申泰休)가 2월경 부임하였다. 신태휴는 1898년 경무사를 거쳐 1904년 법부협판, 육군참장, 1905년 경무사를 거쳐 의정부찬정을 거친 관료였다. 이 세 사람의 만남은 우연이 아닌 것 같다.

「황성신문」, 1906. 3. 26, 「대경북관찰신태휴씨흥학훈령경고전성」

---

48) 『대한매일신보』, 1906. 5. 29, 「달찰광학」

○ 대한제국의 광무개혁에 앞장서다

　1907년 1월 29일 대구광문사는 문회(文會)의 회명을 대동광문회(大東廣文會)로 개칭하고, 회장은 박해령, 부회장은 대구광문사 사장 김광제를 선출하면서 국채보상운동을 발의하였다. 이때 대동광문회 회원은 장상철·강주영·심정섭·김우근·서병오·윤하선·정재덕·이종정·길영수·이우열·강신규·정규옥·추교정 등이었다.[49]

대구 관덕정

　1906년 4월 서울에서 광학사가 설립된 같은 달 4월 대구에서 설립된 대구광학회는 사무소를 우현서루에 두고 "개발민지(開發民智)와 확장민업(擴張民業)"을 목표로 활동하였다. 서울의 광학사는 1906년 3월 설립된 대한자강회와 표리(表裏)를 이루는 연락기관의 역할을 하고 있었기 때문에 대구광학회는 대한자강회 지회 역할을 겸하게 되었다. 이때 대구광학회 발기인은 최대림·이일우·윤영섭·윤필오·이종면·이쾌영·김봉업 등이었다.[50]

　1906년 3월 대구광문사는 대구부의 "남문 밖에 있는 관덕당(觀德堂)을 수리하고 사범학교(師範學校)를 설시(設施)하고 고등교사(高等教師)를 연빙(延聘)"한다는 발기문을 발표하였는데, 발기인은 지주와 상인, 그리고 전직관료 20인이었다. 대구광문사 사원 권태성·김진수·김호규·이교각 등의 기함(寄函)에 의거하여, 발기인 20인은 각

49)『대한자강회월보』제9호, 1907. 3. 25,「대구광문사내 대동광문회에셔 국채보상취지서를 수선발포함이 여좌하다」
50)『황성신문』, 1906. 5. 1,「고광학사급일반사회동포」

500원 합계 10,000원, 나머지 65인은 각각 3·40원씩 1,315원을 출연하였다. 『대한매일신보』에 보도된 발기인과 출연금은 다음과 같다.[51]

전군수 김윤란(金允蘭)·전시찰 서상돈(徐相燉)·전승지 정규옥(鄭圭玉)·전주사 서병오(徐丙五)·전의관 이선형(李善炯)·전참봉 서돈순(徐敦淳)·군수 정재학(鄭在學)·전승지 서우순(徐佑淳)·전시종 서상하(徐相夏)·전승지 서상규(徐相奎)·오위장 최성조(崔聖祚)·부장 이장우(李章雨)·전참봉 정재래(鄭載來)·전돈녕 곽의현(郭義見)·오위장 이석진(李錫珍)·박치서(朴致瑞)·사인 이일우(李一雨)·이성옥(李成玉)·주사 최만달(崔萬達)·전주사 서상춘(徐相春)

『대한매일신보』, 1906. 3. 11, 「달찰미적」

경북관찰사 신태휴, 대구군수 김한정(金漢鼎)을 비롯하여 전·현직 군수, 전직 참봉, 감찰, 의관, 선달, 주사 등 65인의 명단과 이들의 의연금액 1,315원을 『황성신문』은 3차례에 걸쳐 보도하였다.[52]

---

51) 『대한매일신보』, 1906. 3. 11, 「달찰미적」
52) 『황성신문』, 1906. 3. 29, 「대구부 사립사범학교 설립훈 발기인 20원」; 3. 30, 「대구부사립사범학교보조금」; 3. 31, 「대구부 사립사범학교보조금」

『황성신문』, 1906. 3. 29, 「대구부 사립사범학교 설립훈 발기인 20원」

　대구사범학교 설립 발기인은 대부분 대구광문사 회원이었고, 이일
우 등 대구광학회 회원도 발기인으로 참여하고 있다. 당시 대구사범학
교 교장은 서상하, 교감은 김용선이었다.[53]

○ 통감부의 한국침탈기구에 참여하다

　특히 주목되는 것은 대구지역에서 애국계몽운동에 참여했던 지주와
상인, 그리고 전직 관료 출신들은 통감부의 한국침탈기구에도 적극적
으로 참여하였다. 1906년 6월 14일 대구농공은행(大邱農工銀行) 창립
총회가 개최되었는데, 이때 선출된 역원과 50주 이상의 응모 주주는
다음과 같다.[54]

　　역원: 은 행 장　이석진(李錫珍)
　　　　　전무이사　서병오(徐丙五)
　　　　　이　　사　김병순(金炳淳)·정규옥(鄭圭鈺)
　　　　　감　　사　서상돈(徐相燉)·이장우(李章雨)
　　주주: 1090주 서상돈(徐相燉)·서병오(徐丙五), 700주 이석진(李錫珍), 500주
　　　　　김병순(金炳淳)·정규옥(鄭圭鈺)·이진옥(李振沃), 100주 이중래(李重

---

53)『황성신문』, 1906. 6. 22, 「김씨의연」
54)『황성신문』, 1908. 6. 19, 「대구은행총회」

來)·최만달(崔萬達)·이장우(李章雨)·염봉근(廉鳳根), 70주 이상악(李相
岳), 50주 이병학(李炳學)·조용태(趙鏞泰)

『황성신문』, 1908. 6. 19, 「대구은행총회」

　대구광문사와 대구광학회 회원, 대구사립사범학교 설립 발기인 및
의연금, 그리고 대구농공은행 역원 및 응모주주 등에서 볼 수 있듯이
지주와 상인, 그리고 전현직 관료 등 막대한 부를 소유하고 있는 인사
들이 대구의 애국계몽운동에 참여하는 한편, 일제의 한국 침략 기관에
참여하였다. 이것은 관찰부의 중요한 협조자로서 대한제국 정부가 추
진하는 개혁사업에 적극적으로 호응하는 것이기도 했지만, 일제의 한
국침략 과정에 참여하는 것이기도 했다.

Ⅲ

신교육구국운동의
발흥과
전개

1. 신교육사조의 발흥

○ 대구광학회와 대구광문사가 선도하다

대한제국이 추진한 광무개혁의 전개 과정에서 인지된 근대적인 교육의 필요성은 신교육기관의 설립으로 나타났다. 1894년 7월 갑오개혁 과정에서 조선정부는 근대적인 학교제도를 갖추었고, 이어서 1895년 2월 고종의 교육조서(敎育詔書)는 실학사상에 정신적 기반을 두고, 덕육(德育)·지육(智育)·체육(體育)의 3대 강령을 표방하여 근대적 교육 제도를 수립하려는 노력으로 나타났다.

관·공립학교는 1883년 통변학교(通辯學校, 일명 同文學), 1886년 육영공원(育英公院), 그리고 1897년 대한제국 정부에 의해 소학교·중학교·사범학교 등이 차례로 설립되었다. 사립학교는 1883년 원산학사(元山學舍) 설립 이후 기독교 선교사들이 설립한 배재학당(培材學堂)·이화학당(梨花學堂) 등의 선교학교가 설립되었다.

대구지역에 설립된 최초의 공립소학교는 1896년 설립된 대구공립소학교였고, 최초의 사립학교는 1899년 7월 설립된 달성학교(達城學校)였다. 달성학교는 1899년 4월 제정 공포된 중학교 관제(官制)에 의거하여 경상북도 관찰부의 감영 안에 있던 폐기된 관청 건물에서 같은 해 7월 개교하였다. 한편 1899년 6월에는 사립흥화학교(私立興和學校) 대구지교(大邱支校)가 설립되었다.

대구지역에서 1904년 설립된 우현서루와 1905년 2월 설립된 시무학당은 애국계몽운동의 시작이었다. 1904년 2월 러일전쟁을 도발한 일제는 같은 달 23일 「한일의정서」를 강제로 체결하였다. 곧이어 5월 30일 「대한방침」, 「대한시설강령」을 결정하였고, 한국주차군을 파견하였다. 이러한 일제의 침략 상황을 대구부호 이일우는 서울에서 직접

목도하였다. 이일우가 설립한 우현서루와 시무학당은 일제 침략에 대한 위기의식의 발로였던 셈이다.

1905년 11월 을사늑약 이후 1906년 1월 설립된 대구광문사와 같은 해 8월 설립된 대구광학회는 교육진흥과 식산흥업을 목표로 한 대구지역 최초의 애국계몽운동 단체로서 신교육기관 설립에 앞장섰다. 을사늑약 이후 정치·경제적 일제 침략 상황에서 상인 출신 부호 서상돈·이일우 등의 대응이었다. 나아가 광무개혁을 추진하던 대한제국 정부의 식산흥업과 교육진흥 정책에 부응하는 것이 이른바 애국계몽운동의 목표였다.

대구광문사는 1906년 1월 서상돈 등의 대구지역 부호들이 설립하였다. 1906년 3월 경북관찰사로 부임한 신태휴는 대구광문사와 협의하여 근대학교의 설립을 추진하였다. 1905년 6월 경북관찰사로 부임한 이근호는 1906년 2월 체임되기 직전 유생 김진수·김호규 등과 함께 협의하여 경북 41개 군에 사립보통학교의 설립을 계획하고 이를 학부에 보고하였다.[1] 곧이어 그는 체임되었지만, 유생 김진수·김호규 등의 학교설립을 위한 노력은 계속되었다.[2]

1906년 2월 경북관찰사로 부임한 신태휴는 1906년 1월 설립된 대구광문사와 협의하여 학교를 발흥시키는 등 교육과 계몽 사업을 전개하면서 신태휴의 공적은 인정되었으나 이근호가 재임 중에 유생들과 함께 기울였던 노력의 흔적은 사리지게 되었다. 이리하여 전·현직 관찰사와 연결된 대구광문사와 대구광학회는 서로 대립하는 관계가 되었다.

---

1) 『황성신문』, 1906. 2. 8, 「학교청설」
2) 『황성신문』, 1906. 2. 8, 「경북흥학」

○ 광무개혁의 목표가 되다

1906년 3월 고종의 「흥학조칙」에 따라 3월 20일 경북관찰사 신태휴의 「흥학훈령」이 발표되었다.[3]

『황성신문』, 1906. 3. 26, 「대경북관찰신태휴씨흥학훈령경고전성」

一. 각 군의 100호마다 일 학교를 설립하되, 민호(民戶)가 극빈하고 학원(學員)이 부족하여 학교설립이 어려우면 2·300호를 합하여 하나의 학교를 설립할 것.

一. 학교 경비는 100호가 매월 각 1량 5전씩 학교에 납부할 것.

一. 10호 내에서 취학해야할 자(子)·제(弟)·질(姪)이 취학하지 않은 경우에는 그 부(父)·숙(叔)·형(兄)을 처벌하며 매삭 벌금 1량 5전을 학교에 납부하여 경비로 충당하고 완강히 거부하는 자는 지명·보고할 것.

一. 각 면 각 동의 서당은 모두 폐지하고, 숙사(塾師)는 머물지 말 것이며, 그 세입전곡(歲入錢穀)이나 전답(田畓)은 학교로 부칠 것.

---

3) 『황성신문』, 1906. 3. 26, 「흥학훈령」; 『대한매일신보』, 1906. 3. 29, 「흥학훈령」

一. 학교과학규정(學校課學規程)은 군수와 교사가 상의하여 정할 것.

一. 학도의 년령 8세부터 30세까지로 할 것.

一. 학도의 경기(經紀), 교사의 택정(擇定), 학도의 초집(抄集), 교비의 수봉(收納)은 통장이 군수의 지휘·감독을 받아 성실히 거행할 것.

一. 통장이 성실치 않으면 군수가 징치하고, 심하면 관찰부가 엄징할 것.

一. 학교시설에 있어서 의연·보조하면 돈의 다과(多寡)에 따라 널리 선양할 것.

　

　흥학훈령을 관찰사가 발포하자 대구광문사는 총회를 열고 학교총무 권태성·김진수·김호규·김택로 등이 봉승한 흥학조칙을 낭독·선포하였다.[4] 뿐만 아니라 학교설립을 위한 방략을 결의한 관찰사와 학교총무들은 흥학조칙을 받들고 각 군을 순행하여 학교를 확장하기로 하였다.[5]

　1906년 4월부터 관찰사 신태휴는 학교총무 김호규 등을 대동하고 안동·예안을 필두로 관할 41개 군을 순방하여 학교설립을 추진하였다.[6] 뿐만 아니라 같은 해 5월 신태휴는 학교설립의 실천여부를 파악하기 위해 김광제를 파견하였으며,[7] 각 군 유생들에게도 권학문(勸學文)을 발송하여 학교 설립을 위해 단결·용진할 것을 권유하였다.[8]

　흥학훈령이 발포되면서 대구광문사는 관찰부와 더욱 밀착되어 교육과 계몽사업을 전개하였다. 1906년 5월 말경에는 서문 밖 달서교(達西橋)에 두었던 사무실을 관찰부의 공해(公廨)로 옮기고 인쇄기를 설치할 건물을 세워 교과서(教科書)의 인쇄와 「영남신보(嶺南申報)」를 간

---

4) 『대한매일신보』, 1906. 4. 25, 「경북성학」

5) 『대한매일신보』, 1906. 4. 22, 「경학대흥」

6) 『황성신문』, 1906. 4. 23, 「경북교황」

7) 『대한매일신보』, 1906. 5. 29, 「달찰광학」

8) 『황성신문』, 1906. 9. 1, 「광학권학문」

행하기로 하였다. 동시에 대구광문사의 대동광문회(大東光文會)에 도내의 유력한 인사 수백 인이 참석한 가운데 국권회복에 관한 방략을 저술하고 서로 논평을 하기도 하였다.[9] 그리고 6월말경에는 활자와 활판을 일본 동경에서 구입하였다.[10]

관찰사 신태휴의 흥학운동은 1906년 10월 체임될 때까지 경북 41개 군에 100여 개의 학교를 설립하는 성과를 거두었다. 이는 관찰사 신태휴의 적극적인 노력과 각 지방 수령의 협조, 그리고 진취적인 유생들의 참여에 힘입은 것이었다.

2. 사립학교 설립과 그 추이

○ 사립학교 설립이 이어지다

1894년 갑오개혁 이후 신학제의 제정에 따라 소학교·중학교·사범학교의 설립이 이어졌다. 공립소학교는 1899년 2월 26개교였던 것이 1901년 1월 50개교로 증가하였고, 1909년 11월까지 설립된 관·공립학교는 고등학교 6, 실업학교 4, 보통학교 103개 교였다. 사립학교는 1883년 원산학사(元山學舍) 설립 이후, 1895년 2월 고종의 교육조서(敎育詔書) 반포를 거치면서 점차 증가하였고, 같은 해 7월의 소학교령(小學校令), 1899년 4월의 중학교학제령(中學校學制令)이 공포되면서 근대적인 각종 학교가 설립되었으며, 1905년 11월 을사늑약 이후 급격히 증가하였다.

1908년 8월 사립학교령(私立學校令)이 반포될 때까지 설립·인가된

---

9) 『대한매일신보』, 1906. 5. 29, 「문사대진」
10) 『대한매일신보』, 1906. 6. 22, 「광문승인」

사립학교의 수는 2,250개 학교였고, 미인가 사립학교 약 700여 개 학교까지 합치면 전국적으로 약 3,000여 개의 학교에 이르렀다. 그러나 사립학교령에 의해 인가된 학교는 1909년 3월 1일까지 1,708개 학교가 청원하여 242개 학교가 인가되었다. 이때 경북지역에서는 155개의 사립학교가 인가를 청원하고 있었다.[11]

『황성신문』, 1909. 3. 5, 「사립학교인허수」

1910년까지 대구지역에 관공립학교와 사립학교로 설립된 신교육기관은 다음 『대구지역 신교육기관 일람표』와 같다.

〈표 Ⅲ-1〉 대구지역 신교육기관 일람표

학교명	설립연도	설립	설립인	학제	출전
達城學校	1899. 7	사립	張圭遠	중학 8년	『황성신문』, 1908. 9. 2; 10. 28

11) 『황성신문』, 1909. 3. 5, 「사립학교인허수」

학교명	설립연도	설립	설립인	학제	출전
信明女子小學校	1902. 5	사립	선교사 Martha	소학	
時務學堂	1905. 1	사립	李一雨		『황성신문』, 1905. 2. 1; 3. 14
桂南學校	1906. 7	사립	徐基悳		『황성신문』, 1907. 9. 5
養成學校	1906.	사립	군수 金한정		『황성신문』, 1906. 6. 20; 6. 21
師範學校	1906.	사립	有志紳士		『황성신문』, 1906. 11. 6
啓聖學校	1906. 10	사립	선교사 아담스	중학	
信明女子中學校	1907. 10	사립	선교사 Martha	중학	
日新學校	1907. 봄	사립	정해식 등		『황성신문』, 1909. 9. 5
養成女學校	1907.	사립			『황성신문』, 1907. 9. 20; 1908. 2. 19
壽昌學校	1907. 9	사립	徐興均 등		『황성신문』, 1907. 9. 22
協成學校	1907. 9	공립	徐相夏 등	중학	『황성신문』, 1907. 9. 29
農林學校	1909.	공립		고등	『황성신문』, 1909. 5. 9
實業學校	1910. 3	공립	학부		『황성신문』, 1910. 3. 15
達西女學校	1908. 12	사립	대구부인	야학교	『황성신문』, 1910. 4. 14
大邱師範講習所	1906. 10	사립	대구유지	단기 강습	『황성신문』, 1910. 6. 16

① 경상북도관찰부공립소학교

1895년 9월 7일에 소학교령 29개조가 발표되었고, 소학교교칙대강이 1895년 9월 30일에 공포되었다. 1896년 이 소학교령에 의해 13도 관찰부 소재지에 설립된 학교가 관찰부소학교라고 알려졌다. 1896년 설립된 대구의 경상북도관찰부공립소학교도 그 중 하나였고, 대구에 세워진 최초의 근대학교였다. 그 위치는 경상감영 관아 선화당 우측편 전 장관청 자리에 설립되었다.

1906년 설립된 대구공립보통학교

경상북도관찰부공립소학교의 교원은 한성사범학교 졸업생 중 학부에서 발령을 받은 교원과 지방 유림의 천거로 학부가 인정한 부교원이 있었다. 재정은 소학교보조규칙에 의해 연간 360원의 지원금액이 확정되었지만 당시 외획제도(外劃制度)[12]라는 세금조달방식으로 인해 지방에서 확보하는 데 어려움이 있었다. 학생들은 삼강오륜의 유교적인 내용과 개명진보를 위한 내용을 배웠고, 15세 이상의 학생들은 자율적인 토론 활동도 하였다.

경상북도관찰부공립소학교는 1906년 학부령 제27호에 의해 관립대구공립보통학교(大邱公立普通學校)로 개편되었고, 달성학교의 심상과 학생 일부가 1906년 8월 27일자로 대구공립보통학교로 인계되었다.[13]

---

12) 군수가 징수한 조세를 국고에 납부하기 전에 탁지부대신의 명령에 따라 제3자에게 인도하도록 하는 제도이다. 1905년 8월 국고제도가 확립되면서 군수가 세금을 징수하지 못하게 되어 폐지되었다.

13) 정순목, 『영남교육사초』, 영남대 출판부, 1983; 『황성신문』, 1907. 10. 6.

② 달성학교

경상북도에서 최초로 설립된 사립학교는 1898년 3월 청도군 대성면 유호리에 설립된 사립유천학교(私立榆川學校)였다.[14] 대구에서는 1899년 7월 설립된 사립달성학교(私立達城學校)가 최초로 설립된 사립학교였다.

달성학교는 1899년 4월에 제정 공포된 중학교관제(中學校官制)에 의하여 관찰부의 감영 안에 있던 폐지된 관청의 건물에서 개교하였다. 달성학교는 소위 '달성의 유지군자(有志君子)'들이 설립한 사립 중학교였다. 발기인은 최극창·박윤상·윤필오·강영상·최상의·정익조·이인수·장규원·최영달·추교정 등 10인이며, 명예교사 일본인 신타니 마쓰시케(新谷松助)와 명예고문 히자즈키 마스키(藤付益吉)가 초빙되

「사립달성학교창설취지급교칙」

었고, 찬성원은 경상도관찰사 김직현(金稷鉉) 등 10여 인이었다. 초대 교장은 관찰사 김직현, 부교장은 장규원이 취임하였다. 1900년 10월 윤필오가 2대 교장이 되었다.[15]

달성학교의 설립에 필요한 재원은 발기인 및 찬성원이 부담하였으나 학교 운영의 재원에 대해서는 교칙에 명시된 것이 없었다. 다만 「학

「달성학교취지서」

14) 권대웅, 「한말·일제초기 청도지역의 민족운동과 주도세력의 성격」, 영남대 『민족문화논총』 21, 2000.

15) 『사립달성학교창설취지급교칙』(『일제의 한국침략과 영남지방의 반일운동』, 한국근대사연구회, 1995). 이 자료는 발기인이며, 제2대 교장 윤필오의 손부 허마리아여사가 소장하고 있었다. 필자는 1993년 8월 열람하였으며, 1995년 8월 영인하였다.

교교칙」 제14조에 "수업료는 위선 미정함"이라고 규정하고 있어 학생들이 수업료를 부담하는 형태였을 것으로 보인다.

달성학교의 교칙은 일본인 명예교사 신타니 마쓰스케(新谷松助)와 명예고문 히자즈키 마스키(藤付益吉)에게 자문하여 제정하였고, 수업 연한은 8년으로 심상과(尋常科)와 고등과(高等科) 각각 4년의 과정과 일어전수과(日語專修科) 2년 과정을 특설하였다. 교과과정은 1895년 2월 고종의 교육조서(敎育詔書)의 학교규칙(學校規則)에 의거하여 구교육제도에서 근대적 교육제도로 개편한 것이었다. 당시 설립된 관학(官學)이 대체로 일본의 교육제도와 교과과정을 모방했던 것처럼 달성학교의 경우에도 초빙된 일본인 교사와 고문에게 학칙의 제정과 교과과정의 편성을 맡기고 있었다.

달성학교는 교육과정을 심상과와 고등과로 구분하고 있다. 이것은 일본의 교육제도가 소학교·중학교·사범학교를 심상과와 고등과로 구분하고 있는 것에 따른 것이다. 1899년 4월 제정된 중학교관제의 "제16조, 지방에 공립중학교(公立中學校)와 사립중학교(私立中學校)를 설치함도 종의(從宜)하여 허함"이라는 법규를 따른 것으로 보인다.

달성학교의 교과목은 심상과의 경우, 독서·일어·역사·지리·작문·습자·수신·산술·체조 등 9과목, 고등과의 경우, 심상과의 9과목 외에 이과·화학·부기·도화 등 13과목으로 교과과정을 편성하고 있었다. 그리고 일어전수과는 어학과 작문을 매일 오후에 2시간으로 편성하였다.

교육과정과 교과과정에서 보면, 달성학교는 신문화 내지 개화를 목적으로 한 신교육기관이었고, 일어학교였다. 1905년 통감부 설치 이후 학교운영은 여러 가지 제약으로 말미암아 심상과의 학생 일부는 1906년 8월 27일자로 관립 대구공립보통학교(大邱公立普通學校)로

인계되었다.[16]

1906년 1월 발기한 협성학교는 달성학교가 있던 관찰부 안에 교사를 신축하여 1907년 개교하였다. 그러나 달성학교가 협성학교에 흡수 통합되었다는 근거 자료는 없다. 1910년 3월경 달성학교는 없어졌다.

③ 협성학교

협성학교는 1907년 설립된 중학교 과정의 사립학교였다. 1906년 1월 설립이 발기(發起)되어 1907년 개교하기까지 여러 가지 난간이 있었다. 1908년 12월 12일 『황성신문』의 「사론격발(士論激發)」에서는 그 설립 경위를 다음과 같이 보도하고 있다.

> 사론격발(士論激發) 경북 대구 협성학교(協成學校)는 원래 영조 때 감사 조현명(趙顯命)씨가 설립한 낙육재(樂育齋)의 재산을 지난 광무 10년 정월에 사림이 협의하고, 양사재(養士齋)와 합동하야 사립중학교의 제도로 협성학교(協成學校)를 설립한 것인데, 그때 김호규(金護圭)씨가 관찰사 이근호(李根澔)씨에게 청원하여 이씨가 학부에 보명(報明)하고, 천폐(天陛)에 주(奏)하여 가장(嘉獎)하시는 칙유(勅諭)를 봉승하고 내탕금(內帑金) 1천 원을 하사하셨는데, 현 관찰사 박중양(朴重陽)씨가 그때 대구군수(大邱郡守)로 몇 사람의 암수(暗嗾)를 감청(甘聽)하고 낙육재(樂育齋)의 가옥(家屋) 기지(基址)를 외인(外人)에게 방매하여 협성학교의 재산을 탈취하여 군시청(郡市廳)을 조직하다가 체임(遞任) 미수(未遂)하였더니 그 후에 전관찰 이충구(李忠求)씨가 다시 도내 유림과 협의하고 협성학교를 계속 설립하여 교실을 건축하다가 회록(回祿, 火災를 말함)을 입고 다시 일교(一校)를 지어 각 군에서 학원(學員)을 모집하여 교육하더니 근일 박관찰(朴觀察)이 하거(下車)한 후로 구일(舊日)의 수단을 다시 드러내 유림 중 학교에 유력한 모모인(某某人)으로 군수를 천임(薦任)하고 학교 재부(財簿)를 조사한다고 칭

---

16) 정순목, 『영남교육사초』, 영남대 출판부, 1983; 『황성신문』, 1907. 10. 6, 「달성학교취지서」

하고 협성학교는 폐지하고 제2공립보통학교(第二公立普通學校)를 설립하려 함으로 교장 이하 찬무(贊務) 제원(諸員)과 학원(學員) 80여 명이 일체(一切) 반대하여 시행(施行)하지 못함에 박관찰이 순사를 파송하야 위협하다가 또 여의(如意)치 못함으로 경무관 박준효(朴準孝) 씨와 순사를 파송하여 일반 문부(文簿)와 교장(校章)을 몰수 수거하고 자기편의 친밀한 사람으로 교장(校長) 이하 임원(任員)을 차정(差定)하고 생도에게 경례(敬禮)를 받고자하다가 생도들이 일장 격앙하여 분나(紛拏)를 야기하였는데, 필경 협성학교 생도 근백명은 일제 해산하고 교실을 폐쇄하였음으로 도내 사론(士論)이 격발(激發)하여 경부(京部)에 정소(呈訴)하였다더라.[17]

『황성신문』, 1908. 12. 12, 「사론격발」

첫째, 협성학교는 1906년 1월 유생 김호규 등이 낙육재와 양사재의 재산으로 중학교 과정의 협성학교 설립을 경상북도관찰사 이근호에게 청원하였고, 이에 관찰사는 학부에 보고하여 고종황제가 하사한 내탕금 1천 원으로 설립이 시작되었다. 관찰사 이근호는 1905년 6월 부임하여 1906년 2월 체임되었고, 새로 부임한 경상북도관찰사 신태휴는 1906년 3월 고종의 「흥학조칙」에 따라 3월 20일 「흥학훈령」을 발표하고 1906년 10월 체임될 때까지 학교의 설립에 전력하였지만, 협성학교의 설립은 진척이 없었다.

---

17) 『황성신문』, 1908. 12. 12, 「사론격발」

둘째, 1907년 경상북도관찰사 이충구(李忠求)가 도내 유림과 협의하고 협성학교를 설립하여 계속 교실을 건축하다가 화재로 소실된 뒤, 다시 교사를 지어 학생들을 모집하여 개교하였다. 다른 기록『경상북도안』의 1905년 5월 21일「보고서」에 따르면, "대구의 유지 전 시찰 서상돈, 전 군수 정재학, 전 참봉 서돈순, 전 주사 윤필오 등이 학교를 설립하고자 협성학교를 처음 발기하여 그 건축비 6,700원을 모았고, (중략) 동서 양청(兩廳)의 기지(基址)는 새로 건립하는 학교에 충당한다고 내부와 학부에 보고하였다."는 것을 의정부에 보고하고 있다.[18] 여기에서 서상돈·정재학·서돈순·윤필오 등이 처음 발기하여 그 건축비 6,700환을 모았다는 것은 1906년 1월 설립 발기 당시의 상황인지 확신할 수 없다. 그렇지만 1907년 6월 경상북도관찰사로 부임한 이충구는 협성학교 교사의 건축을 시작하였고, 건축이 끝날 즈음인 1907년 12월 29일 실화로 2층 75칸이 전소하고 말았다.[19]

셋째, 협성학교는 설립 과정에서 대구군수 박중양의 방해공작을 받았다. 1906년 7월 대구군수로 부임한 박중양은 낙육재(樂育齋)의 가옥(家屋) 기지(基址)를 외인(外人)에게 방매하여 협성학교의 재산을 탈취하였고, 1907년 4월 대구읍성의 성벽을 파괴하였다. 그리고 같은 해 8월 대구시의소의 윤필오·윤영섭·양재기 등과 함께 '시청(市廳)'을 조직하다가 체임(遞任)되어 평안남도관찰사가 되었다. 1908년 5월 17일 다시 경상북도관찰사에 임명된 박중양은 협성학교는 폐지하고 제2공립보통학교(第二公立普通學校)를 설립하려 하였지만, 대구지역 유림들의 반대로 성공하지 못했다.[20]

---

18)『경상남북도래거안』, 1907. 5. 21, 경상북도관찰사 이충구「보고서」
19)『대한매일신보』, 1907. 12. 29,「학교화재」; 1908. 1. 8,「협교회록」
20)『대한매일신보』, 1908. 11. 4,「박중양의 참혹한 심술」; 1908. 10. 30,「협

넷째, 협성학교는 달성학교가 있던 관찰부의 감영 안 폐지된 관청 건물에서 1907년 개교하였다. 협성학교는 1906년 1월 설립이 발기되었고, 1907년 달성학교의 교사에서 개교하였다. 그러므로 협성학교가 달성학교를 흡수 통합했다는 근거는 찾아볼 수 없다. 1910년 3월 대구 농림학교가 달성학교와 협성학교가 있던 관찰부에 설립되면서 협성학교는 대구향교 내로 이전하였고, 대구농림학교가 이 자리에서 개교하였다.[21] 1910년 3월 달성학교는 없어졌다.

협성학교는 1916년 4월 1일 대구공립고등보통학교로 변경되었고, 같은 해 9월 1일 개교하였다. 협성학교 재적생 95명 중 상급생 15명은 졸업증이 수여되었고, 그 나머지는 모두 2학년에 편입되었다. 그리고 보통학교를 졸업한 학생 60명으로 1학급을 편성하였다.[22]

1909년 대구향교로 이전한 협성학교와 1910년 5월 설립된 대구농림학교(손병철 논문)

성윤함」; 1909. 5. 29, 「학부훈령」; 『황성신문』, 1908. 12. 26, 「협성갱성」; 1909. 5. 9, 「대구농림학교」
21) 『황성신문』, 1910. 1. 29, 「실업학교에 관한 의견」; 1910. 2. 2, 「실업교착수의견」; 1910. 3. 9, 「지방비와 실업교」
22) 『매일신보』, 1916. 3. 15, 「협교조직편경」; 1916. 9. 3, 「고보교 개교식」; 손병철 「통감부 시기 대구달성학교 변화과정에 관한 연구」, 『대구경북연구』29, 대구경북연구원, 2020.

④ 그 외의 사립학교

시무학당(時務學堂)은 1905년 이일우가 우현서루에 설립한 사립학교이다. 학당장을 맡은 이일우는 "대한국민의 지식을 개발증진"에 그 목표를 두고 있었는데, 우현서루와 같은 방식으로 운영하였다. 시무학당은 1906년 8월 그가 조직한 대구광학회와 더불어 청말 량치차오(梁啓超)가 설립한 시무학당(時務學堂)과 남학회(南學會)에 비견할 수 있는 교육기관이었다.[23]

사립수창학교(私立壽昌學校)는 1907년 7월13일 개교하였다. 1907년 12월 29일자 『대한매일신보』의 「대구수창학교취지서」에 의하면, 대구군의 향교 동·서재에 설립된 수창학교는 15세 이상의 학생 100여 명을 모집하여 구학과 신학을 교육하였다. 주관은 전사과 서흥균·전감찰 오유창·전정교 오세린·전사과 최처은·정래욱·서기하 등이고, 작문은 전주사 서봉기가 맡았다.[24] 1912년부터 공립으로 전환을 청원하

『대한매일신보』, 1907. 10. 19, 「대구사립수창학교취지서」

---

23) 양계초, 『음빙실합집』, 북경중화서국, 1994.

24) 『대한매일신보』, 1907. 10. 9, 「대구수창학교취지서」; 1907. 10. 19, 「대구사립수창학교취지서」; 『황성신문』, 1907. 9. 22, 「대구사립수창학교취지서」

여 1914년 수창공립보통학교로 전환하였다.[25]

사립 여학교로는 양성여학교(養成女學校)와 달서여학교(達西女學校)가 있었다. 사립양성여학교는 1907년 9월 창설하여 학생 30여 명을 모집하였고, 교사는 일본사범학교를 졸업한 니시야마(西山熊助)씨의 부인이었다.[26] 사립달서여학교는 1908년경 대구지역의 부인 서춘화·김화수·장문화·한귀현 등이 서문 밖 상침동에서 설립한 교육부인회(敎育婦人會, 혹 女子敎育會) 내에 설립하였다.[27] 교장 윤성원(尹成垣)[28]은 처음 학도 40여 명을 모집하여 교육하기 시작하였는데, 학도의 모친들이 친목회(親睦會)를 조직하여 후원하였다.[29] 특히 주목되는 것이 이일우의 아우 이시우(李時雨)의 혼자된 부인 김화수(金和秀)가 회원 100여 명에 달하는 여자교육회를 발기하여 의연금 200원을 모아 달서여학교(達西女學校)에 기부하는 등 여성교육에 노력하고 있었다. 이에 대구지회의 이일우는 달서여학교 부설 여자야학교(女子夜學校)를 설립하는 등 적극 후원함으로써 여성교육에 관심을 기울이기도 하였다.[30] 김화수는 이상정(李相定)·상화(相和)·상백(相佰)·상오(相旿) 등 4형제의 어머니였다. 원래 대구 수정에 있었던 달서여학교는 1916년

25) 『매일신보』, 1912. 6. 25, 「수창공립청원」
26) 『황성신문』, 1907. 9. 20, 「교육필자여교시」; 『대한매일신보』, 1907. 9. 24, 「여학교일교사」
27) 『대한매일신보』, 1909. 6. 13, 「부인열성」
28) 윤성원(尹成垣)은 경주영장(慶州營將)을 거쳐 1888년 총어영 기사장(騎士將), 1895년 대구판관(大邱判官), 1896년 칠곡군수 겸 대구군수 등을 역임하였다. 대구에 거주하면서 1906년 5월 서상돈, 정규옥 등과 함께 성주군의 황무지 개간에 참여하였다.
29) 『대한매일신보』, 1908. 12. 16, 「장한부인들」
30) 『황성신문』, 1910. 4. 14, 「김녀사의 열심」; 『대한매일신보』, 1910. 4. 27, 「여자교육회설립」

9월 1일 천도교계통의 명신학교(明信學校)가 이곳으로 이전하면서 폐교되었다.[31]

한편, 기독교 장로교선교사에 의해 대남남자소학교와 신명여자소학교가 세워졌고, 1906년 10월 계성학교(啓聖學校)와 1907년 10월 신명여학교(信明女學校)가 설립되었다. 사립 계성학교(啓聖學校)와 신명여학교(信明女學校)는 영남지방에서 설립된 최초의 기독교 계통의 신식교육기관이었다. 1900년 미국 북장로회 선교사 안의와(安義窩, Adams,J.E.)가 사립대남남자소학교(私立大南男子小學校)를 설립한 뒤, 1906년 5월 대구 제일교회(第一教會) 내에 와가(瓦家) 3동(棟)을 임시교사로 사립 계성학교를 설립하였다. 1933년 12월 중학교로 지정 승격하게 되었다.[32]

『황성신문』, 1910. 4. 14, 「김여사의 열심」

---

31) 『매일신보』, 1916. 9. 3, 「달서여교와 명신여교」
32) 『중앙일보』, 1933. 2. 18, 「계성학교의 지정승격유망」

사립신명여학교는 1907년 10월 대구 남산동 동산위에 가교사를 마련하고 개교하였는데, 초대 교장은 부해리(傅海利, Henry Munro Bruen) 선교사의 부인 부마태(傅馬太 Mrs Martha.S, Bruen)여사가 대구에 부임한 1902년 5월 대구제일교회 구내에서 어린이들을 모아 교육을 시킨 것을 시작으로 신명여자소학교를 개설하여 1900년에 설립한 남자부 대남학교와 같이 신교육학교가 되었다. 그리고 부마태 여사는 1907년 10월 신명여학교를 설립하여 교장이 되었다.

그 외 사립 계남학교(桂南學校)는 1906년 7월 서기덕 등이 설립하였고, 사립 일신학교(日新學校)는 1907년 봄 정해식 등이 설립하였다.

IV

국채보상운동의
발단과
주도층

1. 국채보상운동의 발단

1) 대구광문사의 국채보상 발의

○ 담배를 끊어 국채를 보상하자

국채보상운동은 대구에서 시작되어 전국적으로 확산되었다. 즉 1907년 1월 29일(음 1906년 12월 16일) 대구광문사의 서상돈·김광제 등이 그 명칭을 대동광문회로 개칭하기 위한 특별회를 열었고, 회의를 마친 후 서상돈이 "담배를 끊어 국채를 보상하자"는 건의서를 낭독하면서 발의되었다.

곧이어 대동광문회는 이 운동을 널리 확산키로 하였다. 즉시 서상돈의 건의서를 「국채보상취지서(國債報償趣旨書)」로 변경하여 지방의 각 지역과 서울의 주요 언론기관까지 전국적으로 배포하였다.[1]

『大韓每日申報』, 1907년 2월 21일. 잡보 「국채일천삼백만원보상취지대구광문사장김광제서상돈씨등공함」

---

1) 『대한자강회월보』 제9호, 59∼61쪽; 『대한매일신보』, 1907. 2. 21, 잡보 「국채일천삼백만원보상취지대구광문사장김광제서상돈씨등 공함」

「국채보상취지서(國債報償趣旨書)」

대저 신하와 백성 된 자가 충의를 숭상하면 그 나라가 흥하고 그 백성이 편안하며, 충의가 없으면 곧 나라가 망하고 백성이 멸하는 것은 고금 역사상에서 분명히 증거가 있을 뿐만 아니라 현금 구주에서 부강한 자와 명망하게 된 자 또한 충의를 행하고 숭상하는 여하에 연유하지 않음이 없습니다.(중략) 저번 청국·러시아와 일본이 개전할 때 작은 것으로 큰 것을 이긴 것은 병사에 감사대(敢死隊)가 있어 죽기를 결심하고 혈우육풍(血雨肉風) 속을 낙지(樂地)에 나가는 것 같이 여기며, 짚이 있는 백성은 신을 삼고 패물을 팔며, 여자들은 指環을 모아 군비에 보태어서 마침내 동서 역사상 처음 있는 절대의 큰 공을 이루어서 위무(威武)와 영광(榮光)이 온 세계에 진동하게 되었는데 이것은 저들 5천만 민족의 하나하나가 열심 혈성으로 충의를 따랐기 때문입니다. 어찌 흠모 감탄하여 본받을 일이 아니겠습니까? 오호라, 우리 2천만 동포는 지금 백성과 나라가 위급 가난할 때에 있어서 한 사람의 결심과 한 일의 계획도 없이 다만 우리 황상(皇上)의 아침부터 밤늦게까지 일보시며 깊이 근심하는 것만을 바라보면서 팔짱끼고 우두커니 앉아서 멸망을 기다려야 하겠습니까. 근세의 새 역사를 찾아보면 나라가 망하면 민족도 따라 진멸(殄滅)된 것으로서 곧 이집트, 베트남, 폴란드가 모두 증거가 됩니다. 다만 제 몸과 집이 있는 것만을 알고 임금과 나라 있는 것을 알지 못하면 이것은 스스로 함정에 빠지고 스스로 멸망하는 것입니다. 지금에 와서 정신을 가다듬고 홍의를 분발할 때가 아닙니까? 지금 국채 일천삼백만 원이 있은즉 우리 대한의 존망에 관계되는 것이라. 갚으면 나라는 보존될 것이요 갚지 못하면 나라가 망할 것은 필연적인 사실이다. 지금 국고로는 변제하기 어려운 형세이니 2천만 민중으로 3개월 기한하여 담배 피우는 것을 폐지하고 그 대금으로 매인에게 매월 20전씩 거둔다면 일천삼백만 원은 모을 수 있으며, 만일 그 액수가 미달할 때는 일 원, 십 원, 백 원, 천 원의 특별 출연하는 사람도 있을 것입니다. 사람이 그 당연한 의무에 있어서 이런 잠시의 결심을 가진다는 것은 그들 일본의 결사대와 짚신 삼는 국민과 지환(指環)을 거두는 여인들의 일에 비교한다면 어느 편이 중하고, 어느 편이 경하며, 어느 편이 쉬운 것이겠습니까? 아! 우리 2천만 국민 중에서 진실로 털끝만큼의 애국사상이 있는 이라면 반드시 두말하지 않을 것입니다. 저희들이 여기서 감히 발기하여 취지를 알려드리어 호소

합니다. 엎드려 바라옵건대 우리 대한 신민 여러분은 보시는 대로 곧 말로 글로 서로 알리어 고해서 한 사람이라도 모르는 일이 없게 하고 기어이 실시되어 위로는 성명(聖明)에 보답하고 아래로는 강토(疆土)를 유지하게 되면 더 다행한 일이 없겠습니다.

광무 11년 2월 일

발기인

대구광문사장: 김광제(金光濟), 부사장 서상돈(徐相燉)

대동광문회장: 박해령(朴海齡), 부회장 김광제(金光濟)

회   원: 장상철(張相轍)·강영주(姜永周)·심정섭(沈廷爕)·김우근(金遇根)·서병오(徐丙五)·윤하선(尹夏濬)·정재덕(鄭在惪)·이종정(李鐘楨)·길영수(吉永洙)·이우열(李愚烈)·강신규(姜信圭)·정규옥(鄭圭鈺)·추교정(秋敎廷)[2]

2월 3일 대구와 가까운 동래의 상무회의소(商務會議所)는 대구광문사가 보낸 「국채보상취지서」를 받아보았으며, 2월 18일에는 일본 동경에서도 대구의 취지서를 받아본 유학생 1백여 명이 단연동맹을 발기할 정도로 국내뿐만 아니라 해외까지 전파되었다.

국채보상운동은 대구광문사 사장 김광제, 부사장 서상돈 등이 발의하면서 시작되었지만, 이미 경남 동래에서 국채보상에 대한 논의가 있었다. 1907년 2월 22일 서울에서 설립된 국채보상기성회의 국채보상기성회취지서(國債報償期成會趣旨書)에 의하면 "영남의 동래와 대구 등지의 여러 군자들이 담배를 끊어 보상해야 한다는 논의가 이루어져 (중략) 이에 본인 등이 멀리 동래와 대구 등의 여러분들과 함께 한 몸

---

2) 『대한자강회월보』 제9호, 잡록「대구광문사내 대동광문회에서 국채보상취지서를 수선발포함이 여좌하다.」

으로 뭉쳐 이 회를 만들어 국채보상기성회라고 이름을 지었다."[3]고 하였다.

곧이어 3월 초 설립된 동래부국채보상일심회(東萊府國債報償一心會)의 취지서,[4] 3월 20일 설립된 성주군국채보상의무회(星州郡國債報償義務會)의 취지서[5] 등에서도 이러한 사실을 언급하고 있다.

○ 대구에서 발의되다

대체로 처음 동래에서 '담배를 끊어 국채를 보상하자'는 대구와 부산지역의 상인들의 논의에서 국채보상 문제가 제기되었고, 곧이어 대구에서 발의되었다. 개항 이후 영남지방 대일무역의 거점이었던 부산항을 중심으로 상권을 확장하고 있던 대구 상인들은 동래 상인과 이해관계를 공유하고 있었다. 1898년 8월 대구지역의 상인들은 대구에 수창상회(壽昌商會)를 설립하고, 대일무역의 거점인 부산의 동래(東萊)와 하단(下湍)에 그 지점을 두고 있었다. 수창상회는 '상업흥왕과 상권보호'를 목적으로 설립한 상인조합으로 개항 이후 부산항을 거점으로

---

3) 『황성신문』, 1907. 2. 5, 잡보 「국채보상기성회취지서」
4) 「동래부국채보상일심회취지서」 "부산항 상무회에서 이를 보상하는 데 뜻을 두고 먼저 단연동맹을 선창하였고, 이어 대구의 광문사에서 같은 목소리로 공포하였으며, 또 경성에서 이미 국채보상기성회를 창립하였으니 이로부터 300주 2천만 사람들이 반드시 차례대로 동맹을 이룰 것입니다.(중략) 원컨대, 우리나라 동포들은 일제히 한목소리로 모임을 결성하여 장차 부산항의 상무회와 대구의 광문사, 경성의 보상회와 더불어 차례대로 연합하여 반드시 전국 각 주와 더불어 진실로 서로 감동하고 맹약을 서로 이루어 국채를 보상하려고 한다."(『대한매일신보』, 1907. 3. 10, 잡보 「동래부국채보상일심회취지서」)
5) 「성주군국채보상의무회취지서」 "아! 금연하여 국채를 보상하자는 논의는 동래항에서 말하였고, 대구부에서 글로 지어졌고, 경성에 전해져서 전국으로 확산되었으니 무릇 귀가 있는 자는 모두 들었을 것이다."(『대한매일신보』, 1907. 4. 12, 잡보 「성주군국채보상의무회취지서」)

대일교역이 많아진 대구지역 상인들이 물화(物化)를 저장하고 물가를 관리하기 위해 수창상회의 지점을 각각 설치하였던 것이다.[6] 그러므로 대구·동래 양 지역 상인들은 국채문제에 대해서도 같은 시각을 가지고 있었을 것이다.

국채보상운동은 부산 동래에서 처음 논의되고 대구에서 발의되어 전국적으로 확산되었다. 이 운동은 개항 이후 일본의 경제 침략에 대한 대구와 동래 양 지역 상인들의 대응책이었다. 또 일본의 한국 침략에 대응하여 일어난 국권회복운동과 그 목표가 일치하고 있었기 때문에 전국적인 운동으로 확산될 수 있었다.

2) 대구부민의소의 북후정 민중대회와 대구금연상채회

○ 북후정 민중대회가 개최되다

대동광문회는 1907년 1월 29일 국채보상을 발의한 뒤, 곧이어 2월 초순에 「국채보상취지서(國債報償趣旨書)」를 각처로 배포하였다. 서상돈·김광제 등은 서문 밖 수창사 안에 국채지원금수합사무소(國債支援金收合事務所)를 두는 한편, 1907년 2월 21일 북후정(北堠亭)에서 민중대회를 개최하기로 하였다.

1907년 2월 21일 북후정 민중대회를 개최하기로 한 서상돈 등은 우선 인민대의소, 즉 대구부민의소와 대구시의소를 통합하여 대구민의소를 조직하였다. 대구민의소는 '서문 밖 대시장(大市場) 변(邊)'에 있는 북후정에서 개최된 대규모의 민중대회를 주도하였다. 이날 공식적으로 발족한 대구단연상채회(大邱禁斷煙償債會)는 대구민의소의 조직

---

6) 「수창상회사규칙」(1898. 8)

을 변경한 것으로 국채보상운동을 주도하였다.[7] 한편, 대구민의소는 경북 경무서의 경무보좌관에게 공문을 보내 집회를 신고하였고, 경무서에서는 순사 황관두(黃寬斗)를 보내 방청토록 하였다.

서문시장으로 들어오는 길 입구에 서 있는 북후정의 모습(정성길 소장)

2월 21일 개최된 북후정 민중대회에서 대구민의소는 「민의소규칙(民議所規則)」을 제정하고, 「금연상채회임원록기(禁煙償債會任員錄記)」를 작성하여 임원을 정하였다. 이날 제정된 「민의소규칙」은 「금연상채회규칙(禁煙償債會規則)」이었다.

2월 22일 경무관 박준효(朴準孝)는 대구민의소 회장 이현주를 불러 치안 관계상 관할 관청에 집회를 청원한 뒤 민중대회를 개최하라고 요구하였다. 이에 대구금연상채회 회장 이현주, 부회장 정재학, 총무 정규옥 명의로 청원서가 제출되었다. 이 청원서에 따르면 「민의소규칙」

---

7) 『경상남북도래거안』, 1907. 2. 24, 경상북도관찰사서리 참서관 백남준 「보고서」

과 「금연상채회임원록기」는 다음과 같다.

「민의소규칙(民議所規則)」

제1조 국채(國債)를 담보(擔報)하기 위하여 민의소(民議所)를 설립할 것.

제2조 임시 개회장은 대구 서문 외 북후정(北堠亭)으로 정할 것.

제3조 개회 일자는 음력 정미 정월 초10일 상오 12시로 정할 것.

제4조 좌개(左開) 관조(款條)를 회중에 공포하여 가결을 얻어 확정하고 한두 사람의 결정은 허락지 않을 것.

제5조 담보금 수합방침은 일반국민의 남초흡연(南草吸煙)을 3개월 폐지하고 그 대금 중 매인 매월에 신화 20전씩 납부하되 단 특연(特捐)할 시에는 제한을 두지 않을 것.

제6조 부녀와 아이는 예정금(例定金)을 논하지 말고 흡연은 일체 금단(禁斷) 할 것.

제7조 임원은 좌개의 인원으로 정할 것.

　　　1 회장 1인

　　　1 부회장 1인

　　　1 총무 1인

　　　1 재무 2인

　　　1 평의장 1인

　　　1 평의원 20인

　　　1 서기 2인

　　　1 사찰 5인

제8조 임무는 좌개와 같이 분장하여 시행할 것.

　　　1 의장은 일절 사무를 총할 것.

　　　1 부의장은 일절 사무를 협찬하되 의장이 유고로 논의할 수 없는 때는 대신 논의할 것.

　　　1 총무는 의장의 명령을 받아 제반 사무를 관할할 것.

　　　1 재무는 담보금 수입 시 영수증 발급과 은행 적립금 통장 전수(傳受) 를 전관(專管)할 것.

1 평의원은 사무소에 일이 있으면 수시로 모여 의사의 가부를 결정할 것.
　　1 서기는 일절 문부(文簿)와 포유(布諭) 및 보고(報告) 등의 일을 전관할 것.
　　1 사찰은 개회 시에 소란과 출입을 금지하여 일체 정숙케 할 것.
제9조 사무소는 서문 외 전동 수창사(壽昌社)로 정할 것.
제10조 의장 이하 각 임원은 동의와 재청을 정하여 공포 후에 가결을 시행할 것.
제11조 취지서(趣旨書) 및 규칙(規則)을 서기로 하여금 낭독 포유(布諭)한 후
　　　　가부는 다수에 따라 결정할 것.
제12조 취지와 규칙을 가결한 후에 일반 국민이 소지한 연죽(煙竹)을 일제히
　　　　버려 결심을 나타낼 것.
제13조 유지사(有志士)의 연설을 청하여 일반민인을 격려케 할 것.
제14조 개회장에 특연인(特捐人)의 성명과 금액을 공포하여 신문에 게재할 것.
제15조 폐회는 해가 떨어질 때 동의재청으로 공포시행할 것.
제16조 의장 부의장 총무 재무 평의원 사찰은 명예로 할 것.
제17조 서기 2인 월봉은 매인 (　　)원으로 정할 것.
제18조 사무소의 기름 지필묵 인쇄비와 기타 소모비용은 줄여 쓸 것.
제19조 읍촌 시장 도로를 가릴 것 없이 횡죽(橫竹)한 사람이 있으면 일반인민
　　　　이 서로 경계하고 금지할 것.
제20조 담보금 예정액을 불응하는 사람은 동포(同胞)로 대하지 말 것.
제21조 각 동(洞)은 동중(洞中)의 공정(公正)한 사람으로 수봉(收捧)토록 하여
　　　　사무소에 납부하고 영수증을 받아 갈 것.
제22조 민의소 도장과 영수증은 좌의 도식(圖式)으로 시행할 것.

도장식
```
禁 債
煙 會
償 章
```

제23조 도내 각군각처에 통장과 취지서와 규칙을 인쇄 반송할 것.
제24조 경중 및 각 도(道)·군(郡)·항시(港市)에 통장과 취지서와 규칙을 인쇄
　　　　반송하되 개회일 특연인(特捐人) 성명을 차례로 쓸 것.
제25조 미진한 조건은 추후 마련할 것.

「금연상채회임원록기禁煙償債會任員錄記」

회 장   전군수 이현주(李玄澍)

부회장   전군수 정재학(鄭在學)

총 무   전승지 정규옥(鄭圭鈺)

재 무   전군수 김병순(金炳淳)

          전시찰 서상돈(徐相墩)

평의장   유 학 박해령(朴海齡)

평의원   전주사 서병오(徐丙五), 진사 이중근(李重根), 전부위 이장우(李章
          雨), 진사 박민동(朴民東), 유학 장상철(張相轍), 전주사 도정호(都
          正浩), 전주사 최종륜(崔鍾崙), 전사과 김우근(金愚根), 전참봉 김석
          빈(金錫斌), 유학 이병두(李炳斗), 전교관 박정동(朴晶東), 유학 도
          성호(都性浩), 유학 김재덕(金在德), 전오위장 이효순(李孝淳), 유학
          박광욱(朴光郁), 유학 최응백(崔應伯), 전의관 이중관(李重寬), 전주
          사 윤영섭(尹瑛燮), 유학 이종희(李宗熙), 학무국장 유성준(柳星濬)

서 기   유학 김남수(金南秀), 전주사 정해붕(鄭海鵬)

평의원   전참봉 박병옥(朴炳鋈)[8]

---

8) 이 자료는 『경상남북도래거안』의 1907년 2월 24일 경북관찰사 서리 참사
   관 백남준(白南埈)의 「보고서」에 첨부된 「민의소규칙」과 「금연상채회임원록
   기」이다. 대구금연상채회가 1907년 2월 21일(음 1·9) 북후정에서 대규모
   민중집회를 개최한 뒤, 「통문」을 각처로 발송하였고, 고령군단연상채회는
   3월 20일(음 2월 7일) 이 통문을 접수하고 있다. 대구금연상채회가 고령군
   단연상채회 회장 앞으로 보낸 「통문」에는 「금연상채소규칙」과 「금연상채회
   임원」 등이 첨부되어 있는데, 「금연상채소규칙」은 「민의소규칙」, 「금연상채
   회임원」은 「금연상채회임원록기」를 수정 보완한 것이다.

「금연상채회임원」

회 장   전군수 이현주(李玄澍)

부회장   전군수 정재학(鄭在學)

총 무   전승지 정규옥(鄭圭鈺)

재 무   전군수 김윤란(金允蘭)

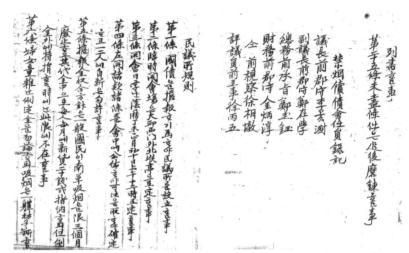

경북관찰사 서리 참사관 백남준의 「보고서」에 첨부된 「민의소규칙」과 「금연상채회임원록기」(『경상남북도래거안』, 1907. 2. 24)

전시찰 서상돈(徐相敦)

평의장 유 학 박해령(朴海齡)

평의원 유학 박승동(朴昇東), 전주사 서병오(徐丙五), 진사 이중근(李重根), 전주사 도정호(都正浩), 시종 서상하(徐相夏), 국장 유성준(俞星濬), 전주사 최종륜(崔鍾崙), 전석무(全錫斌), 부위 이장우(李章雨), 전교관 박정동(朴晶東), 유학 이병두(李柄斗), 도성호(都聖浩), 이종희(李宗熙), 최종덕(崔鍾德), 전참봉 이현찬(李현贊), 이중관(李重寬), 박최동(朴最東), 박병옥(朴炳溎), 허우(許우), 박병익(朴炳益).

회 원 전판관 유성원(柳成垣), 전주사 서병규(徐炳奎), 이완수(리完秀), 이학면(리鶴면), 유학 서만곤(徐萬坤), 박내민(박來敏), 최정식(최挺植), 우동수(禹東守), 유진목(柳鎭睦), 정용구(鄭容九), 도은호(都殷浩), 이근용(리根容), 최성우(최性禹), 이일우(리一雨), 최병헌(최炳憲), 최광기(최光基), 서홍기(徐鴻基), 전사과 김우근(金愚根), 진사 양춘발(楊春發), 진사 이봉상(리奉祥), 진사 윤봉주(윤奉周).

1907년 2월 21일(음 정월 초9일)에 대구 서문 밖 북후정에서 개최된 대규모의 민중대회에 즈음하여 대구민의소는 경북 경무서의 경무보좌관에게 공문을 보내 집회를 신고하였다. 이에 경무서에서는 순사 황관두를 보내 방청토록 하였는데, 당시 이 집회 상황을 황관두는 경무관 박준효에게 다음과 같이 보고하였다.

『경상남북도래거안』, 1907. 2. 24. 관찰서리 참서관 백남준 보고.

> 본직이 정탐 명령에 따라 서문 밖으로 달려가니 대소민(大小民)이 서문 밖 대시장(大市場)에 많이 모였는데, 맨 먼저 연설(演說)에 말하기를 "현재 국채가 1,300만 원인 즉 우리 이천만 동포가 약 3개월간 연초(烟草)를 끊고 그 대금으로 수납하여 국채를 보상할 수 있다."한즉, 중민(衆民)이 손뼉을 치며 일제히 큰소리로 갈채를 보내고, 연죽(烟竹)과 연갑(烟匣)을 포기하며, 혹 돈을 내며 보조하였다.[9]

이 날 집회에서는 회원뿐만 아니라 부녀자들도 동참하여 기꺼이 패물을 내어놓았으며, 심지어 걸인·백정·마부·채상녀·주파·비자·고용 등까지 돈을 내었다. 첫날에 모인 돈이 거의 500원이나 되었는데, 서상돈과 김병순이 농공은행에 적립하였다.[10]

2월 22일 경무관 박준효는 대구민의소 회장 이현주를 불러 조사하였다. 그리고 치안 관계상 관할 관청에 집회를 청원한 뒤 개최할 것을 요구하였다. 이에 대구금연상채회 회장 이현주, 부회장 정재학, 총무

---

9) 『경상남북도래거안』, 1907. 2. 24, 「관찰서리 참서관 백남준 보고」
10) 『경상남북도래거안』, 1907. 2. 24, 「관찰서리 참서관 백남준 보고」, 『대한매일신보』, 1907. 3. 9, 「대구서문외수창사국채지원금수합사무소 공함」

정규옥 명의로 청원서(請願書)를 제출하였다. 이 청원서에서는 금연상
채회의 목적과 집회 상황을 설명하고, "금연의무로 회민(會民)의 당일
의연금 총계가 500원이었기에 본회 재무원 서상돈과 김병순으로 농공
은행에 적립하옵고, 본회 취지서를 점연(粘連)하여 보고하오니 통촉하
신 후 특별히 인허하시기를 앙망한다."는 내용이었다.[11]

24일(음력 정월 12일)에도 다시 북후정에서 대구금연상채회는 연설
회를 개최하고 의연금을 모았다. 그러나 대구경찰서에서 파견된 순사
는 연설하는 회민을 나포해 가고 해산을 요구하며 위협하였다. 이에
대구금연상채회는 대표 서상하·도정호·이근영을 관찰부에 파견하여
취지서와 규칙을 제출하며 교섭을 벌였다.[12]

북후정 민중대회가 개최된 2월 21일 『대한매일신보』는 이 사실을 보
도하였고,[13] 2월 22일 서울에서 국채보상기성회가 설립되었다. 이리
하여 이 운동은 전국 각처로 확산되기 시작하였다.

2. 국채보상운동의 주도층

○ 대구광학회와 대구광문사 계열의 상인들이 주도하다

대구광문사 문회 대동광문회가 국채보상운동을 발의하면서 1907년
2월 21일 북후정 민중대회를 개최하기로 한 서상돈 등은 우선 인민대
의소, 즉 대구부민의소와 대구시의소를 통합한 대구민의소(大邱民議
所)를 조직하였다. 대구민의소는 '서문 밖 대시장 변'에 있는 북후정에

---

11) 『경상남북도래거안』, 1907. 2. 24, 「관찰서리 참서관 백남준 보고」
12) 『대한매일신보』, 1907. 3. 9, 「대구서문외수창사국채지원금수합사무소
　　공함」
13) 『대한매일신보』, 1907. 2. 21, 「국채일천삼백만원보상취지대구광문사장김
　　광제서상돈씨공함」

서 개최된 대규모의 민중대회를 주도하였다. 이날 공식적으로 발족한 대구단연상채회(大邱斷煙償債會)는 대구민의소의 조직을 변경한 것이었다.[14) 대구금연상채회의 구성원은 대부분 서상돈 등의 대구광문사 계열 상인들이었다.

대구금연상채회는 대구광학회 계열의 전 경주군수 이현주가 회장을 맡았으며, 대구광문사 계열의 정재학이 부회장, 정규옥이 총무, 그리고 경상북도 시찰을 역임하였던 김병순(본명 김윤란)이 서상돈과 함께 재무를 맡았다. 전 경주군수 이현주가 참여하여 대구금연상채회 의장을 맡긴 했으나 이일우를 비롯한 대구광학회 계열의 참여는 매우 소극적이었다.[15)

〈표 Ⅳ-1〉 국채보상운동 주도층

성명	출신지역 출신단체	관직경력 및 활동	
		1910년 이전	1910년 이후
이현주 李玄澍	달성 대구광학회 회장	1896. 8. 경주군수 1906. 8. 대구광학회 회원 1906.10. 달명의숙 교장 1907. 2. 대구단연상채회 회장 1907.11. 대구협성학교 교장 1909. 4. 대구향교 직원 1909.11. 대한협회 대구지회 부회장	

---

14) 『경상남북도래거안』, 1907. 2. 24, 경상북도관찰사서리 참서관 백남준 「보고서」
15) 『경상남북도래거안』, 1907. 2. 24, 「민의소규칙」

성명	출신지역 출신단체	관직경력 및 활동	
		1910년 이전	1910년 이후
정재학 鄭在學	대구 대구광문사 부회장	1897. 8. 탁지부 참서관 　　　　의원면직 1902. 6. 휘릉참봉 1902. 6. 관리서 주사 1903. 7. 중추원 의관 1905. 2. 순흥군수 1907. 1. 대구광문사 회원 1907. 2. 대구금연상채회 　　　　부회장 1907. 6. 대구지방위원 1908. 7. 개령군수	1911. 7. 경상농공은행 감사 1911. 9. 대구부 실업연구회 　　　　회두 1911.10. 경상북도 참사관 1912. 7. 선남은행 취체역 1913. 7. 대구실업회 회두 　　　　대구은행 취체역 　　　　두취 1915. 9. 대구전업주식회사 　　　　취체역 　　　　조선식산은행 상 　　　　담역 1919. 4. 대구자제단 　　　　평의원 1919.11. 대구부협의회 　　　　회원 1921. 3. 경상북도 의원 1922.　　산업조사위원회 　　　　위원 1925.　　중추원 참의
정규옥 鄭圭鈺	대구 대구광문사	1902. 7. 혜민원 주사 1902. 8. 혜민원 참서관 　　　　9품 1905. 6. 비서감승(의원 　　　　면직) 1906. 8. 대구농공은행 　　　　주주 1907. 1. 대구광문사 회원 1907. 2. 대구금연상채회 　　　　총무	1912. 9. 목배하사 1920. 5. 대동사(주) 주주

성명	출신지역 출신단체	관직경력 및 활동	
		1910년 이전	1910년 이후
김병순 金炳淳 (본명 金允蘭)	대구 대구광문사	경북 의성군 출신 1901. 9. 경주군수겸경상 북도각광감리 1902. ?. 경주인들에 의해 삽작 1903. 1. 면직 1903. 6. 경상북도 균조위원 1903. 7. 공전 포탈 혐의로 해임 1903. 7. 석방 1906. 4. 김병순으로 개명 1906. 8. 대구농공은행 주주 1906. 1. 대구광문사 회원 1907. 1. 국채보상운동 발 기인 1907. 2. 대구금연상채회 재무 1908. 3. 대한협회 대구지 회 회원	
서상돈 徐相燉	대구 대구광문사	1850. 10. 김천 지좌 출생 1857. 상주를 거쳐 달성 죽전 이사 1860. 보부상점원, 낙동강 강상 1891. 대구 계산동으로 이거 1894. 시찰관 1898. 9. 독립협회 제4기 재무부과장 1903. 11. 징세장 임명 1903. 12. 경상남도 시찰관 1904. 7. 경상남북도 검세관 해임 1906. 1. 대구광문사 부사장 1906. 5. 경리원경 1906. 8. 대구사범학교 설립	1913. 6. 사망

성명	출신지역 출신단체	관직경력 및 활동	
		1910년 이전	1910년 이후
서상돈 徐相燉	대구 대구광문사	1906. 8, 대구농공은행 주주 1906. 10, 대구민의소 설립 1907. 1, 대동광문회 회장 1907. 1, 국채보상운동 　　　　발기인 1907. 2, 대구금연상채회 　　　　재무 1907. 7, 경북국채보상도 　　　　총회 총무장 1909. 2, 대구은행 발기인	
박해령 朴海齡	대구 대구광문사	1906. 1, 대구광문사 회장 1907. 2, 대구금연상채회 　　　　평의장 1907. 9, 사립수창학교 발 　　　　기인 1907. 10, 대한농회경북지 　　　　부 부회장 1908. 7, 칠곡군수 1910. 8, 상주군수	1914. 9, 성주군수 1919. 12, 의원면관
서병오 徐丙五	대구 대구광문사	1874. ., 방산 허훈, 면우 　　　　곽종석 문인 1879. ., 석파 이하응 문객 1891. ., 증광시 진사 1896. 3, 대구부 주사 　　　　판임관 7등 1906. 1, 대구광문사 회원 1906. 3, 사범학교 설립 　　　　발기인 1906. 6, 경상농공은행 　　　　주주, 전무이사 1907. 1, 국채보상운동 　　　　발기인	1913. 5, 대구은행 감사 1913. 5, 대구은행 감사 1917. ., 대구교풍회 1923. 6, 공호상회(합자) 　　　　사원 1923. 4, 제2회 조선미술 　　　　심사위원회위원 1924. 7, 유도진흥회경북 　　　　지부 부회장

성명	출신지역 출신단체	관직경력 및 활동	
		1910년 이전	1910년 이후
서병오 徐丙五	대구 대구광문사	1907. 2. 대구금연상채회 　　　　평의원 1908. 3. 대한협회 대구지 　　　　회 평의원 1908. 7. 신녕군수 1909. . 남한제정합자회 　　　　사 설립	
이장우 李章雨	대구	1898. 5. 봉상사주사 1899. 7. 대구지방대 보병 　　　　참위 1903. 3. 대구진위대 제3연 　　　　대 1대대 1906. 3. 사범학교 발기인 1906. 6. 대구농공은행 감사 1907. 2. 대구금연상채회 　　　　평의원 1907. 9. 보병 부위, 군대해산	1912. 12. 대구은행 창립 　　　　　발기인 1913. 5. 대구지주조합 창립 　　　　위원 1915. . 대구은行 감사역 1918. . 경일은행 감사역 1918. . 대구부협의원 1918. . 대구부회의원 　　　　경상북도평의원 1919. 4. 대구자제단 　　　　발기인 1919. 11. 대구상업회의소 　　　　　평의원 1919. 10. 대구주조(주) 　　　　　취재역 1919. 12. 대구상업회의소 　　　　　상무위원 1920. 5. 대동사(주) 대주주 1926. . 경상북도 도평의 　　　　회 의원 1928. 8. 소화대례기념장 1934. 4. 경상북도농회 　　　　부회장 　　　　조선농회 통상의원 1936. 11. 경북미곡통제연 　　　　　합회부회장 1938. . 조선나예방협회 　　　　평의원

성명	출신지역 출신단체	관직경력 및 활동	
		1910년 이전	1910년 이후
이장우 李章雨	대구		1941. 9. 조선임전보국단 발기인 1943. 8. 조선총독부 중추원 참의
장상철 張相轍	칠곡 대구광문사	1890. 3. 대구지역 유생소 임원 1906. 1. 대구광문사 회원 및 사장 1906. 10. 달명의숙 교사 1907. . 대한자강회 회원 1908. . 대한협회 대구지회 평의원 1908. 9. 대구 사립보명학교 교장 1907. 10. 대한농회 경북 지부	1911. 5. 동양척식 일본시 찰단 1913. 11. 매일신보사 경북 지국장 1919. 4. 대구 자제단 평의원 1919. 9. 조선총독부 주최 국강연회 경상북도 대표 1920. 3. 유도진흥회 경북 지부 총무 1920.12. 국민협회 경북지 부 평의원 1921.10. 제1회 경북유림 내지시찰단 1924. 4. 국민협회 본부 평의원 1926. 3. 제1회 경북유림 내지시찰단 1927. 2. 매일신보사 촉탁 1927. 6. 중추원 참의 1928.11. 소화대례기념장 1930. 6. 정7위 서위
정해붕 鄭海鵬	대구	관찰부 이방 1901. 11. 경상북도 금광위원 1902. 9. 경상북도관찰부 주사 1903. 12. 탁지부 징세주사 1906. 3. 사범학교 설립 발기인 1907. 2. 대구금연상채회 서기	1913. 4. 고려자기제조(주) 중역 1913. 5. 대구은행(주) 주주, 이사 1914. 4. 대구부 참사 의원 면직 1916. 3. 경상북도협의회 회원

성명	출신지역 출신단체	관직경력 및 활동	
		1910년 이전	1910년 이후
정해붕 鄭海鵬	대구	1907. 9, 대구수형조합 평의원 1908. 8, 금융조합대구지 회 설립위원 1908. 9, 동양척식주식회 사 설립위원 1908. 11, 대구공립보통학 교 학무위원	1917. 11, 대구교풍會 부회 장 1918. 5, 대구부협의원 1922. 3, 대구사회사업연 구회 위원 1922. 12, 산업자문위원회 위원 1924. 2, 대구서부금융조 합 대표 1924. 4, 경상북도평의회 회원 1928. 7, 경상합동은행 주주 1931. 3, 금호수리조합 대표 1933. 11, 조선농업자대회 경북상임위원 1933. 11, 조선농업자대회 경북상임위원 1934. 10, 소작위원회 경상 북도 위원 1939. 5, 경북지주보국회 회장 1941, 　중추원 참의 1941. 5, 대구일일신문사 감사 1941. 12, 임전보국단경북 지부 상임이사 1942. 4, 경상북도량곡 전무 이사
윤영섭 尹瑛燮	청도 대구광학회	1906. 6, 대구사립중학교감 1906. 8, 대구광학회 발기인 1907. ., 　대구시의소 참여 1907. 2, 대구금연상채회 평의원	1926. 2, 경북사건에 연루

성명	출신지역 출신단체	관직경력 및 활동	
		1910년 이전	1910년 이후
김광제 金光濟	충남 보령 대동광문회	1884. 4, 병조 부사용 1884. 6, 병조 부사과, 사간원 첨정 1896. 2, 이세영 등과 의병 1896. 10, 고군산도로 유배 1900. 9, 동래경무관 1901. 1, 동래경무관 면직 1901. 5, 삼남찰리사 1906. 3, 대한자강회 회원 1906. 1, 대구광문사 사장 1906. 2, 사립보통학교 교장 1907. 1, 대동광문회 부회장 　　　　국채보상운동 발기인 1907. 4, 국채보상연합회 　　　　의소 부의장 1907. 5, 『대동보』 창간 1908. 11, 대한협회 회원 1908. 3, 교남교육회 평의원	1920. 2, 조선노동대회 발기인 1920. 2, 조선노동단 단장 1920. 4, 조선노동공제회 창립 1920. 4, 조선노동대회 전국연합회회장 1920. 7, 경남 마산에서 서거
윤필오 尹弼五	대구 대구광학회	1895. 10, 대구관찰부 주사 1900. 3, 대구 사립달성학교 교장 1906. 8, 대구광학회 회장 1907. , 대구시의소 참여 1908. 7, 영양군수, 일진회 회원	1911. 6, 청송군 지방금융조합 설립위원 1911. 6, 예안군수 1912. 8, 한국병합기념장 1912. 10, 비안군수 1913. 6, 경상북도 물산공진회 평의원 1919. 1, 대구교풍회 회장 1919. 4, 대구자제단 1920. 2, 대구여자공립보통학교 학무위원 1920. 3, 유도진흥회 경북지부 달성대표 1920. 12, 국민협회 대구지회 회장 1921. 3, 중추원 의원 추천, 불임명

위의 〈표 Ⅳ-1〉에서 볼 수 있는 바와 같이 한말 대구지방의 사회적 주도권을 장악하고 있던 신흥자본가세력을 형성한 대표적인 인물은 서상돈·정규옥·서병오·정재학·서상하·이장우·이일우·최만달·최대림·박기돈·이종면 등이다.

이러한 인물들은 1906년 1월 대구광문사와 1906년 8월 대구광학회를 설립하여 계몽운동을 전개하였고, 자치기관인 인민대의소와 대구시의소를 설립하여 민권의 신장과 민중 의식의 성장을 목표로 삼았다. 1906년 1월 사범학교 설립을 위한 발기인[16]이나 1907년 2월 국채보상운동의 발기인[17]으로도 참여하였다. 그 직함은 지주 및 상인, 전·현직 관인, 경상감영 영리, 그리고 유생이었다.

3. 국채보상운동의 전개

1) 전국적 지도기구의 조직과 활동

○ 전국적으로 확산되다

국채보상운동은 1907년 2월 21일 대구금연상채회가 개최한 북후정 민중대회 이후 전국적으로 확산되기 시작하였다. 2월 22일 서울에서 국채보상기성회(國債報償期成會)가 결성되었고, 곧이어 26일 국채보상중앙의무사(國債報償中央義務社)가 설립되었다.

국채보상기성회는 발기인 김성희·유문상·이필상·김주병·오영근·최병옥·김상만 등 24인이 취지서를 공포하여 회칙을 제정하고, 수전

---

16) 『대한매일신보』, 1906. 3. 11, 「달찰미적」
17) 『황성신문』, 1908. 7. 26, 「광고」

소(收錢所)를 정하는 등 구체적인 실천 방략을 설정하였다. 수전소로 보성관(普成館)·야뢰사무소(夜雷事務所)·서포(書鋪)·약국(藥局)·대한매일신보사(大韓每日申報社)·상동청년학원사무소(尙洞靑年學院事務所) 등이 지정되었다.[18] 한편 국채보상중앙의무사는 발기인 서병염·윤흥섭·박규순 등 59인이 취지서를 공포하여, 회칙을 제정하였다. 수금소로 황성신문사(皇城新聞社)가 지정되었다.[19]

1907년 2월 21일 대한매일신보는 「국채보상취지서(國債報償趣旨書)」를 게재하였고,[20] 2월 27일에는 「국채보상기성회취지서(國債報償期成會趣旨書)」를 게재하였다.[21] 반면, 황성신문은 2월 25일 「국채보상기성회취지서」를 게재[22]함과 동시에 국채보상 발의를 소개하는 논설 「단연보국채(斷煙保國債)」를 실어 국민의 동참을 호소하였다.[23] 그리고 『만세보』는 2월 24일 처음 「서민쟁부국채보상(西民爭赴國債報償)」이라는 국채보상의연금 모집에 관한 기사를 실은 다음, 2월 26일 「국채보상기성회취지서(國債報償期成會趣旨書)」[24]와 「국채보상서도의성회취지서(國債報償西道義成會趣旨書)」를 실었으며,[25] 2월 28일 논설 「국채상환의금모집(國債償還義金募集)」을 게재하여 국채보상운동

18) 『황성신문』, 1907. 2. 25, 잡보 「국채보상기성회취지서」

19) 『황성신문』, 1907. 3. 2, 잡보 「국채보상포고문」

20) 『대한매일신보』, 1907. 2. 21, 잡보 「대구서문외수창사국채지원금수합사무소공함이 여좌함」

21) 『대한매일신보』, 1907. 2. 27, 광고 「국채보상기성회취지서」

22) 『황성신문』, 1907. 2. 25, 잡보 「국채보상기성회취지서」

23) 『황성신문』, 1907. 2. 25, 잡보 「단연보국채」

24) 『만세보』, 1907. 2. 26, 「국채보상기성회취지서」

25) 『만세보』, 1907. 2. 26, 「국채보상서도의성회취지서」

을 지원한다는 뜻을 밝혔다.[26]

○ 대한매일신보사와 황성신문사, 구심점이 되다

국채보상운동이 전개되는 과정에서 지도적인 기관이 없었던 초기상
황에서 대한매일신보사와 황성신문사 등의 언론기관은 자연스럽게 구
심점이 되었다. 초창기에 국채보상기성회를 발기한 회원들이 보상금
의 수합기관으로 대한매일신보사를 배정하였지만, 대한매일신보사는
이를 사양하고 있는 상황이었다.[27] 한편, 국채보상중앙의무사는 황성
신문사를 임시수금소로 지정하였는데, 황성신문은 3월 1일 광고를 통
해 국채보상중앙의무사의 국채보상금영수소로 자처하였다.[28] 이어서
3월 2일 중앙의무사의 「국채보상포고문」을 실으면서 황성신문사가 수
금소임을 확인하였다.[29]

여기에서 주목되는 것이 국채보상운동에 적극적이었던 대한매일신
보의 태도이다. 『대한매일신보』는 3월 5일부터 3월 24일까지 「본사광
고(本社廣告)」에서 의연금을 통한 국채보상이 비현실적이라는 이유를
들어 "본사에서는 이와 같은 중대한 일에 대하여 확실한 선후책을 강
구하기까지는 의연금을 접수하지 않겠다."[30]는 뜻을 밝히고, 의연금의
접수를 거절하고 있었다. 또 3월 8일 논설 「국채보상」에서 "국채가 1천
5백만 원 미만이라 하더라도 현금으로 이와 같은 액수가 유통될 수 없
으며, 비록 백만 원을 거두어들인다 하더라도 상업상 구속될 것이며,

---

26) 『만세보』, 1907. 2. 28, 「국채상환의금모집」
27) 『대한매일신보』, 1907년 2월 27일, 잡보 「의택실처(宜擇實處)」
28) 『황성신문』, 1907년 3월 1일, 「광고」
29) 『황성신문』, 1907년 3월 2일, 「국채보상포고문」
30) 『대한매일신보』, 1907년 3월 5일, 3월 9일, 3월 19일, 「본사광고」

비록 그렇지 않다하더라도 메가다 다네타로(目賀田種太郎)의 백동화 개혁(白銅貨改革)을 시행하던 때에 경험한 재정위기가 반드시 일어날 것"이라는 이유를 들어 의연금의 접수를 주저하고 있었다.[31]

「대한매일신보」, 1907년 3월 8일, 논설 「국채보상」

『대한매일신보』는 전국적으로 확산되고 있는 국채보상의 열기를 방관할 수는 없었다. 3월 16일 부록 「국채보상기성회의금광고(제1호)」를 게재하였다.[32] 이어서 3월 31일 「특별사고」를 통해 "국채보상의 의연금(義捐金)을 지금부터 본사(本社)에서 수봉(收捧)하기로 정하였다."[33]는 광고를 내면서 수금소가 되기로 하고, 국채보상운동의 중심기관의 하나가 되었다.

---

31) 『대한매일신보』, 1907년 3월 8일, 논설 「국채보상」
32) 『대한매일신보』, 1907년 2월 16일, 「국채보상기성회의금광고」
33) 『대한매일신보』, 1907년 3월 31일, 광고 「특별광고」

○ 각 지방으로 확산되다

국채보상운동은 대구의 대동광문회에서 시작되어 서울에서 조직된 국채보상기성회와 국채보상중앙의무사가 황성신문사와 대한매일신보사를 의무금 수합소로 결정하게 되자 각 지방에서도 호응하여 요원의 불길처럼 확산되어 갔다. 이 과정에서 대한매일신보사와 황성신문사뿐만 아니라, 만세보사와 제국신문사 등의 민족지들도 적극적으로 지원하였다.

특히 국채보상운동 관련 단체의 조직과 참여는 자발적이고 열성적이었다. 서울에서는 국채보상기성회와 국채보상중앙의무사가 취지서를 발포한 뒤, 각처에서 국채보상기성회(國債報償期成會)·단연회(斷烟會)·국채보상의성회(國債報償義成會)·국채보상의무회(國債報償義務會)·국채보상동맹(國債報償同盟)·국채보상회(國債報償會)·단연동맹회(斷烟同盟會)·국채보상혈맹회(國債報償血盟會) 등의 단체들이 조직되어 의연금 모집에 앞장섰다.

○ 국채보상지원금총합소와 국채보상연합회의소가 설립되다

1907년 3월 28일 『대한매일신보』는 「국채보상지원금총합소규정(國債報償志願金總合所規程)」을 싣고 "총합소임시사무소(總合所臨時事務所)는 대한매일신보사 내"로 한다는 별보를 통하여 국채보상지원금총합소의 설립을 선언하였다. 총합소임시사무소에서는 "각처 보상회와 수전소가 각자 성립하고 불상통섭(不相統攝; 서로 통제할 권리가 없음)하야 통일된 기관이 아직 없으니 일후에 지리멸렬하는 폐단이 없으리라 보장하기 어려울 것이니 이는 총합소를 설립하는 이유"라고 하였다. 이 규정은 묵암(默菴) 이종일(李鍾一)이 기초하였고, 이종일·김광

제·박용규·서병규·이면우·오영근 등이 발의하였다.[34]

1907년 4월 8일 대한매일신보사는 국채보상운동을 전국적으로 확대하기 위해 국채보상지원금총합소(國債報償志願金總合所)를 설립하였다.[35] 한편, 황성신문사는 4월 초에 국채보상연합회의소(國債報償聯合會議所)를 발족하였다.[36] 전자인 지원금총합소는 소장에 윤웅열, 평의장에 조존우, 검사원에 김광제를 선임하였고, 후자인 연합회의소는 각 사회단체와 13도 대표가 회동하여 4월 중순 보성관(普成館)에서 발기하고,[37] 소장에 이도제, 부소장에 이용직을 선임하였다. 그 후 4월 말 연합회의소는 조직을 개편하여 소장을 이용직, 부소장을 지석영으로 하였다. 또 연합회의소는 5월 8일 재무이사로 한일은행장 조병택·천일은행장 김기영·농공은행장 백완혁·한성은행장 한상룡·창고회사장 조진태 등 서울의 5개 은행장을 추대하였다.[38] 이로써 두 단체는 국채보상의 큰 축을 형성하게 되었다.

○ 전국적인 단일화가 모색되다

김광제와 서상돈은 지원금총합소와 연합회의소의 통합을 통해 국채보상운동의 전국적인 단일화를 모색하였다. 왜냐하면 "각도 인민에게 확실한 신의를 주고 보상운동을 조직적으로 전개시켜 나아가기 위해

---

34) 『대한매일신보』, 1907년 3월 28일, 별보「국채보상지원금총합소규정」

35) 『황성신문』, 1907년 4월 5일, 「총합소규정간포내용」;『대한매일신보』, 1907년 3월 28일, 「국채보상지원금총합소규정」;『만세보』, 1907년 3월 29일, 「국채보상총의소」

36) 『만세보』, 1907년 3월 30일, 「국채보상연합회의소」

37) 『황성신문』, 1907년 4월 13일, 「광고」

38) 『황성신문』, 1907년 5월 8일, 광고「국채보상연합회의소광고」

권위 있고 신뢰할 수 있는 총합소"를 구상하였기 때문이다.[39] 우선 5월 말 지원금총합소의 검사원 김광제와 연합회의소의 총무 이강호는 상호경쟁을 피하고 협조하기로 하였다. 이리하여 전자는 각처에서 수금한 의연금을 관장하고, 후자는 운동의 지도방침을 맡기로 하였다.[40]

그러나 김광제와 서상돈의 노력에도 불구하고 양 단체의 통합은 이루어지지 않았다. 뿐만 아니라 1907년 4월 말경부터 의연금의 관리에 대한 의구심이 불거지고 있었다. 우선 주목되는 것이 국채보상기성회와 대한매일신보사의 불협화음이었다. 국채보상기성회는 1907년 4월 29일과 30일 양일간에 걸쳐『황성신문』에「특별광고」를 게재하여 대한매일신보사에 보내는 의연금은 기성회와 관계없음을 밝혔다.[41] 처음에는 기성회가 접수하는 의연금의 내역을『대한매일신보』에 게재하였으나 대한매일신보사가 총합소의 설립을 주도하고 그 본부가 되었으므로 기성회와 총합소를 혼동하지 말라는 뜻이었다.

○ 보상금 관리에 의혹이 나타나다

1907년 5월 30일 국채보상지원금총합소는 각 수금소의 지원금 접수와 관리를 조사하기로 하였다. 검사원 이강호와 김광제가 서기 3명을 대동하고 제1차로 제국신문사의 검사에 착수하였다.[42] 그 결과『대한매일신보』에는 7월 11일부터 31일까지, 그리고『황성신문』에는 7월 20일부터 3회에 걸쳐 국채보상기성회의 운영이 부실하다는 사실을 공고하였다. 즉 "기성회는 문부(文簿)가 현란하고 금액이 모호하여 조사

---

39)『대한매일신보』, 1907년 3월 1일, 잡보「총회선장」
40)『대한매일신보』, 1907년 5월 28일, 잡보「양소귀일」
41)『대한매일신보』, 1907년 4월 29일, 광고「특별광고」
42)『대한매일신보』, 1907년 5월 31일,「파송검사」

하기 어려우므로 기성회에 돈을 낸 사람들은 영수증 호수와 금액과 성명을 국채보상총합소로 보내 달라."는 내용이었다.[43] 국채보상운동을 전국적으로 확산시킨 최초의 단체였던 국채보상기성회의 운영을 신뢰할 수 없다는 것이었다.

1907년 6월 대구금연상채회는 각 도 대표와 서울에 있는 각 사회단체와 수금소, 그리고 각 신문사 대표 1인씩을 소집하여 회의를 열기로 하고, 7월 30일 국채보상지원금총합소로 모일 것을 요청하는 통고문을 발송하였다. 대구금연상채회 회장 이현주 등의 회원 명의로 발해진 통고문은 전국적으로 확산되고 있었던 의연금에 관한 의혹을 해소하기 위해 회의를 소집하려는 것이었다. 이 회의를 통해 국채보상금과 그 단체에 대한 관리를 조직화할 방침이었다.

나아가 대구금연상채회는 각 도를 단위로 한 각군국채의무금수합소(各郡國債義務金收合所)를 조직하기로 하고 보상금의 관리를 위한 규정을 만들었다. 1907년 7월 10일 결성된 경북각군국채의무금수합소(慶北各郡國債義務金收合所)는 대구금연상채회와 함께 서울의 총합소를 연결하는 경북지역 지도기관이 되었고, 같은 날 경북국채보상도총회(慶北國債報償道總會)를 결성하였다.[44] 이러한 노력에도 불구하고 의연금 관리에 대한 의혹은 더욱 확산되었다.

○ 일제의 방해공작이 시작되다

1907년 7월 헤이그 밀사사건 이후 광무황제의 강제퇴위와 정미7조

---

43)『대한매일신보』, 1907년 7월 11일~31일, 광고「국채보상의연금 하신 제씨에게 경고함」;『황성신문』, 1907년 7월 20일~23일,「국채보상금의연제씨」

44)『대한매일신보』, 1907년 7월 14일, 잡보「소장귀성」; 7월 21일,「의회성황」

약의 강요, 그리고 군대해산 등 일제의 침탈이 한층 강화되었다. 뿐만
아니라 1907년 11월 국채보상연합회의소 소장 김종환(金宗煥)의 일진
회 가입[45]과 11월 국채보상기성회 총무 오영근의 보상금 횡령사건[46]
등이 드러나면서 국채보상운동은 급속히 쇠퇴해 갔다.

1907년 5월 27일, 「국채보상모집금의 건」, 『기밀서류철』(정부기록문서, 문서번호 88-1)

　　일제 경찰이 통감부에 올린 비밀 보고서에 의하면, 국채보상기성회
총무 오영근의 보상금 횡령사건은 국채보상연합회의소 총무 김광제가
기성회의 장부를 검사한 결과, 오영근이 특정 독지가의 기부금을 횡령
했다는 것이다. 나아가 국채보상연합회의소도 모집한 의연금이 2~3백
원에 불과한데, 그 금액도 누가 착복했는지 남은 것이 없다는 것과 조
진태를 사장으로 하여 설립한 중앙의무사가 모금한 1,800원도 어떤
사람이 소비하고 현금은 거의 없다는 것이다.[47]
　　이러한 상황에서 통감부는 국채보상운동을 '국권회복을 꾀하는 배

45) 『대한매일신보』, 1907년 11월 8일, 「준전사양」
46) 『대한매일신보』, 1907년 11월 16일~12월 25일, 「특별광고」
47) 1907년 5월 27일, 「국채보상모집금의 건」, 『기밀서류철』(정부기록문서,
　　문서번호 88-1)

일운동(排日運動)'으로 인식하고, 이를 방해하기 위해 총합소 회계를 맡은 대한매일신보사 총무 양기탁을 1908년 7월 국채보상금 횡령 혐의로 구속하였다. 이것은 통감부가 대한매일신보사 사장 영국인 배설(裵說, E. T. Bethell, 1872~1909)을 추방하기 위해 국채보상금소비사건(國債報償金消費事件)으로 조작한 방해공작이었다. 양기탁은 다섯 차례의 재판 결과 무죄를 선고받고 석방되었지만, 일본의 방해 공작은 계속되었고, 이로 인해 국채보상운동은 상당 부분 위축되었다.

1908년 7월 말 이후 대구금연상채회의 이현주·서상돈·정재학 등은 이 운동을 계속 진전시키기 위해 광고를 내고 전 국민이 대동단결할 것을 주장하였다. 그러나 식어가는 이 운동에 대한 열기를 되돌릴 수는 없었다.[48]

○ 국채보상금처리회가 처리 방법을 논의하다

1908년 10월 1일에는 그 동안 출연된 의연금을 조사하기 위한 국채보상금검사소(國債報償金檢査所)가 설립되었다. 그리고 이튿날 발표된 「국채보상금검사소취지서(國債報償金檢査所趣旨書)」에서는 "먼저 서울에서부터 지방에 이르기까지 일일이 검사하여 소융허실(消融虛實; 의연금을 소비한 실상)을 끝까지 적발하며 죄를 범한 것은 성토하고, 애매한 것은 마땅히 밝힐 것이니 한마음 한뜻으로 대사를 완수하기를 바란다."는 검사소의 목표를 설정하였다.

1909년 11월 16일 각 회사 및 도군(道郡)이 위임한 사람으로 조직된 국채보상금처리회(國債報償金處理會)가 경성상업회의소에서 개최되었다. 그리고 이듬해 1910년 1월 21일 국채보상금처리회는 회장 유길

---

48)『대한매일신보』, 1907년 7월 25일, 「敬啓者吾輩以國債報償爲國民自擔的義務不謀而」

준의 명의로 내부와 한성부, 그리고 경시청에 보상금의 조사를 청원하였고,[49] 같은 해 1월 22일부터 4월 23일까지 『황성신문』의 「광고」를 통해 국채보상금 출연자의 신고를 받았다.[50] 동시에 4월 16일 흥사단(興士團) 내의 국채보상금처리회 사무실에서 총회를 열어 처리방법을 강구하기로 하였다.[51]

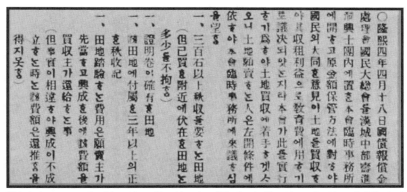

『황성신문』, 1910년 8월 21일~9월 8일, 광고 「융희4년4월18일 국채보상금처리회 국민대총회」

1910년 4월 18일 국채보상금처리회 국민대총회가 흥사단 내의 사무소에서 열렸다. 이 총회에서 "예금액 보관방법에 대하여 국민의 대동한 의견이 토지를 매수하여 그 수조이익(收租利益)으로 교육비에 용(用)하기로 의결(議決)"하였다. 그 결과를 8월 21일부터 9월 8일까지 『황성신문』의 「광고」를 통해 고시하였다.[52]

---

49) 『황성신문』, 1910년 1월 21일, 「처리회청원」
50) 『황성신문』, 1910년 1월 22일~4월 23일, 광고
51) 『황성신문』, 1910년 2월 16일~4월 16일, 광고 「특고전국동포」
52) 『황성신문』, 1910년 8월 21일~9월 8일, 광고 「융희4년4월18일 국채보상금처리회 국민대총회」

○ 의연금을 교육기금으로 전용하자

1910년 9월 중순 국채보상금처리회 회장 유길준을 비롯한 위원 40여
명은 "일한병합의 금일에 있어서 가장 필요한 것은 교육의 기본금"이
란 전제 아래 국채보상처리회의 이름을 교육기본금관리회(敎育基本金
管理會)로 개칭하였다.[53]

우선 교육기본금관리회는 1910년 10월 중에 황해도 풍천·재령·봉
산, 충청도 온양·천안 등지에서 전답을 매수하기로 하였고,[54] 나아가
각 도 대표를 비롯한 명망 있고 재산 있는 자들에게 기본금을 담당하
도록 하였다.[55] 그리고 11월에는 총회를 열어 평안남·북도와 함경남·
북도, 그리고 황해도 등 5도의 수합액(收合額)은 오성학교(五星學校)
로, 충청남·북도와 경기도 등 3도의 수합액은 기호학회(畿湖學會)로,
경상남·북도의 수합액은 교남교육회(嶠南敎育會)로 나누어 지급하기
로 결의하였다.[56] 뿐만 아니라 보성학교(普成學校)에서는 부족한 교비
(校費)를 지원받기 위해 교육기본금관리회에 교섭하여 지원을 약속받
기도 하였다.[57]

전국적으로 국채보상을 위해 출연된 의연금의 관리에 의혹이 증폭
되면서 이 운동의 열기는 점차 식어갔다. 일제의 방해공작이 노골화되
면서 더 이상 이 운동은 지속될 수 없는 상황이 되었지만, 국채보상 의
연금 총액에 대한 경무고문(警務顧問)의 「국채보상모집금건(國債報償
募集金件)」에 의하면, 각도별 총합이 1907년 5월 22일 164,217원, 같

53) 『매일신보』, 1910년 9월 14일, 「국채상금환급설」
54) 『매일신보』, 1910년 10월 2일, 「관리회의 매토」
55) 『매일신보』, 1910년 10월 20일, 「기본금분담결의」
56) 『매일신보』, 1910년 11월 2일, 「국채금분급배정」
57) 『매일신보』, 1910년 11월 2일, 「보성교와 기본금」

은 해 7월 28일 241,098원, 같은 해 8월22일 272,689원이었다.[58]
이것을 각 도별로 구분하여 표시한 것이 다음 표이다.

〈표 Ⅳ-2〉 국채보상금모집금조

도명	5월까지 모집금		6월 중 모집금		합계	
경성	62,735	080	109	200	62,844	280
경기도	13,916	087	4,412	312	18,328	399
충청북도	3,778	625	227	530	4,006	155
충청남도	15,669	355	327	832	15,997	190
전라북도	6,341	004	1,972	953	8,313	939
전라남도	8,408	880	4,149	200	12,558	080
경상북도	23,853	031	4,006	559	27,859	590
경상남도	20,008	514	1,163	270	21,171	584
황해도	24,286	175	3,862	480	28,148	655
평안남도	25,083	185	400	000	25,483	185
평안북도	21,277	762	3,539	615	24,817	377
강원도	4,258	515	6,412	870	10,671	385
힘경남도	10,505	500	799	800	11,305	300
함경북도	977	400	207	000	1,184	400
합계	241,098	913	31,590	606	272,689	515

『기밀서류철』(정부기록문서, 문서번호 88-1), 「국채보상모집금의 건」.

1907년 2월 국채보상운동이 시작될 당시 1,300만원을 목표로 시작
한 것에 비교하면 턱없이 부족한 모금액이었다. 국채보상운동의 열기
가 고조되었던 5월까지 전국적으로 241,098원이 모금되었고, 6월 중
에는 31,590원에 불과하였다. 결국 8월 말 총합계는 272,689원이었
다. 1907년 5월 말부터 모금된 보상금 관리에 의혹이 제기되면서 각

---

58) 1907년 5월 22일, 7월 28일, 8월 22일, 「국채보상모집금의 건」, 『기밀서
류철』(정부기록문서, 문서번호 88-1)

처의 국채보상운동 단체들은 이미 모금한 의연금조차 중앙의 수집소로 보내기를 주저하면서 5월 말 이후의 모금은 거의 정체되어 있었다. 더욱이 일제의 방해공작이 공공연히 펼쳐지는 가운에 초기의 열기는 급격히 식어갔다. 1910년경에는 국채가 1,450만원으로 불어났다.[59]

2) 경상북도 실행기구의 조직과 활동

○ 각처에서 국채보상운동 단체가 조직되다

1907년 2월 21일 북후정 민중대회가 개최된 뒤, 2월 22일 서울에서는 국채보상기성회가 결성되었고, 곧이어 26일 국채보상중앙의무사가 설립되었다. 뿐만 아니라 대구 남일동에서는 2월 23일 남일동패물폐지부인회(南一洞佩物廢止婦人會)가 조직되어 취지서를 발표하는 등 그 반응은 대단한 것이었다.[60]

우선 대구금연상채회의 대구국채보상사무소(大邱國債報償事務所)는 각 부와 각 군에 취지문을 돌려 보상금을 의연하도록 격려하였고, 보상금의 수집 방법으로 각 도군(道郡)이 규정을 만들도록 권장하였다.[61]

경상북도에서도 대구금연상채회가 각 지역으로 취지문을 돌리면서 국채보상운동 단체가 설립되기 시작하였다. 1907년 3월 13일 고령군 국채보상회, 즉 고령군단연상채회(高靈郡斷煙償債會)가 설립된 이후, 3월부터 5월에 걸쳐 각 군마다 국채보상운동 단체의 설립이 이어졌다. 즉 고령군단연상채회를 필두로 3월에는 성주·선산·김천, 4월에

---

59) 『황성신문』, 1910년 1월 26일, 「국채미사용액」
60) 『대한매일신보』, 1907년 3월 8일, 잡보「선정재무」
61) 『대한매일신보』, 1908년 3월 1일, 「경고아부인동포아」

는 청도·상주·경산·예천·문경, 5월에는 현풍·용궁 등지에서 국채보상운동 단체가 조직되었다.

⟨표 Ⅳ-3⟩ 경상북도지방 국채보상운동 단체 설립 상황

단체명	설립시기	중심인물	비고
대구단연상채소 (大邱斷烟償債所)	1907. 2. 21	대구광문사, 수창사에 국채지원금 수합사무소	대한매일신보, 1907. 3. 9
대구남일동패물폐지부인회 (大邱南一洞佩物廢止婦人會)	1907. 2. 23	대구 유지부인	대한매일신보, 1907. 3. 9; 1907. 3. 8
국채보상탈환회 (國債報償脫環會)	1907. 4.	대구 유지부인	대한매일신보, 1907. 4. 22
고령군국채보상회 (高靈郡國債報償會)	1907. 3. 13	이규신(李奎紳)· 이인재(李寅梓)· 이상희(李相羲)	대한매일신보, 1907. 4. 21
성주군국채보상의무회 (星州郡國債報償義務會)	1907. 3. 30	이승희(李承熙)· 배우홍(裵遇鴻)	황성신문, 1907.4.8; 4. 11 대한매일신보, 1907. 4. 13
선산군단연동맹회 (善山郡斷烟同盟會)	1907. 3.	심정섭(沈廷燮)· 이우열(李愚烈)	황성신문, 1907. 4. 1 대한매일신보, 1907. 4. 13
김천국채보상회 (金泉國債報償會)	1907. 3.	이병재(李秉宰)· 김안서(金安瑞)· 김순서(金順瑞) 등 21인 김천민 의소	대한매일신보, 1907. 4. 4; 1907. 5. 8 황성신문, 1907. 3. 28
청도국채의연회 (淸道國債義捐會)	1907. 4. 4	김일준(金馹俊)· 박병현· 박용재(朴龍在)· 김명옥(金明玉)· 이정우(李庭禹)	대한매일신보, 1907. 4. 4

단체명	설립시기	중심인물	비고
국채보상상주의무소 (國債報償尙州義務所)	1907. 4. 9	박재익(朴在翊)· 박정준(朴正準) 등 11인	대한매일신보, 1907. 4. 8; 1907. 4. 12. 황성신문, 1907. 3. 28
상주상채소 (尙州償債所)	1907. 4.	김재익(金在益)· 강신규(姜信圭)	대한매일신보, 1907. 4. 13
경산국채보상단연동맹회 (慶山國債報償斷烟同盟會)	1907. 4. 28	최백희(崔伯熙)· 김우숙(金宇淑)· 김창신(金昌信)	대한매일신보, 1907. 4. 27
예천국채보상회 (醴泉國債報償會)	1907. 4	한계창(韓啓昌)· 김동규(金東圭)· 최용희(崔龍熙)	황성신문, 1907. 4. 13
문경국채보상금의무소 (聞慶國債補償金義務所)	1907. 4 1907. 4	채원식(蔡元植)· 전도희(錢道熙)· 채영진(蔡永震)· 이강오(李康五)	황성신문, 1907. 4. 10; 1907. 4. 16
경주군국채보상단연동지회 (慶州郡國債報償斷烟同志會)	1907. 5	김한은(金翰殷)· 이중구(李中久)· 최현식(崔鉉軾)	대한매일신보, 1907. 5. 24 ;4. 12 황성신문, 1907. 5. 22
현풍군국채보상동맹회 (玄風郡國債報償同盟會)	1907. 5. 14	김진극(金眞極)· 김오발	대한매일신보, 1907. 5. 25; 1907.5.12
용궁국채보상회 (龍宮國債報償會)	1907. 5. 14	정인탁(鄭寅卓)· 전병태	대한매일신보, 1907. 5. 14
대구남산동국채보상부인회 (大邱南山洞國債報償婦人會)	1907. 6	서주원(회장)	대한매일신보, 1907. 6. 20
울도군국채보상회 (鬱島郡國債報償會)	1907. 7	김광호(金光鎬)· 전재항(田在恒)	황성신문, 1907. 7. 13,

O 의연금의 관리와 단체에 대한 관리가 시작되다

경상북도의 경우, 각 군 지역을 단위로 한 국채보상운동 단체들이 조직되었지만, 이 운동이 시작된 뒤 겨우 3달 만인 4월 말부터 초기의 열의는 식어가고 있었다. 왜냐하면 접수된 의연금의 관리에 대해 의혹이 불거지고 있었기 때문이다.

1907년 6월 대구금연상채회의 회장 이현주 등은 국채보상운동을 확산시킬 방침으로 보상금과 단체에 대한 관리를 조직화하기 위해 전국적으로 각군국채의무금수합소(各郡國債義務金收合所)를 조직하기로 하였다.

우선 대구금연상채회는 각 도를 단위로 한 각군국채의무금수합소를 조직하여 서울의 총합소를 연결하는 지도기관으로 삼고자 하였다. 1907년 7월 10일 경북각군국채의무금수합소(慶北各郡國債義務金收合所)는 총대(總代) 몇 명이 대구에 모여 '의무금총합방침(義務金總合方針)과 상채선후지결과(償債先後之結果)를 의정(議定)'하고자 도회(道會)를 열기로 하였다.[62]

경북각군국채의무금수합소는 대구금연상채회 명의로 각 군의 향교로 「통문(通文)」을 보냈다. 이것은 의연금 관리에 대한 의혹을 해소함으로써 여론을 환기시키고자 하는 데 그 목적이 있었다.

> (전략)국가의 행보는 어려움이 많고 지방은 시끄럽지만 형세로 보아 보잘 것없는 재물이라도 수합하지 않을 수 없습니다. 그러나 풍문을 오도하는 사람이혹 뜬소문을 전하고 선동함이 없지 않아 바로 자의적으로 환급하거나 또 움직이지 않고 관망하면서 처음 약속한 의연금을 내지 않는 사람이 스스로 계책을 얻

---

62) 『대한매일신보』, 1907. 7. 21, 「의회성황」

은 것이라 생각하고 있으니 어찌 개탄스럽지 않으리오.(이하 생략)[63]

대구금연상채회는 각 군 향교로 「통문」을 보내는 한편, 서울의 국채
보상지원금총합소에 회장을 파견해 줄 것을 요청하였다.[64] 이리하여
회장 윤웅열이 도회에 참석하였고,[65] 경북지역 11개 군의 국채보상회
회장과 경북 40개 군에서 모인 4·5백 명이 도회를 열었다. 여기에서
경북국채보상도총회(慶北國債報償道總會)가 결성되었다.[66] 그 임원과
규정은 다음과 같다.

「대한매일신보」, 1907. 7. 25, 「경북국채보상도총회임원과 규정이 여좌ᄒᆞ니」

    도회장 김화식(金華植)
    부회장 윤성원(尹成垣)
    평의장 김병용(金秉庸)
    총무장 서상돈(徐相燉)

---

63) 「통문」(1907. 6), 대구금연상채회가 영양군 향교 회원에게 보낸 통문.
64) 『대한매일신보』, 1907. 7. 9, 잡보 「교남의거」
65) 『대한매일신보』, 1907. 7. 9, 잡보 「소장발행」
66) 『대한매일신보』, 1907. 7. 14, 잡보 「소장귀성」; 7월 21일, 「의회성황」

一. 각 군 진사(縉士)로 도총회장(道總會長) 및 각 임원(任員)을 공천(公薦) 선정(選定)할 것.

一. 의금(義金)은 60전으로 하되 효족(饒足)에 따라 기백기천(幾百幾千)의 의금(義金)도 논하지 말 것.

一. 각 군 의금(義金)은 지금 이후로는 경성(京城)의 믿을 만한 곳으로 합치(合置)할 것.

一. 각 군 의금(義金)은 경소(京所)에 납부한 후 영수증을 도총회소(道總會所)에 대조할 것.

一. 도총회(道總會) 경비(經費)는 자변지용(自辦支用)하고 의금(義金)은 범용(犯用)치 말 것.

一. 각 군 의금성책(義金成冊)을 고열(考閱)하야 실제 금액(金額)을 포고(布告)할 것.

一. 각 군수(郡守)는 각기 군찬성원(郡贊成員)을 경총합소(京総合所)로 추천하여 정할 것.

경북국채보상도총회는 대구에 모인 경북지역 대표자들이 이 운동을 보다 구체적으로 전개하기 위해 결성한 지도기관이었다. 도총회의 임원으로 도회장 김화식, 부회장 윤성원, 평의장 김병용, 총무장 서상돈이 선출되었고, 회의를 통해 회의 규칙을 만들고, 각 도에서 모집된 의연금을 서울의 국채보상지원금총합소로 모으기로 하였다.[67]

○ 대구에서도 의연금 관리에 대한 의혹이 제기되다

대구금연상채회의 적극적인 노력에도 불구하고 의연금 관리에 대한 의혹은 없어지지 않았다. 더욱이 1907년 6월 초 국채보상운동 발기인의 한 사람이었던 상주 유생 정재덕이 대구금연상채회의 임원 이종국의 '식

---

67) 『대한매일신보』, 1907. 7. 25, 「경북국채보상도총회임원과 규정이 여좌 ᄒ니」

상식송(植桑植松)에 대한 논의'와 서윤서(徐潤瑞) 등의 '의연금 전용'을 비판하는 경고문 「경고아전국동포(警告我全國同胞)」를 발표하였다. 이 경고문은 각처의 국채보상운동 단체로 배포되어 대구금연상채회 임원들의 의연금 전용에 대해 신랄하게 비판함으로써 여론을 환기시켰다. 이미 각처에서 나타나고 있던 풍설에 대한 공개적인 경고였다.[68]

「警告我全國同胞」(1907. 6, 24×30cm, 鄭在惠)

곧이어 정재덕의 경고문에 관해 『대한매일신보』가 구체적으로 보도함으로써 전국적으로 여론을 환기시켰다.

「대한매일신보」, 1907. 6. 7, 잡보 「의호성토」

68) 「경고아전국동포」(1908. 2. 4), 위와 같은 책.

상주군 유지신사 정재덕(鄭在惠)씨가 대구단연회(大邱斷煙會)를 논책(論責)하야 사처(四處)에 공포하되 오직 우리 대한이 국채보상(國債報償)으로 전국이 고동하야 실낱같은 희망이 되었는데 달성(達城) 서문(西門) 밖 상채소(償債會) 임원 이종국(李鍾國)이가 이 의금으로 식상식송지론(植桑植松之論) 처음 내어 중심(衆心)을 현혹하고 서윤서(徐胤瑞) 등은 이 의금으로 설사설전지리(設肆設典之利)를 내어 사탁(私託)하고자 하니 이와 같은 잡류는 전국이 성토함이 가하다 하였더라.[69]

상주 유생 정재덕이 대구금연상채회의 임원 이종국의 식상식송론(植桑植松論)에 대한 논의와 서윤서(徐潤瑞) 등의 의연금 전용을 비판하는 기사이다. 이종국은 대구 잠업전습소(蠶業傳習所)의 소장으로 있었던 인물로 신녕군수로 발탁되었고,[70] 서윤서는 국채보상운동을 발기한 서상돈의 어릴 때의 이름이었다.[71]

정재덕은 경고문을 통해 이종국의 식림식상론(植林植桑論)[72]을 비

---

69) 『대한매일신보』, 1907. 6. 7, 잡보 「의호성토」
70) 「대구재계선각인들」서상돈편(Ⅱ), 『대구상의뉴스』(1979. 9. 15); 「국채보상금에 관한 건」(1907. 5. 18; 0218-25)(『기밀서류철』, 정부기록문서, 문서번호 88-1).
71) 「대구재계선각인들」서상돈편(11), 위와 같은 책; 『대한매일신보』, 1907. 6. 15, 잡보 「이씨래함」, 그 외 『황성신문』, 1998. 12. 5, 「사필귀정」; 1907년 6월 6일, 「과칙제재」 등 참고.
72) 대구의 잠업전습소 소장 이종국이 식림과 잠업의 운영을 통해 실업을 진보시키자는 주장을 펼쳤다. 잠업전습소는 서상돈이 설립하고, 일본에 유학하여 근대적 잠업 기술을 습득하고 돌아 온 이종국이 소장으로 있었다. 이종국은 국채보상금을 식림 및 잠업 사업에 이용하자는 인쇄물을 신문사에 보내 동의를 구하고 각 도의 보상금모집사무소에 배부하고 있다. 그 내용은 "외국의 재(財)를 취하여 외국의 채(債)를 갚으려면 실업을 장려하고 열심히 노동함으로써 가능하다."고 전제하고, "국채보상금으로 모금한 100만 원으로 식림과 잠업을 10년만 운영하면 외채의 보상이 가능하다"는 것이다.(「국채보상금에 관한 건」, 1907. 5. 18(『기밀서류철』, 정부기록문서, 문서번호 88-1)

판하는 한편, "대구단연회는 의무의 긴중함을 생각지 않고 오로지 이자가 불어나는 것만을 일삼아 재무를 담당한 사람이 많은 돈을 분담해서 이자를 계산해 돈을 유통시킨다."[73]고 비난하였다. 즉 대구금연상채회를 주도하고 있던 서상돈 등에 대한 비판이었다. 곧이어 정재덕을 성토하는 『대한매일신보』의 보도가 있었지만,[74] 국채보상운동 그 자체에 대한 의혹은 더욱 증폭되어 갔다.

한편, 일본 경무고문부에서 통감에게 보내는 비밀문건에 의하면, 잠업전습소 소장 이종국이 식림 및 잠업사업에 국채보상금을 이용하자는 제의를 하였을 때, 이종국을 은밀히 조사하고 있으며, 나아가 국채보상운동의 김광제를 비롯한 발기인에 대해서도 내사(內査)를 벌여

「국채보상모집금의 건」, 1907. 5. 18, 『기밀서류철』(정부기록문서, 문서번호 88-1)

---

73) 「경고아전국동포」(1908. 2. 4), 문화재청, 위와 같은 책.
74) 『대한매일신보』, 1907. 6. 15, 잡보 「이씨래함」

"실제로 저들은 스스로 배를 살찌우려는 저의가 있다."고 규정하였다.[75]

○ 의연금을 교육기금으로 활용하자

1907년 6월 이후 국채보상운동의 열기는 점차 식어 갔다. 『대한매일신보』는 1907년 7월 13일부터 8월 4일까지, 『황성신문』은 1907년 7월 20일부터 7월 23일까지 국채보상기성회의 운영을 신뢰할 수 없다는 광고 「경고국채보상금의연제씨(警告國債報償金義捐諸氏)」를 실었다.[76] 1907년 11월 19일 논설에서는 "국채보상금 수합에 대하여 종종 불미(不美)한 이야기가 많아 신문지상에 광고가 이어졌으니……이 금액으로 국채를 완전히 갚는다는 것은 불가능하지만, 국채보상의 길은 열었으니……보관방법도 강구하고 조사문부도 정리하여 후일 좋은 결과를 기다려야 한다."[77]고 지적하였다. 이어서 12월 4일 논설에서도 "차라리 이 돈으로 영업식리(營業殖利)하자는 자도 있고, 차라리 이 돈으로 교육을 확장하자는 자도 있으나 결코 불가한 일"[78]이라고 주장하였다.

전국적으로 국채보상을 위해 출연된 의연금의 관리에 대한 의혹이 증폭되었고, 일제의 방해공작이 노골화되면서 더 이상 이 운동은 지속될 수 없는 상황이 되었다. 1908년 10월에는 그 동안 출연된 의연금을 조사하기 위한 국채보상금검사소(國債報償金檢査所)가 설립되

---

75) 1907. 5. 18, 「국채보상모집금의 건」, 『기밀서류철(기밀서류철)』(정부기록문서, 문서번호 88-1)
76) 『대한매일신보』, 1907. 7. 13.~8. 4, 광고 「경고국채보상금의연제씨」; 『황성신문』, 1907. 7. 20~23, 광고 「경고국채보상금의연제씨」
77) 『황성신문』, 1907년 11월 19일, 논설 「국채보상금수합에 관한 문제」
78) 『황성신문』, 1907년 12월 4일, 논설 「국채보상금수합제씨급일반동포」

었다. 1910년 4월 18일 국채보상금처리회(國債報償金處理會) 국민
총대회(國民大總會)가 흥사단(興士團) 내의 사무소에서 열려 보상금
을 교육기본금(敎育基本金)으로 활용하기로 결의하였다. 그 후 9월
중순 국채보상처리회를 교육기본금관리회(敎育基本金管理會)로 개
칭하였다.

이리하여 의연금을 모집하여 보관하고 있던 각처의 국채보상운동
단체들은 그 지역의 교육비로 활동하거나 상환하였다. 성주의 김창숙
은 스승인 한계 이승희가 1908년 5월 블라디보스톡으로 망명한 뒤,
성주군 국채보상의무회를 이끌었고, 나아가 국채보상운동을 통해 모
은 돈으로 청천서원(晴川書院)에 사립 성명학교(星明學校)를 설립하였
다.[79] 전기의병 때 김산의진(金山義陣)에 참여했고, 후기의병 때 산남
의진(山南義陣)에 참여했던 영일군 죽장면 두마리의 보현산에 은거하
고 있던 의병장 벽도(碧燾) 양제안(梁濟安)은 개별적으로 의연금 수백
원을 보관하고 있다가 국채보상운동이 좌절된 뒤 모두 되돌려 주었으
며, 이 과정에서 의연금을 군자금으로 제공하도록 요청하는 사람도 있
었다.[80]

---

79)『심산유고』권5,「벽옹73년회상기」
80)『벽도양공제안실기』

【부록】 국채보상운동의 주도층

① 서상돈

서상돈(徐相燉, 1849~1913)은 본명이 서
윤서(徐潤瑞)이고, 세례명이 아우구스티노이
다. 조선후기 천주교 박해를 피해 서울에서
김천을 거쳐 상주로 피신한 서철순(徐哲淳)
의 장남으로 태어났다. 1849년 10월 김천시
부항면(釜項面) 지좌리(智佐里)에서 태어나
1857년 상주를 거쳐 10살 되던 1859년 양친
과 함께 대구로 이거하였다.

서상돈

1860년 보부상의 점원으로 들어가 서문시
장과 낙동강을 중심으로 한 지물 및 포목을 거래하는 상업으로 자본을
축적하였다. 1895년 탁지부의 세무 시찰관(視察官), 1903년 내장원
(內藏院)의 경상남북도 검세관(檢稅官), 1903년 11월 김윤란 등과 함
께 징세장(徵稅長), 같은 해 12월 최영달·서긍순 등과 함께 경상남도
시찰관(視察官)으로 세금대납을 통해 막대한 부를 축적하였다. 이때
김광제는 동래경무관(東萊警務官)을 거쳐 삼남찰리사(三南察里使, 兩
南視察使)로 있었다. 서상돈은 1904년 공전을 유용하고 상납을 지체
한 것이 문제되어 해임되었다. 1905년 8월 국고제도가 확립되면서 외
획제도는 폐지되었지만, 1906년 5월까지도 정규옥·이종국 등과 함께
황무지 개간을 통한 납세 방안을 건의하는 등의 활동을 했다.

한편 서상돈은 1896년 7월 설립된 독립협회(獨立協會)에 참여하여
활동하였고, 1898년에는 독립협회에서 재무부과장 및 부장 급의 일원

으로 활약하였다. 1902년 대구전보국사장(大邱電報局司長) 조중은(趙重慇)과 함께 양잠회사(養蠶會社)를 설립하였으며, 1907년 5월 정재학·서돈순·윤필오 등과 함께 협성학교(協成學校)의 설립에 참여하여 대한제국의 광무개혁에 호응하였다. 1906년 1월 대구광문사를 설립하여 사장에 김광제, 자신은 부사장을 맡아 국민계몽을 위한 서적과 잡지를 간행하였으며, 신교육을 위한 사범학교 설립, 1906년 8월 일제의 대구이사청에 대응하여 1906년 5월 인민대의소 설립, 곧이어 같은 해 8월 대구부민의소 설립 등을 통해 애국계몽운동을 후원하였다.

1907년 2월에는 국채보상운동을 발의하여 전국적인 국민운동으로 발전시켰다. 같은 해 7월 국채보상운동의 열기가 가라앉자 이 운동을 보다 구체적으로 전개하기 위해 결성한 경북국채보상도총회(慶北國債報償道總會)의 총무장을 맡았다. 그리고 1907년 10월에는 대한농회 경북지부를 설립하여 박해령을 지부장으로 삼고, 자신은 평의장을 맡았다. 1913년 6월 사망하였다. 1999년 건국훈장 애족장이 추서되었다.

서상돈의 묘(대구광역시 수성구 범물동 천주교회 묘역)

〈참고문헌〉

『황성신문』, 1903. 11. 16, 「징세장신임」; 1900. 9. 14, 「서임급사령」; 1900. 9. 14, 「삼씨임면」; 1902. 5. 00, 「양잠회사」; 1907. 9. 26, 「협성학교취지서」; 1907. 10. 25, 「대구농회」; 『대한매일신보』, 1906. 3. 11, 「달찰

미적(달찰미적)」; 1906. 8. 26,「경상북도대구부민의소장김광제씨의 경고
문」;『각사등록』16, 1906. 5,「경상남북도각군소상」(8)

② 정재학

정재학(鄭在學, 1858~1940)은 본관이 연일(延日)이며, 아버지 정
석은과 어머니 손남산의 1남 3녀 중 외동아들로 대구에서 태어났다.
그는 가난한 상민출신으로 고용살이를 거쳐 원산에서 들여온 명태를
판매하여 자산을 형성하였다. 그 후 낙동강을 배경으로 어염미두(魚鹽
米豆)를 거래하여 막대한 부를 축적하였다.

한말의 격동 속에서 1897년 탁지부 참서관(參書官)을 거쳐 1902년
6월 휘릉참봉(徽陵參奉), 1902년 6월 관리서(管理署) 주사(主事),
1903년 7월 중추원 의관(議官), 1905년 2월 순흥군수(順興郡守),
1908년 7월 개령군수(開寧郡守) 등을 역임하였다.

1907년 1월 대구광문사 회원, 1907년 2월 대구금연상채회(大邱禁
煙償債會) 부회장, 1907년 6월 대구지방위원(大邱地方委員), 1908년
3월 대한협회(大韓協會) 대구지부(大邱支會)의 회원 등으로 애국계몽
운동에 참여하였다. 1906년 대구농공은행(大邱農工銀行)의 취체역(取
締役), 1908년 진주농공은행과 합병하여 설립된 경상농공은행(慶尙農
工銀行)의 감사를 맡았다.

나라가 망한 뒤 1911년 7월 경상농공은행 감사, 1911년 8월 선남상
업은행(鮮南商業銀行) 취체역(取締役, 이사), 1912년 12월 이일우·이
종면·이병학·장길상 등 13명과 대구은행(大邱銀行) 설립을 위한 발기
인회 조직, 1913년 5월 대구은행의 두취(頭取)로 취임하는 등 일제의
식민지 지배정책에 편승하여 대부호로 성장하였다. 1928년 7월 대구
은행과 경남은행의 합동을 위한 창립총회에서 대구의 정해붕(鄭海鵬),

부산의 윤현태(尹顯泰) 등과 함께 취체역에 선출되어 은행업에서 영향력을 키웠다. 그 결과 1930년 5월 대구부 다액납세자였던 정재학·장길상·이장우·정해붕·이일우 5인 중 최고인 2,200원을 납부하는 대자본가로 성장하였다.

한편 대지주로서 1913년 5월 소농보호 및 농사개량을 목적으로 한 경상북도 지주조합(地主組合)의 창립위원으로 활동하였으며, 1918년 8월 대흥전기(大興電氣) 감사, 1918년 12월 계림농림주식회사(鷄林農林株式會社) 상담역(相談役), 1919년 3월 대동무역주식회사(大東貿易株式會社) 설립, 1930년 10월 대구곡물조합(大邱穀物組合) 이사 등을 역임하였다.

그 외에도 1911년 9월 대구부실업연구회(大邱府實業硏究會) 회두, 1911년 10월 경상북도(慶尙北道) 참사관, 1910년 은사금 1천 원 하사 및 정8위 서위(敍位), 1919년 4월 6일 이병학·서병조 등과 함께 대구자제단(大邱自制團) 발기인 및 평의원, 1919년 11월 대구부협의회(大邱府協議會) 회원, 1921년 3월 경상북도 도의회 의원, 1921년 9월 조선산업조사위원회(朝鮮産業調查委員會) 경상북도 산업조사위원, 1922년

「매일신보」, 1919. 4. 30, 「대구, 자제단평의원회」

2월 대구사회사업연구회(大邱社會事業硏究會) 교섭위원, 1924년 4월 중추원(中樞院) 참의 등을 역임하였고, 정7위 서위에 올라 일제의 식민통치에 호응하였다. 2002년 발표된 친일파 708인 명단에 수록되었다.

〈참고문헌〉

『대한제국관보』, 1902. 8. 10, 1903. 7. 7, 1905. 3. 1, 「서임급사령」; 『황성신문』, 1908. 8. 2, 「서임급사령」; 『승정원일기』, 1908. 7. 3, 「전군수정재학임개령군수」; 『대한협회대구지회회록』(제1호); 『조선은행회사요록』, 동아경제시보사, 1921; 『매일신보』, 1911. 8. 18, 「선남은행성립」; 1912. 12. 20, 「대구은행창립」; 1913. 5. 31, 「최근의 경북: 지주조합의 설립」; 1918. 12. 18, 「대구: 계림회사 설립」; 1919. 2. 20, 「대구: 계림농림주식회사총회」; 1919. 3. 28, 「대동무역허가」; 1919. 4. 30, 「대구: 자제단평의원회」; 1919. 11. 27, 「부협의원 임명」; 1921 9. 6, 「산업조사위원 결정」; 1922. 3. 4, 「대구사회사업연구」; 1924. 4. 29, 「중추원 참의 경임」; 1930. 5. 7, 「대구부의 다액세납자」; 1930. 10. 28, 「대구곡물조합임시총회」; 『중외일보』, 1928. 8. 5, 「경남합동은행 완전히 성립 역원까지 선정」

③ 김광제

김광제(金光濟, 1866. 7. 1~1920. 6. 9)는 충남 보령에서 출생하였다. 초명은 홍제(弘濟) 또는 홍제(洪濟)이고, 호는 동양자(東洋子)이다. 1888년 4월 병조(兵曹) 효력부위(效力副尉) 용양위(龍驤衛) 부사용(副司勇), 같은 해 6월 선략장군(宣略將軍) 행용양위(行龍驤衛) 부사과(副司果), 사간원(司諫院) 첨정

김광제

(斂正) 등을 역임하였다.

1896년 2월 아관파천 직후 이세영(李世永)·황재현(黃載顯)·이관(李寬) 등과 의병을 일으키기도 했고, 같은 해 10월경 윤이병(尹履炳)·이세진(李世鎭) 등과 변혁운동을 도모하다가 고변사건에 연루되어 고군산도(古群山島)로 유배되기도 하였다.

1900년 9월 동래경무관(東萊警務官)에 임명되었다. 1901년 1월 동래경무관에서 면직되었고, 같은 해 5월 삼남찰리사(三南察里使, 兩南視察使)에 임명되었다. 1903년 6월 정3품으로 승차되었으나 관직생활을 그만두었다. 이때 탁지부의 세무 시찰관(視察官)과 내장원의 경상남북도 검세관(檢稅官)으로서 세금대납으로 막대한 부를 축적한 서상돈과 밀착되어 있었다.

1906년 1월 대구에서 서상돈의 후원을 받아 대구광문사를 설립하고 사장으로 활동하였으며, 1906년 2월 학부에 청원하여 경북관찰부에 있는 낙육재(樂育齋)와 양사재(養士齋)에 사립보통학교 설립을 권유하였다. 1906년 10월 대구부에 설치한 달명의숙(達明義塾) 부교장 및 강사로 교장 이현주, 교감 장상철·윤영섭 등과 함께 활동하기도 하였다.

1907년 1월 29일 대구광문사 내에 대동광문회를 조직하고 박해령이 회장, 그는 부회장에 취임하였으며, 1907년 1월 29일 대동광문회의 발의로 시작된 국채보상운동의 발기인으로 서상돈 등과 함께 참여하였다. 1907년 3월 국채보상지원금총합소를 발기하였으며, 같은 해 5월 검사원으로 선출되었다. 또 같은 해 4월 서울에서 국채보상연합회의소를 설립하여 소장으로 이준(李儁)을 추대하고, 그는 부총무에 추대되었다.

한편, 1906년 3월 대한자강회 회원, 1908년 4월 대한협회 직산지회(稷山支會) 간사원, 같은 해 5월 동 직산지회 회원, 1908년 3월 창립

된 교남교육회 평의원 등으로 활동하였으며, 교남교육회에서 규칙제
정위원·도서편찬위원·교육부학무원 등을 역임하였다.

그 외에도 1919년 2월 충남 청양 출신의 이달(李達)과 함께 일본 동
경에서 일본유학생을 규합한 조선독립청년단(朝鮮獨立靑年團) 단장으
로 추대되었고, 1920년 1월 대구에서 신대한민국청년단선언서(新大韓
民國靑年團宣言書)를 인쇄·배포하였다. 그리고 이달 등과 함께 1920년
3월 1일을 기해 격문과 독립선언서를 배포하는 제2의 3·1운동을 계획
하고, 일본 제국의회에 독립을 청원하는 계획을 수립하고 활동하다가
일경에 체포되었다.

나아가 1920년 4월 11일 조선노동공제회(朝鮮勞動共濟會) 창립 직
후 서울에서 노동대회(勞動大會)라는 단체를 조직하고, 5월 2일 창립
대회를 개최하여 정식으로 발족하였다. 그리고 조선노동대회 전국연
합회 회장 및 경성본부장으로 활동하였다. 1920년 7월 24일 경남 마
산에서 서거하였는데, 일본인에게 독살되었다는 풍설이 있다.

1982년 대통령표창, 1990년 건국훈장 애족장이 추서되었다.

〈참고문헌〉

『승정원일기』, 1896. 10. 23; 『한국사료총서』, 1901. 4. 19; 『황성신문』,
1900. 9. 14, 「서임급사령」; 1900. 9. 14, 「삼씨임면」; 1903. 6. 25, 「서임
급사령」; 『대한매일신보』, 1906. 2. 7, 「학교청설」; 1906. 10. 24, 「달숙찬
양」; 『대한협회회보』 제1호, 1908. 4. 25, 「회원명부」; 『대한협회회보』 제2
호, 1908. 5. 25, 「회원명부」; 『교남교육회잡지』 제1호, 1908. 4. 19, 「회원
명부」; 『동아일보』, 1920. 7. 13, 「회원명부」; 『동아일보』, 1920. 5. 1, 「김광
제·노병희 등, 조선노동대회 결성」; 『독립지사김광제선생유고집』, 일신당,
1997, 「약력」; 김정명편, 『조선독립운동』Ⅲ, 원서방, 1967.

④ 이현주

이현주(李玄澍)는 본관이 전의(全義)이며, 달성군 하빈면(河濱面) 하산동(霞山洞) 출신이다. 1728년 이인좌(李麟佐)의 난을 진압하는데 공을 세운 전양군(全陽君) 이익필(李益馝)의 후손이다.

1894년 11월 경기전(慶基殿) 참봉(參奉)으로 벼슬을 시작하여 1895년 12월 경주군수(慶州郡守)에 임명되었다. 1896년 5월 7일(양 6·17) 김하락(金河洛)이 이끄는 경주연합의진(慶州聯合義陣)이 경주성을 공격하자 중군 윤흥순(尹興淳)과 함께 방어하다가 패퇴하였다. 5월 9일 대구에서 증파된 일본군 수비대와 함께 경주성을 회복하였지만, 1896년 6월 체임(遞任)된 뒤 대구에 거주하였다. 1901년 경주군수 재임 시 공전 체납으로 체포된 바 있었고, 1906년 이유인(李裕寅)의 무고(誣告) 사건에 연루되기도 했으나 모두 무죄 방면되었다.

1906년 10월 대구부에 설치한 달명의숙(達明義塾) 교장, 1907년 2월 대구민의소 회장으로 국채보상운동에 참여하여 대구금연상채회(大邱禁煙償債會) 회장을 역임하였으며, 1908년 4월 대한협회 대구지회 회원, 같은 해 11월 협성학교 교장, 1909년 대구향교 직원, 같은 해 11월 대한협회 대구지회 부회장을 역임하는 등 대구지역에서 애국계몽운동에 참여한 관료 출신의 부호였다.

〈참고문헌〉

『사법품보』34, 1902. 5. 2, 「평리원에서 공전 체납으로 구금된 전경주군수 이현주의 방면을 법부에 보고」;『고종실록』, 1907. 1. 21, 「법부대신이하영 주」;『경상남북도래거안』, 1907. 2. 24, 관찰서리 참서관 백남준 보고;『대한협회대구지회회록』(제1호);『대한매일신보』, 1906. 10. 24, 「달숙찬양」; 권대웅, 『달성의 독립운동가 열전』, 달성문화재단, 2018.

⑤ 정규옥

정규옥(鄭圭鈺, 생몰미상)은 대구 수창동과 인교동 사이에서 살았다. 일찍이 카톨릭에 입교하여 1893년경 자신의 집을 임시성당으로 제공하였다. 1902년 17월 혜민원 주사로 벼슬을 시작하여, 같은 해 8월 혜민원 참서관, 1905년 6월 비서감승에 임명되었다가 바로 의원면직하였다. 1906년 5월 서상돈 등과 함께 성주군 낙동강변의 진황지(陳荒地) 3곳을 개척하기도 하였다. 1906년 8월 대구농공은행(大邱農工銀行) 설립에 참여하여 김병순·서병오·서상돈·이석진·이장우 등과 함께 주주가 되었다. 1907년 1월 대구광문사에 참여하여, 같은 해 2월 국채보상운동이 일어나자 대구금연상채회(大邱禁煙償債會)의 총무를 역임하였다. 1910년 경술국치 후, 1911년 12월 대구 달창학교(達昌學校) 내에 노동야학과(勞動夜學科)를 창설하였다. 1912년 9월 목배(木杯)를 받았으며, 1920년 5월 이종면이 설립한 대동사(大東社)에 정재학(鄭在學)·최준(崔浚)·이병학(李柄學)·이장우(李章雨) 등과 함께 주주로 참여하였다.

〈참고문헌〉

『제국신문』, 1902. 7. 23, 「관보」; 1902. 8. 2, 「관보」; 『승정원일기』, 1905. 6. 26, 「비서감승 정규옥 등 의원면관」; 『황성신문』, 1908. 6, 22, 「대구농공은행」; 『매일신보』, 1911. 12. 17, 「대구편신」; 『조선총독부관보』, 1912. 9, 12, 「목배하사」

⑥ 김병순

김병순(金炳淳, 생몰미상)은 본명이 김윤란(金允蘭)이고, 경북 의성 출신이다. 일찍이 대구 서문 밖에 이사를 와서 억척스럽게 모은 재산으로 벼슬을 샀다.

1901년 9월 경주군수 겸 경상북도 각광감리(各礦監理)가 되었다. 각광감리는 경상북도의 청송·영천·의성·인동·성주·봉화 등지의 금광을 관리하는 것이었다. 김윤란은 경주군수로 부임하면서 관찰부의 아전 정해붕(鄭海鵬)을 책실(冊室)로 삼아 백성을 침학하고 토색하였다. 그래서 1902년 경주인들에 의해 삽작을 당하였고, 1903년 1월 면직되었다. 그 뒤 사면을 받고 1903년 6월 경상북도 균조위원(均糶委員)에 임명되었다. 그러나 곧이어 7월 12일 공전 포탈(逋脫) 혐의로 해임되었고, 7월 16일 평리원에 체포되어 서울로 압송되었다. 그리고 미납한 공전을 납부하고서 1904년 7월 석방되었다.

대구에 정착한 김윤란은 1906년 4월 이름을 김병순으로 고치고, 1906년 8월 대구농공은행 설립에 참가하여 최대 주주가 되었다. 1906년 1월 대구광문사 회원, 1907년 1월 대동광문회의 국채보상운동 발기인으로 참여하였다. 1908년 3월 설립된 대한협회 대구지회 회원을 역임하였다.

〈참고문헌〉

박학래, 『학초전』1·2, 2011(박종두 해제);『승정원일기』, 1901. 6. 18,「경상북도각광감리경주군수김윤란」; 1903. 1. 23,「경주군수김윤란면직」; 1903. 6. 30,「경상남북도균조위원」; 1903. 7. 12,「경상남북도균조위원해임」;『사법품보』, 1903. 7. 12,「평리원에서 전 경주군수 김윤란 체포 보고」; 1904. 7. 9,「보고서」;『황성신문』, 1906. 4. 9,「전경주군수김윤란명자를 병순(炳淳)으로 고치다」; 1906. 6. 19,「대구은행총회」

⑦ 길영수

길영수(吉永洙, 생몰미상)는 본관이 해평(海坪)이다. 그는 경북 상주 출신의 백정이다. 왕실의 지관(地官)으로 고종의 총애를 받아 1897년 1월 경효전(景孝殿) 충의위(忠義衛)를 거쳐 1898년 경기도 과천군수 (果川郡守)가 되었다. 이 해 11월 19일 보부상의 13도부상도반수(十三 道負商都班首)로 추대되어 황국협회와 보부상들을 지휘하여 독립협회 측 인사들이 주도하고 있던 만민공동회를 습격하였다. 이튿날 법부에 의해 유배령을 받았으나 고종의 칙유(勅諭)로 풀려났다.

1898년 육군 참위(參尉)를 거쳐, 1899년 3월 농상공부 상공국장(商 工局長), 1901년 6월 육군 보병참령(步兵參領), 1903년 5월 육군 보병 부령(步兵副領), 1903년 5월 원수부(元帥府) 군무국(軍務局) 부장(副 將), 1903년 6월 철도원(鐵道院) 감독(監督), 1903년 10월 한성부판윤 겸 한성부재판소 수반판사(首班判事), 1904년 2월 진위대 제4연대장 등을 역임하였다. 1904년 2월 한일의정서 반대상소(反對上疏)를 올렸 으며, 1905년 7월 주전원(主殿院) 전무과장(電務課長)에 임명되었으 나 나아가지 않았다.

1906년 1월 대구광문사 회원, 1907년 1월 대동광문회 회원으로 국 채보상운동에 참여하는 한편, 1908년 3월 교남교육회 회원으로 활동 하였다.

〈참고문헌〉

『승정원일기』, 1898. 12. 3, 「참위에 길영수」; 1901. 6. 23, 「육군 보병 참 령에 정3품 길영수」; 1903. 4. 6, 「육군보병참령 길영수를 육군 보병 부 령」; 『고종실록』39, 1899. 3. 7, 「길영수 농상공부 상공국장」; 1903. 6. 26, 「육군부령 길영수를 철도원감독」; 『황성신문』, 1903. 5. 27, 「서임급사령」; 1903. 11. 2, 「서임급사령」; 『대한자강회월보』 제9호, 1907. 3. 25, 「대구광문사내 대동광문회」; 『대한매일신보』, 1907. 2. 23. 「대구광문사 문회」

⑧ 이장우

이장우(李章雨, 1871. 9. 15~1944. 1. 16)는 1898년 7월 봉상사(奉常寺) 주사, 1899년 7월 대한제국 육군 보병 참위(參尉)로 대구지방대에서 근무하기 시작하여 1907년 9월 군대 해산까지 육군 보병 부위(副尉)로 복무하였다. 1908년 3월 대한협회 대구지회 회원, 1909년 경상농공은행 감사역 등의 활동을 했다.

1912년 12월 대구은행 창립 발기인, 1913년 5월 대구지주조합 창립 위원, 1918년부터 경일은행 감사역, 1919년 4월 대구자제단 발기인으로 참여했다. 1919년 10월 대구주조주식회사 취체역, 1919년 12월 대구상업회의소 상무위원 등을 역임하였다. 1920년 12월 대구부 협의회원을 거쳐, 1926년 9월 4일 경상북도 관선 도평의회원으로 선출되었다. 1928년 8월 31일 일본 정부로부터 쇼와대례기념장을 받았다.

1933년 영남명덕회(嶺南明德會) 대구지부 부지부장, 1934년 조선농회 통상의원, 1934년 10월 경상북도농회 회장, 1936년 11월 경북미곡통제연합회 부회장, 1938년 조선나예방협회 평의원 등을 역임하였다. 1941년 9월 11일 조선임전보국단 발기인으로 참여했고, 1943년 8월 3일부터 1944년 1월 16일까지 조선총독부 중추원 참의를 지냈다. 2002년 발표된 친일파 708인 명단에 수록되었다.

〈참고문헌〉

『승정원일기』, 1898. 5. 22, 「봉상시주사 이장우」; 1899. 6. 1, 「대구지방

대 참위」; 『대한협회회보』 제3호, 1908. 6. 25. 「회원명부」; 『황성신문』, 1906. 6. 5. 「대구은행총회」; 1919. 12. 19, 「대구상의역원인가」; 『매일신보』, 1912. 12. 20, 「대구은행창립」; 1913. 5. 31, 「최근의 경북, 지주조합의 설립」; 1919. 4. 1, 「경북의 자제단」; 1926. 9. 8, 「도평의원보결 이장우씨 임명」; 1934. 8. 16, 「조선농회통상의원 임명」; 1941. 10. 23, 「임전보국단결성」; 『조선은행회사조합요록』, 동양경제신보사, 1921; 『조선총독부관보』, 1919. 12. 20, 「대구상업회의소가 선임한 역원」; 『조선중앙일보』, 1934. 10. 25, 「조선농회의 의원보충 완료」

⑨ 정해붕

정해붕(鄭海鵬, 생몰미상)은 경상북도관찰부의 주사였다. 1901년 9월 경주군수로 부임하는 김윤란(개명 김병순)의 책실(冊室)이 되어 따라 갔다. 당시 경주군수 김윤란은 경상북도각군금광감리(慶尙北道各郡金鑛監理)를 겸하였는데, 정해붕도 1901년 11월 경상북도 금광위원(金鑛委員)이 되었다. 김윤란이 백성을 침학하고 토색하다가 1902년 경주인들에 의해 삽작(대문의 경상도 방언, 탐관오리를 백성들이 군의 경계 밖으로 내치는 관습)을 당한 뒤, 1902년 9월 경상북도관찰부 주사(主事)로 복귀하였고, 1903년 12월에는 도지부 징세주사(徵稅主事)가 되었다.

1906년 3월 사범학교 설립 발기인, 같은 8월 대군광문사 회원, 1907년 1월 대동광문회의 국채보상운동 발기인과 대구금연상채회 서기로 국채보상운동에 참여하였고, 1908년 3월 설립된 대한협회 대구지회 회원 및 평의원 등으로 활동하며 애국계몽운동을 벌였다. 나아가 1907년 8월 대구수형조합 평의원, 1908년 8월 금융조합 대구지회 설립위원, 1908년 9월 동양척식주식회사 설립위원, 1908년 11월 대구공립보통학교 학무위원 등으로 통감부의 한국침략에 편승하는 경제 활동을 통해 대구지역에서 대부호의 반열에 올랐다.

나라가 망한 뒤 일제의 통치기구에 참여하여 1914년 4월까지 대구부 참사(參事), 1917년 11월 대구교풍회(大邱矯風會) 부회장, 1918년 5월 대구부협의회(大邱府協議會) 의원, 1922년 3월 대구사회사업연구회(大邱社會事業研究會) 위원, 1922년 12월 산업자문위원회(產業諮問委員會) 위원, 1924년 4월 경상북도 평의회 대구 평의원, 1933년 11월 조선농업자대회 경북상임위원, 1934년 10월 조선농지령(朝鮮農地令)이 실시되면서 조직되는 소작위원회(小作委員會) 경상북도 위원, 1939년 5월 전시체제하 생산보국을 목적으로 조직된 경북지주보국회(慶北地主報國會) 회장 등을 역임하는 등 친일행각을 벌였다.

한편, 대부호로서 1913년 4월 고려자기제조(주) 중역, 1913년 5월 대구은행(주) 주주 및 이사, 1924년 4월 대구서부금융조합 대표, 1928년 7월 경상합동은행 주주, 1931년 3월 금호수리조합 대표, 1941년 5월 대구일일신문사 감사, 1942년 4월 경상북도양곡(주) 이사, 전무이사, 등의 상업 및 기업 활동을 벌였다. 뿐만 아니라 1941년 중추원 참의(參議)를 거쳐, 1941년 12월 임전보국단(臨戰報國團) 경북지부 상임이사 등을 역임하면서 일제의 식민지 지배정책에 호응하는 친일 활동을 벌이기도 하였다. 1949년 3월 반민특위 경북지부에 체포되어 대구형무소에 수감되었다가 1949년 3월 보석으로 풀려났다.

〈참고문헌〉

『대한자강회월보』, 제9호, 1907. 3. 25, 「국채보상취지서」; 「금연상채회임원록기」(『경상남북도거래안』, 1907. 2. 24, 백남준 「보고서」); 『대한협회회보』 제3호, 1908. 6. 25, 「회원명부」; 국사편찬위원회, 『대한제국관원이력서』, 1972; 『매일신보』, 1914. 4. 13, 「부군참사의 임면」; 1917. 11. 8, 「대구 교풍회 실시」; 1918. 5. 17, 「대구: 부협의원 임명」; 1922. 3. 4, 「대구 사회사업연구」; 1922. 12. 1, 「산업자문위원촉탁」; 1924. 4. 5, 「신임 각도 평의원」; 1925. 12. 10, 「경상북도 평의회 제1일」; 1933. 11. 23, 「상임위 원결정」; 1934. 10. 22, 「농지령이 내려지자 소작위원회 조직」; 1939. 5. 21, 「경북지주보국회」; 『조선은행회사조합요록』(1923·1927·1929·1933· 1942년판); 『조선총독부 및 소속관서직원록』(1941년도) 『동아일보』, 1940. 8. 6, 「정해붕 조선총독부 중추원 참의」; 『동광신문』, 1949. 3. 15, 「김재환 정해붕, 경북특위서 체포」; 『영남일보』, 1949. 3. 15, 「정해붕 보석」

⑩ 윤필오

윤필오(尹弼五, 1860~1924)는 호가 매석(梅石)이고, 본관이 파평(坡平)이다. 8세 때인 1877년 대구 신동사숙(新洞私塾)에서 수학하였다. 26세인 1895년 대구관찰부 주사 8등에 임명되어 비서과(秘書科)에서 근무하였다. 1896년 지방관제개정에 따라 대구부 주사가 폐관되자 경상북도 관찰부 세무과(稅務科)로 발령을 받았다. 8월 29일 관직에서 물러났다.

1900년 3월 사립 달성학교(達城學校) 교장에 취임하였다가 1908년 7월 달성학교 교장을 사임하였다. 1906년 8월 이일우 등이 조직한 대구광학회 발기인 및 회원, 1907년 6월 대구광학회 부설 대구시의소(大邱市議所) 설립에 참가하기도 하였다. 1907년 1월 국채보상운동에 참여하는 한편, 관찰사 이충구의 지원하에 협성학교(協成學校) 설립에 참여하였으며, 일진회 회원으로도 활동하였다.

1908년 7월 달성학교 교장을 사퇴하고, 그해 7월 29일 경북관찰사 박중양의 추천으로 영양군수(英陽郡守)에 임명되었다. 1910년 11월 경상북도로 근무지를 옮겼고, 1911년 6월 청송군지방금융조합(靑松郡地方金融組合) 설립위원, 같은 달 예안군수(禮安郡守), 1912년 비안군수

(比安郡守)를 역임하였다. 1914년 지방행정구역 개편에 따라 관료생활을 그만두었다. 그는 영양군수로 있으면서 영흥학교(英興學校)를 설립하여 영양교육회(英陽教育會) 회장 벽산(碧山) 김도현(金道鉉)과 함께 학교 기금을 마련하고 학생을 모집하는 등의 활동을 벌였다.

한편, 1912년 8월 일제가 한국의 국권탈취를 기념하는 한국병합기념장을 받았으며, 1913년 6월 경상북도 물산공진회(物産共進會) 평의원, 1919년 1월 대구교풍회(大邱矯風會) 회장, 1919년 4월 대구 자제단(自制團) 참여, 경기 광주 자제단 조직 등의 활동에 참가하였다. 나아가 1920년 대구여자공립보통학교 학무위원, 1920년 3월 유도진흥회(儒道振興會) 경북지부 달성대표, 1920년 12월 국민협회(國民協會) 대구지회(大邱支會) 회장 등을 거쳐, 1921년 3월 경상북도지사가 중추원 의원으로 추천하였으나 임명되지 않는 등 많은 친일행적을 남겼다. 1924년 3월 30일 사망하였다. 2002년 발표된 친일파 708인 명단에 수록되었다.

〈참고문헌〉

『조선총독부및소속관서직원록』(1911, 1912년도);『조선총독부관보』, 1914. 2. 28,「서임급사령」;『황성신문』, 1909. 5. 30,「영흥전진」; 1908. 8. 1, 잡보「박달찰 천보」; 1906. 8. 27,「대구광학회취지」;『대한매일신보』, 1906. 8. 21,「대구광학회취지」;『매일신보』, 1919. 4. 1,「경북의 자제단」; 1920. 4. 1,「유도진흥회」;『승정원일기』, 1908. 7. 3,「전주사윤필오임영양군수」;『중추원조사자료』(1921),「경상북도 중추원 의원추천의 건」

⑪ 서병오

서병오(徐丙五, 1862~1936)는 자가 순원(舜原), 호가 석재(石齋)이

다. 1883년 아버지 서상민과 어머니 경주최씨
의 4남 1녀 중 차남으로 태어났다. 그의 가계
는 경상감영의 향리를 지낸 집안으로 어려서
대지주인 숙부 서상혜(徐相惠)의 양자로 들어
갔다. 13세가 되던 1874년 방산(舫山) 허훈(許
薰)과 면우(俛宇) 곽종석(郭鍾錫)의 문하에서
수학하였다. 허훈의 문하에서는 그 막내 동생
왕산(旺山) 허위(許蔿)와 함께 수학하였다. 18세

서병오

가 되던 1879년 석파(石坡) 이하응(李昰應)의 문객으로 출입하며 석파
의 영향을 받았고, 나아가 석파의 스승인 추사(秋史) 김정희(金正喜)
의 영향도 받아 서화(書畵)의 대가가 되었다.

1891년 증광시(增廣試) 3등 139위로 진사(進士)가 되었고, 1896년
3월 대구부 주사(主事) 판임관(判任官) 7등에 임명되었다. 1906년 1월
대구광문사 발기인, 1906년 3월 대구 사범학교 설립 발기인, 1906년
6월 경상농공은행 주주 및 전무이사, 1907년 1월 대구광문사 문회(文
會) 대동광문회의 국채보상운동 발기인과 대구금연상채회 평의원, 그
리고 1908년 3월 대한협회 대구지회 평의원 등을 역임하였다. 1908년
7월 신녕군수(新寧郡守)에 임명되었으나 부임한지 10여 일만에 병을
핑계로 사직하였다. 1909년 남한제정합자회사(南韓製筳合資會社) 설
립, 1913년 5월 대구은행 감사, 1923년 공호상회(公湖商會) 설립 등
대구지역 지주 및 상인들과 함께 상업 활동하였다.

1917년 조선총독부가 민풍(民風)을 개량한다는 명목으로 조직한 대
구교풍회(大邱矯風會)에 참가하여 회장 윤필오 등과 함께 활동하였으
며, 1924년 7월 개최된 유도진흥회(儒道振興會) 경북지부 부회장을
역임하는 등 일제의 식민통치에 영합하여 활동하였다.

〈참고문헌〉

『경과증광사마방목』(장서각); 『승정원일기』, 1908. 7. 3, 「전주사서병오임 신녕군수」; 『관보』 제267호, 1896. 3. 7; 『대한매일신보』, 1906. 3. 11, 「달 찰미적」; 『황성신문』, 1908. 6, 22, 「대구농공은행」; 『대한자강회월보』 제9 호, 1907. 3. 25, 「국채보상취지서」; 「금연상채회임원록기」(『경상남북도거 래안』, 1907. 2. 24, 백남준 「보고서」; 『대한협회대구지회회록』, 1908. 3. 25, 「특별총회」; 『대한협회회보』 제2호, 「회원명부」; 『매일신보』, 1912. 12. 20, 「대구은행창립」; 1926. 7. 1, 「유도총회성황」; 『조선은행회사요록』 (1923년판); 이인숙, 『석재 서병오』-필묵에 정을 담다-(중문, 2018)

⑫ 박해령

박해령(朴海齡, 1857~1920)은 본관이 순천이고, 경북 달성군 하빈 면(河濱面) 묘동(妙洞)에서 태어났다. 1878년 1월 25일 서원복설만인 소(書院復設萬人疏)에 참여하여 이른바 교남명사(嶠南名士)로 알려진 인물이다. 1906년 1월 대구광문사 회장, 1907년 1월 대동광문회 회장 으로 국채보상운동에 참여하였으며, 1907년 2월 대구금연상채회(大邱 禁煙償債會) 평의장으로 활동하였다.

1907년 10월 대한농회 경북지부 부회장 등을 역임하면서 서상돈 등 의 부호들과 밀착하여 활동하였다. 1908년 3월 대한협회 대구지회 회 장을 거쳐, 1908년 7월 칠곡군수, 1910년 10월 상주군수, 1915년 성 주군수, 1916년 8월 경상북도 지방토지조사위원회 임시위원, 1918년 상주군수 등을 역임하였다. 1912년 한국병합기념장, 1915년 10월 일 본적십자사 공로장, 1915년 11월 대정대례기념장 등을 받았고, 1919년 2월 조선총독부 중추원 부찬의(副贊議)에 임명되는 등 일제의 식민통 치에 편승한 친일행적을 남겼다. 1920년 사망하였다.

〈참고문헌〉

『승정원일기』, 1878. 1. 25, 「경상도유생 유학 박주종·권재정·최태수」;
『대한자강회월보』 제9호, 1907. 3. 25, 「국채보상취지서」; 『대한협회회보』
제8호, 1908. 11. 25, 「본회역사」; 『대한협회회보』 제2호, 1908. 5. 25,
「회원명부」; 『대한매일신보』, 1907. 2. 23, 「대구광문사문회」; 『황성신문』,
1907. 10. 25, 「대구농회」; 『조선총독부및소속관서직원록』(1910·1915·
1916·1918·1920년)

⑬ 장상철

　장상철(張相轍, 1870. 10. 17~1930. 10. 20)은 약목면(若木面) 각
산리(角山里)에서 태어났다. 1877년 각리서당(角里書堂)에서 한문을
수학하고 구정재(求晶齋)에서 경전을 읽었다. 1890년 3월 동락당(東
洛堂, 동락서원)과 모원재(慕遠齋)의 유생소(儒生所) 임원이 되었다.
1906년 1월 대구광문사에 참여하여 사장을 역임하였으나 1907년 사
임하였고, 1907년 2월 대구금연상채회(大邱禁煙償債會) 평의원으로
활동하였다. 같은 해 대한자강회 회원, 1908년 3월 대한협회 대구지
회 평의원으로 활동하였다. 그리고 1908년 9월에는 대구 사립보명학
교(私立普明學校) 교장을 역임하기도 하였다.
　1911년 5월 동척이 주최한 일본 시찰단에 참여하였으며, 1913년 11월
부터 매일신문 경북지국 총무를 시작으로 1926년까지 두 차례에 걸쳐
경북지국장으로 재직하였다. 1919년 4월에는 대구자제단(大邱自制團)
발기인으로 참여하여 평의원을 역임하였다.
　1919년 9월 조선총독부 중추원이 주최한 시국강연회 경북대표,
1920년 3월 유도진흥회 경북지부 총무, 1920년 12월 국민협회 경북지
부 평의원, 1923년 경상북도 내무국 사회과 촉탁, 1924년 4월 국민협

회 본부 평의원, 1927년 6월 중추원 참의 등을 역임하였다. 그리고 1920년 10월과 1926년 3월 두 차례에 걸쳐 경북유림내지시찰단으로 일본을 시찰하였다. 1928년 11월 소화대례기념장을 받았고, 1930년 6월 정7위에 서위되는 등 일제의 식민통치에 영합한 친일유림이었다. 1930년 10월 20일 사망하였다. 2002년 발표된 친일파 708인 명단에 수록되었다.

〈참고문헌〉
『대한자강회월보』제12호, 1907. 6. 25, 「회원명부」; 『대한협회회보』제2호, 1908. 5. 25, 「회원명부」; 『조선총독부및소속관서직원록』(1923, 1928년); 『매일신보』, 1913. 10. 2, 사고「경북지국 개설」; 1919. 4. 30, 「대구: 자제단평의원회」; 1920. 4. 1, 「유도진흥회」; 1924. 4. 16, 「국민협회 임원개선」; 1927. 6. 5, 「중추원참의 임명」; 1920. 10. 27, 「내지시찰단착발」; 1926. 3. 14, 「유림시찰일보」

⑭ 윤영섭

윤영섭(尹瑛燮, 1865~1946)은 청도군 운문면 공암동 출신의 유생이다. 그는 공암동의 입향조 윤봉한(尹鳳翰)의 손자로 아버지는 윤익모(尹益模)이고, 어머니는 이필향(李必香)이다. 1906년 6월 경북관찰사 신태휴와 대구광문사 사장 김광제, 그리고 대구광학회 회장 이일우의 후원으로 대구사립중학교(大邱私立中學校)를 설립하여 교감을 맡았고, 김용선(金容璇)이 학감을 맡았다. 1906년 8월 대구광학회 발기인으로 참가하였으며, 1907년 2월 국채보상운동에 참여하여 대구금연상채회 평의원으로 활동하였다. 1907년 7월 관찰사 박중양이 부임한 뒤, 같은 해 8월 대구시의소가 대구시청을 설립하는 데 참여하여 활동하였고, 박중양에 의해 훼철된 성곽의 석물을 판매하는 등 부정부패를 주도하였다. 1908년 7월 30일 예안군수(禮安郡守)에 임명되어 1909년 9월 30일까지 근무한 친일군수였다. 1908년 3월 설립된 대한협회 대구지회의 설립 과정에서 소위 '윤영섭 무고사건(尹瑛燮誣告事件)'으로 배척받기도 했다.

1924년 1월 12일 국민당원 서동일이 방문하여 군자금 모집을 도와달라는 요청을 받고 제자 윤병채·윤병일과 함께 다물단(多勿團)에 가입하였고, 자신의 별장인 거연정(居然亭)을 동지규합과 군자금 모집의 지회소로 제공하였다. 이로 말미암아 일제경찰에 체포되었다가 무죄 방면되었다. 1946년 8월 사망하였다.

〈참고문헌〉

『황성신문』, 1906. 6. 16. 「대구사립중학교감윤영섭 사범학교학감김용선기서」; 『황성신문』, 1908. 8. 2. 「서임급사령」; 1909. 10. 3. 「서임급사령」; 『대한협회대구지회회록』(1908); 『조선일보』, 1926. 3. 27. 4. 4. 『동아일보』, 1926. 4. 22. 『파평윤씨 충경파보』; 경상북도경찰부, 『고등경찰요사』, 1934.

V

대한협회
대구지회의
조직과
활동

1. 대한협회 대구지회 설립과 조직

1) 대구지회 설립 경위

○ 대한협회 대구지회가 발기되다

대한협회 대구지회는 1908년 3월 25일 설립되었다. 1907년 8월 대한자강회가 해산되고, 3개월 뒤인 11월 10일 설립된 대한협회는 기존 대한자강회 지회의 조직 일부를 인수할 수 있었다. 경상도의 경우 대한자강회 동래·김해지회가 대한협회로 계승되었다.[1] 1910년 9월 대한협회가 해산될 때까지 경북에는 대구·김천·경주·자인·성주·인동·영천·안동·무릉·선산군 등 10개 군, 경남에는 김해·동래·창원·진주·남해·함안·칠원·영산군 등 8개 군에 지회가 설립되었다.

대한협회 대구지회는 1908년 1월 3일 대구의 서문 밖 김우근의 집에 모인 조병희·이교섭·이석진·박해령·서봉기·서흥균 등이 설립 발기문을 발표하면서 시작되었다. 이 발기문은 "현 세계의 사(社)와 회(會)라는 것은 나라는 이에서 존재하고, 백성은 이에서 보호되고, 산업은 이에서 진흥하고, 학교는 이에서 발달하니 무릇 국가의 부강과 백성의 발달은 모두 이 사와 회에서 나온다."는 취지를 밝힌 것이었다.[2]

1908년 1월 25일 달본소학교(達本小學校)에서 발기회가 열렸다. 서봉기·임봉식 두 사람의 지회 발기취지 설명에 이어 입회 및 지회의 설립청원서를 작성하여 박승엽으로 하여금 본회에 제출토록 하였다. 그리고 달본소학교를 빌려 임시사무소를 설치하였다.

---

1)『대한협회회보』제1호, 1908년 4월, 40·41·44쪽.
2)『대한협회대구지회회록』(제1호), 1908(영남대학교 박물관 소장자료), 이후 주가 없는 것은 『대한협회대구지회회록』을 인용하였다.

『대한협회대구지회회록』(제1호), 1908(영남대학교 박물관 소장자료)

2월 11일 회원 68명이 참석한 가운데 임시회를 열고, 박해령을 임시회장, 김우근을 임시서기로 선출하였다. 그리고 오후 5시 본회에서 파견된 시찰위원 윤효정(尹孝定)의 환영회를 열었다. 2월 12일에는 서봉기를 임시회장, 허협을 임시서기로 선출하고, 시찰위원 윤효정의 연설을 들었다. 연설은 대체로 "정치의 기인(基因), 정부조직(政府組織)의 원의(原意), 정당(政黨)의 기인(基因), 정당(政黨)의 정신(精神), 국민(國民)의 현상(現狀), 본회(本會) 전도(前途)의 추향(趨向)" 등 여섯 가지 주제였다.

윤효정은 대구지역의 유력 인사 박해령·서봉기·이일우 3인을 방문하여 지회 설립의 이유를 설명하였다. 이것은 「대한협회분지회설립규정(大韓協會分支會設立規定)」 "제4조 전조(前條) 청원에 대하여 필요할 때는 지회평의회(支會評議會)에서 시찰 2인 이하를 파견하여 그 지역의 정황을 시찰하여 그 회의 회원 중 명망과 지식이 능히 하나의 지회를 유지할 만한 인사 3인 이상이 있을 때 청원서(請願書)를 붙여 본회에 허가를 서면으로 요청할 것"[3]에 따른 것이었다.

○ 대한협회 대구지회 설립이 인가되다

3월 14일 본회 통상총회에서 대구지회 설립이 인가되었다. 본회 평의회 시찰 보고를 근거로 지회 설립을 허가한 경우이다. 3월 22일 열린 임시회에서는 본회에서 지회인허장(支會認許狀) 1부, 인(印)과 장(章) 2개, 청원지(請願紙) 200매 및 지명서(指名書) 등이 내려왔다는 것을 보고하였다. 그리고 3월 25일 특별총회를 열기로 의결하고 준비위원으로 정재덕·최대림·이일우·양재기·박기돈·이종면 등 6인을 선임하였다.

대한협회 대구지회는 1908년 1월 3일 지회 설립을 위한 발기 윤함(輪函; 편지를 돌려 읽음)을 돌린 뒤 4차례의 임시회를 거쳐 같은 해 3월 25일 설립되었다. 이 과정에서 주목되는 것은 1월 25일 달본소학교에서 열린 발기회에 참석하였다가 축출된 윤영섭이 꾸민 무고사건(尹瑛燮 誣告事件)이다. 즉 발기회에 참석했던 윤영섭이 배척을 당하고 회원 가입이 어려워지자 자신을 비난했던 최처은·이영숙·배영수 3인을 의병으로 모함하여 일본군에게 붙잡히도록 사주하였고, 권석우·정재덕·서봉기 3인도 경찰서에 불려가 조사를 받았던 사건이다. 이 사건으로 대구경찰소에서는 발기문(發起文)과 명부(名簿), 그리고 대한협회 규칙(規則) 1부를 제출하도록 요구하였다. 이에 임시회가 경찰서에 제출한 청원서는 다음과 같다.

---

3) 『대한협회회보』 제2호, 1908. 5. 25, 「본회규칙정정」

"(전략)청도군에 거주하는 윤영섭(尹瑛燮)은 평소 흉패(兇悖)한 인물로 과거 대구시청에 있을 때 관령(官令)을 빙자하여 백성을 침학(侵虐)하였은즉, 대구군 내의 4천여 호 인민이 이를 갈며 한탄하였던 바, 갑자기 이 회에 참석한 것을 보고 묵은 감정을 억누르지 못하여 여러 사람의 뜻이 좋지 않음에도 반드시 어깨를 나란히 같은 자리에 앉고자 한즉, 언사(言辭)가 평안치 않았으니 (중략) 그 흑백의 소재를 확실히 판별하고자 하는 고로 이에 우러러 고하니 조사(照査)하와 윤영섭을 포착하여 대질하기를 요망합니다."(『대한협회대구지회회록』(제1호), 1908)

윤영섭은 1906년 관찰사 신태휴의 학교 설립에 적극 참여하였던 청도 출신의 유생이었다. 1906년 6월 대구사립중학교(大邱私立中學校) 교감을 거쳐,[4] 1906년 8월 대구광학회의 발기인으로 참여하였고, 1907년경 대구시의소에 참여하였다. 1907년 7월 관찰사 박중양이 부임한 뒤, 같은 해 8월 대구시의소가 대구시청을 설립하는 데 참여하여 활동하였고, 박중양에 의해 훼철된 성곽의 석물을 판매하는 등 부정부패를 주도하였다. 1908년 7월 30일 예안군수(禮安郡守)에 임명되어 1909년 9월 30일까지 근무한 친일군수였다.[5]

2) 대구지회 조직

○ 대한협회 대구지회가 설립되다

1908년 3월 25일 대한협회 대구지회가 설립되었다. 이날 열린 특별 총회에는 회원 38명이 참석한 가운데 임시의장 정재덕이 회의를 진행하여 임원을 선정하였다. 「대한협회분지회규칙(大韓協會分支會規則)」

4) 『황성신문』, 1906. 6. 16, 「대구사립중학교감 윤영섭 사범학교학감 김용선 기서」
5) 『황성신문』, 1908. 8. 2, 「서임급사령」; 1909. 10. 3, 「서임급사령」

제3조에 의거하여 회장 1인, 부회장 1인, 총무 1인, 회계 1인, 서기 1인, 평의원 15인, 간사원 4인을 선정하였다. 다만 평의원 15인은 본회의 규정보다 5인이 많았고, 간사원 4인은 규정에 맞춘 것이었다.

1908년 5월 대구지회는 임원이 포함된 회원 55명을 본회에 보고하였고, 그 뒤 회원 56명을 같은 해 10월 본회에 보고하였다. 그리고 회원 9명을 같은 해 12월, 7명을 1909년 1월 각각 본회에 보고하였다. 그 밖에 회원 명부에 나타나지 않는 회원의 출입도 있었다.

1908년 3월 25일 특별총회에서 회장을 비롯한 임원의 선출이 회원들에 의해 이루어졌다. 회원의 명부는 6월 25일, 10월 25일, 12월 25일, 그리고 1909년 1월 25일 『대한협회회보』(제3·7·9·10호)에 게재되었다. 대구지회의 임원과 회원 127명의 명부는 다음과 같다.

회　　장 박해령(朴海齡)

부회장 서봉기(徐鳳綺)

총　　무 정재덕(鄭在悳)

회　　계 정래욱(鄭來郁)

서　　기 허협(許協)

평의원 서병오(徐丙五)·이일우(李一雨)·박기돈(朴基敦)·이종면(李宗勉)·최대림(崔大林)·조병희(趙秉禧)·권석우(權錫禹)·최해윤(崔海潤)·장상철(張相轍)·서흥균(徐興均)·윤상우(尹相佑)·강덕로(姜德魯)·양재기(楊在淇)·서기하(徐基夏)·오유창(吳有昌)

간사원 안택호(安宅鎬)·채헌식(蔡憲植)·이영숙(李英淑)·김병로(金炳老)(『대한협회회보』제2호, 1908. 5. 5)

회　　원 서봉기(徐鳳綺)·조병희(趙秉禧)·정래조(鄭來朝)·정재학(鄭

在學)·장상철(張相轍)·안택호(安宅鎬)·이일우(李一雨)·권석우(權錫禹)·채헌식(蔡憲植)·현경운(玄擎運)·이종면(李宗勉)·이은우(李恩雨)·서흥균(徐興均)·박최동(朴最東)·양재기(楊在淇)·허석(許鉐)·이교섭(李敎燮)·최무림(崔茂林)·최동길(崔東吉)·문봉준(文鳳準)·윤상우(尹相佑)·김노풍(金魯豐)·서병오(徐丙五)·정재덕(鄭在悳)·이현주(李玄澍)·서상춘(徐相春)·김우근(金愚根)·박해령(朴海齡)·이쾌영(李快榮)·최성순(崔星淳)·정해붕(鄭海鵬)·배문환(裴文煥)·백일용(白日容)·김진수(金進銖)·정래욱(鄭來郁)·최해윤(崔海潤)·이병삼(李柄三)·박기돈(朴基敦)·김재후(金載厚)·허협(許協)·서병규(徐丙奎)·지도일(池道一)·최대림(崔大林)·서성언(徐聖彦)·김병로(金炳老)·최종윤(崔鐘允)·서기하(徐基夏)·정인섭(鄭麟變)·이영숙(李英淑)·강덕로(姜德魯)·오유창(吳有昌)·이장우(李章雨)·이달원(李達源)·이경선(李敬善)·이재옥(李在玉)(제3호, 1908. 6. 5)

• 이강호(李綱鎬)·강신우(姜信友)·이덕구(李悳求)·이현찬(李鉉贊)·김봉업(金鳳業)·김화익(金化益)·유상보(柳尙輔)·김영훈(金永勳)·김홍락(金鴻洛)·이규환(李圭煥)·최시영(崔時榮)·정진태(鄭鎭台)·김종석(金宗錫)·이장락(李章洛)·허엽(許燁)·정래주(鄭來柱)·정홍묵(鄭弘黙)·정재동(鄭載東)·장두환(張斗煥)·김재열(金在烈)·박규동(朴奎東)·김재혁(金在爀)·정재룡(鄭在龍)·권중희(權重熙)·조상술(曹相述)·이병두(李炳斗)·정인탁(鄭仁卓)·강래희(姜來熙)·서상하(徐相夏)·김윤홍(金允洪)·이도선(李道善)·이중화(李中華)·이재영(李在榮)·최만달(崔萬達)·강만형

(姜晩馨)·이연근(李演根)·차진성(車振聲)·이지수(李址秀)·이진석(李晉錫)·조인석(趙寅錫)·이순흠(李舜欽)·이종열(李鍾烈)·우동식(禹東植)·이기용(李起容)·이종룡(李鍾龍)·정동기(鄭東驥)·박찬동(朴贊東)·장진홍(張鎭洪)·박병현(朴秉鉉)·이주화(李周和)·박정목(朴廷穆)·박노승(朴魯升)·김영성(金永成)·오세준(吳世俊)·서서교(徐瑞敎)·김두현(金斗鉉)(제7호, 1908. 10. 5)

- 박광욱(朴光郁)·이장화(李章和)·서상문(徐相汶)·한용식(韓容式)·이기철(李基澈)·권규호(權奎昊)·김호(金浩)·권중학(權重學)·이병학(李柄學)(제9호, 1908. 12. 5)
- 이규염(李圭炎)·최준승(崔焌昇)·김윤형(金胤亨)·양춘발(楊春發)·서만곤(徐萬坤)·박용흠(朴龍欽)·이원영(李原榮)(제10호, 1909. 1. 5)

대구지회는 5차례에 걸쳐 임원을 변경하고 보완하였다. 1908년 8월 19일 특별총회에서 회원 33명이 참석한 가운데 회장 서봉기, 부회장 조병희, 평의원 김봉업·이쾌영·김재열·서병규 등을 임원으로 다시 선출하였다. 왜냐하면 1908년 7월 전 회장 박해령(칠곡군수)을 비롯한 평의원 김영수(장기군수)·찬의장 정재학(개령군수)·평의장 서병오(신령군수) 등이 수령으로 나갔기 때문이다.[6]

○ 대구지회 찬의원제와 부장제를 채택하다

1909년 3월 25일 지회 설립 1주년 기념식에 이어 제2회 임원선거회

---

6) 『승정원일기』, 1908. 7. 3, 「전군수정재학임개령군수」

에서 총무 이종면, 평의원 최극용·정진영·정해붕·김병선·양익순, 찬의원 최만달·현경운·배동현·유상보·최의림·이면주·최준승, 교육부장 서상춘, 실업부장 서병규 등을 임원으로 다시 선출하여 보완하였다. 그리고 1910년 3월 14일 지회 설립 제2회 기념식 및 총회에서는 회장 이교섭, 부회장 이종면, 총무 이일우, 부총무 김종석, 회계 박병태, 교육부장 서병규, 실업부장 최재익, 평의원 서만곤·이규목·이장우·장상철·김봉업·김재열·이병학 등을 임원으로 다시 선출하거나 보완하였다.

대구지회는 1908년 1월 25일 발기회부터 3월 25일 설립총회까지 모두 4차례의 임시회를 열었다. 그리고 1908년 3월 25일 설립부터 1910년 9월 해체까지 정기총회인 특별총회를 비롯한 임시총회, 통상회, 통상총회, 평의원들의 평의회·임시평의회·통상평의회·특별평의회, 그리고 찬의원들의 통상찬의회 등 각종 회의를 정기 혹은 부정기적으로 열었다.

대구지회는 1908년 5월 14일 통상총회에서 찬의원제(贊議員制)를 도입하였다. 찬의원제는 본회의 규정에 따라 「찬의원 10원(員) 설진(設真)의 건(件)」을 통과시키고, 찬의장 정재학, 찬의원 이교섭·정래조·최시영·현경운·정재동·서상춘·박최동·허엽·서병규를 선출하였다. 이러한 찬의원제를 채택하고 있었던 지회는 대한협회 성주지회(星州支會)와 포천지회(抱川支會)가 있었다.

대구지회는 1908년 9월 15일 통상총회에서 부장제(部長制)를 채택하였다. 이날 교육부와 실업부를 설치하고 부장 1인에 부원 5인을 정원으로 선임하였다. 그리고 평의원 이일우의 의안(議案)에 따라 교육부장 현경운, 실업부장 이일우를 선임하였다. 1909년 3월 25일에는 교육부장 서상춘, 실업부장 서병규를 다시 선출하였으며, 같은 해 5월

4일 통상총회에서는 교육부원으로 김선구·배정섭·김봉업·이의근·이면주·최해윤·서기하·허협·김재열, 실업부원으로 강만형·김윤성·권상돈·서상민·배문환·박광욱·이일우·박기돈·이병학·이쾌영을 선임하였다. 그리고 1909년 12월 3일 특별총회에서는 부장을 바꿔 교육부장 서병규, 실업부장 최재익을 선임하였다.

뿐만 아니라 대구지회는 1909년 8월 11일 시벌연구위원(施罰研究委員)을 두고 회원의 과실을 징계하기도 했다. 1909년 7월 교육부원 허협의 발의로 정진영의 무례한 언사(言辭)에 대해 만장일치로 처벌하기로 결정하고, 시벌연구위원으로 최재익·이일우·서기하 3인을 선정하여 이 일을 맡도록 하였다.

2. 대한협회 대구지회의 활동

1) 교육진흥운동

○ 이일우, 대한협회의 목적을 역설하다

대한협회는 그 취지서에서 "정치·교육·산업을 강구(講究)하여 사회 지식을 발달시키고 신진 덕성을 도야(陶冶)하여 전국 부력을 증진시켜 진정한 국민적 자격을 양성하는 것"이 자강(自强) 실현의 급무라고 하였다. 또 대한협회는 강령에서 "1. 교육의 보급, 2. 산업의 개발, 3. 생명재산의 보호, 4. 행정제도의 개선, 5. 관민폐습의 교정, 6. 근면저축의 실행, 7. 권리·의무·책임·복종의 사상을 고취할 것" 등을 강조하였다.[7]

---

7) 『대한협회회보』 제1호, 1908. 4. 25, 「대한협회취지서」

대한협회 대구지회는 본회의 취지와 강령에 부응하여 설립되었다. 3월 30일 열린 임시총회를 마친 뒤 개최된 연설회에서 이일우는 「본회(本會) 칠강령(七綱領)의 의지(意志)」란 강연을 통해서 대한협회의 '최급무(最急務) 최절요(最切要)'한 목적에 대하여 역설하였다. 『대한협회대구지회회록』(1908. 3. 30)에 의거하여 요약하면, 그 요지는 다음과 같다.

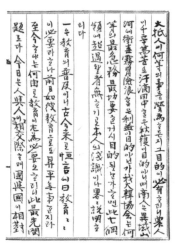
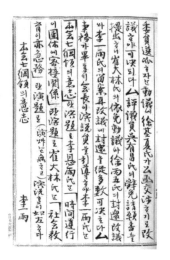

『대한협회대구지회회록』(1908)

1. 첫째, 교육 보급으로 의무교육제를 시행할 것.
2. 산업 개발은 선진 제국이 현행하는 제도를 배우도록 힘쓸 것.
3. 생명 재산의 보호로는 대저 국권과 민권의 구분이 있으니 만일 행정관이 마땅한 권한을 넘어 개인의 권리를 침범할 경우 개인이 법률을 제시하여 더불어 다툴 것.
4. 행정제도의 개선이니 인민의 의지를 집합하여 완전무결한 정체(政體)를 조성할 것. 소위 교육의 보급이 필요함.
5. 관민 폐습의 교정이니 국가와 민생의 실무와 실익을 강구할 것.
6. 근면저축 실행이니 우편저금에 힘쓸 것.

7. 권리·의무·책임·복종의 사상을 고취할 것.

이 연설에서 이일우는 교육 보급과 산업 개발을 강조하여 궁극적으로 의무교육제를 실현하고, 외국의 선진문물을 수용할 것을 주장하였다. 나아가 민권의 확립, 인민을 중심으로 한 행정제도의 개선 등을 강조하여 반봉건적인 민권사상을 피력하였다.

먼저 이일우는 교육보급을 위해 '의무교육제(義務敎育制) 시행(施行)'을 역설하였다. 즉 "완전한 국가를 건설하여 국광(國光)을 발포(發布)하자면 개인마다 보통지식이 무(無)하고는 결단코 국(國)을 보유치 못할지라. 그러한즉 보급교육(普及敎育)이 금일에 급무가 되나 하술(何術)이라야 보급할는지 차제 두 문제로다."라고 하였다.

그리고 산업 개발을 위해서는 "근본적 식산과 흥업의 개발을 강구함이 필요하다."고 강조하고, 개발 방법은 "선진 제국이 현행하는 제도"를 배워야 한다고 하였다. 나아가 생명재산의 보호, 행정제도의 개선, 관민폐습의 교정, 근면저축의 실행, 그리고 권리·의무·책임·복종의 사상 고취 등도 교육의 보급을 통해 가능하고 교육을 통해 식산과 흥업이 가능하다는 것을 역설하였다.

○ 학교를 설립하고 운영하기로 하다

대한협회 대구지회는 설립 초기부터 직접 학교를 설립하고 운영하기로 하였다. 우선 1908년 4월 8일 통상평의회에서는 "당지 각 학교를 조사하여 칭찬할 만한 것은 시행을 강구"하기로 하였다. 또 4월 24일 임시평의회에서는 법률야학교(法律夜學校), 5월 7일 통상평의회에서는 국문야학교(國文夜學校), 6월 6일 통상평의회에서는 노동야학교(勞動夜學校)를 직접 설립하고 학생을 모집하기로 하였다.

『황성신문』, 1910. 4. 5, 「친목회법률야학」

1908년 4월 24일 열린 임시평의회에서 대구지회의 회관 내에서 개학하기로 하였던 법률야학교에 대해서는 그 후 논의가 없어 그 실행 여부를 알 수 없지만, 1908년 9월 5일 조직된 달성친목회(達城親睦會)의 회관에 설립된 법률야학강습소(法律夜學講習所)는 보성전문학교(普成專門學校) 강의록(講義錄)을 교재로 하고, 사법관(司法官)을 강사로 초빙하여 야학을 실시하였다.[8]

〈표 V-1〉 대한협회 대구지회 설립 및 후원 학교 상황

학교명	설립	설립연도	설립인	비고	출전
법률야학교 法律夜學校	사립	1908. 4	대한협회 대구지회		『대한협회대구지회 회록』
국문야학교 國文夜學校	사립	1908. 5	대한협회 대구지회	• 연구위원: 이일우· 이종면·백일용· 서기하·김재열 등 5인	『대한협회대구지회 회록』
노동야학교 勞動夜學校	사립	1908. 6	대한협회 대구지회 교장 현경운	• 교사: 이일우· 최시영·이쾌영· 이종면·김재열 • 설립위원: 이일우· 정재학·서상하 등	『대한협회대구지회 회록』
수창학교 壽昌學校	사립	1907. 9	서흥균	• 소학교 • 교사 전참판 서상하	『황성신문』, 1907. 9. 22
협성학교 協成學校	공립	1907. 9	서상하	• 관찰사 이충구, 낙육재 • 관찰사 박중양, 대한협회 위임, 보통학교	『황성신문』, 1907. 9. 29, 1908. 12. 26

비고) 『大韓協會大邱支會會錄』(第1號)

---

8) 『황성신문』, 1910. 4. 5, 「친목회법률야학」

국문야학교와 노동야학교에 대해서는 구체적인 논의와 실행으로 이어졌다. 1908년 5월 14일 통상총회에서 평의원 이일우가 제출한 국문야학교 설립 의안에 따라 설립을 허가하고 설립을 위한 연구위원으로 이일우·이종면·백일용·서기하·김재열 5인이 선정되었다. 6월 13일 통상총회에서는 노동야학교 교장 현경운과 교사 최시영·이쾌영·이종면·김재열·이일우·김봉업·서기하·이은우·허협, 설립위원으로 정재학·서상하·정재동·이종면·이일우·서기하 등이 평의회의 추천으로 선정되었다.

특히 노동야학교의 운영에 대해서는 구체적인 실행으로 이어졌다. 1908년 9월 3일 통상평의회에서 노동야학교의 교수 배정과 수업시간표를 조정하고, 교임들은 학도의 지식발달에 적당한 강의를 하도록 하였다. 10월 2일 통상평의회에서는 노동야학교 교수로 이은우·김봉업·김재혁·허협·이쾌영·최무림 6인을 교임으로 배정하고, 1주일에 1차례씩 강의를 담당하도록 하였다.

1908년 11월 6일 통상평의회에서는 노동야학교 교장 현경운이 사고로 사면서를 제출하자 최시영을 교장으로 선출하였으며, 1909년 3월 16일 통상총회에서는 노동야학교의 현상유지를 위해 회장 서봉기를 비롯한 회원 이종면·이일우·서병규·이장우 등이 매월 1원씩 의연(義捐)하기로 하였다. 그리고 1909년 6월 2일 제1회 졸업식이 열렸다.

○ 학교의 운영과 학사에 관여하다

한편, 대구지회는 대구지역 각 학교에 재학 중인 학생들의 단발 문제와 정신교육 장려, 그리고 협성학교(協成學校) 임원 개선에 대해 논의하기도 하였다. 즉 1908년 7월 13일 통상총회에서 "각 학교에 부탁하여 하나같이 삭발(削髮)하여 문명(文明)의 기상(氣象)을 불러일으키도록 하라."는 논의를 하였다. 이리하여 8월 4일 통상평의회에서는 대구지회의 일반 임원부터 삭발하기로 결정하였고, 9월 3일 통상평의회에서는 다음 총회까지 기한을 정해 일제히 단발하기로 결의하였다.

한편 대구지회는 협성학교와 수창학교의 학사 행정에도 간여하였다. 1908년 7월 13일 통상총회에서 교섭총대 김영수·김종석·이일우 3인을 선정하여 임원개선과 재정조사를 목적으로 파견하였다. 1909년 11월 20일 통상의사회에서는 "수창학교(壽昌學校)의 상황이 갈수록 보전하기 어려우니 해당 학교 유지 및 진취 방법을 연구"하기로 방침을 결정하고, 교과목을 비롯하여 학사 행정 및 재정에 관한 전반적인 운영에 대해 논의하였다.

특히 대구지회는 교육부와 실업부를 설치하면서 대구지역 각 학교의 교육문제에 직접 간여하였다. 그리고 교육부 제1회 의안으로 "각 학교 주무원(主務員)과 협의하여 일반생도의 의복개량과 관탕(冠宕) 폐지를 의결하고, 각 사숙(私塾)에서도 역사·지지·산술 3과를 교수"하기로 결정하였다.

대한협회 대구지회가 벌인 교육진흥운동은 본회의 취지와 강령에 따른 것이지만, 그 활동은 독자적으로 전개되었다. 대구지회는 설립 당시 목표로 했던 학교 설립과 각 학교의 교육문제를 직접 간여하는 등의 활동을 통해 교육진흥에 치중하였다.

○ 여성교육을 후원하다

뿐만 아니라 대구지회는 1908년 설립되는 달성친목회(達城親睦會)를 비롯하여 일본대한학생회(日本大韓學生會)·대구군애국부인회(大邱郡愛國婦人會)·교육부인회(教育婦人會, 혹 女子教育會) 등과 협조체제를 유지하였다.[9] 특히 주목되는 것이 이일우의 아우 이시우(李時雨)의 혼자된 부인 김화수(金和秀)가 회원 100여 명에 달하는 여자교육회를 발기하여 의연금 200원을 모아 달서여학교(達西女學校)에 기부하는 등 여성교육에 노력하고 있었는데, 대구지회의 이일우는 달서여학교 부설의 여자야학교(女子夜學校)를 설립하는 등 적극 후원함으로써 여성교육에 관심을 기울이기도 하였다.[10]

『황성신문』, 1910. 4. 14, 「김여사의 열심」

대구지회는 운영 과정에서 국채보상금을 활용한 보통학교 설립에 관해서도 논의하였다. 전국적으로 국채보상을 위해 출연된 의연금의 관리에 대한 의혹이 증폭되면서 이 운동의 열기는 점차 식어갔고, 일제의 방해공작이 노골화되면서 더 이상 이 운동은 지속될 수 없는 상황이 되었다. 1908년 10월에는 그 동안 출연된 의연금을 조사하기 위

---

9) 『대한협회대구지회회록』(제1호)
10) 『황성신문』, 1910. 4. 14, 「김여사의 열심」

한 국채보상금검사소(國債報償金檢查所)가 설립되었고, 1910년 8월에는 13도 대표로 구성된 국채보상금처리회(國債報償金處理會)가 개최되어 모금된 의연금의 사용에 대한 논의로 이어졌다.

대구지회가 보상금으로 학교 설립을 위해 논의한 것은 비교적 이른 시기에 제기되었다. 1909년 6월 2일 통상총회에서 국채보상금 처리를 위한 위원을 선정하였다. 위원으로는 이일우·서기하·최대림·최극용·이교섭·허협·김종석·홍상희·이쾌영 등이 선출되었다.

대한협회 대구지회는 설립 당시 목표로 했던 학교 설립과 각 학교의 교육문제에 직접 간여하는 등 교육 진흥에 치중하여 활동을 벌였다. 나아가 사회계몽의 일환으로 당시 현안으로 나타난 객사 철훼사건, 안동협동학교 교원 및 생도의 의병피해사건, 국채보상금을 활용한 보통학교 설립 논의 등에 대하여 적극적으로 개입하였고, 풍속의 교화에 직접 간여하기도 했다.

2) 식산흥업운동

○ 산업 개발을 강구하다

애국계몽운동의 전개 과정에서 대부분의 단체가 교육진흥과 식산흥업을 표방하였던 것이 전국적 추세였다. 대한협회 대구지회에서도 그것을 중요한 목표로 삼았다. 1908년 3월 30일 열린 임시총회를 마친 뒤 개최된 연설회에서 이일우는 「본회(本會) 칠강령(七綱領)의 의지(意志)」란 강연에서 "근본적 식산과 흥업에 개발할 것을 강구함이 필요하다."고 하여, 교육을 통해 지식을 개발함으로써 외국의 선진 문물을 수용할 수 있고, 나아가 산업개발(産業開發)이 가능하다고 하였다.

대구지회 설립 이후 1908년 7월 7일 통상평의회에서 이일우는 "국문보급(國文普及)과 식림장려(植林獎勵)의 계책을 논의하고 노력"하자는 제의를 하였다. 그리고 7월 13일 통상총회에서는 이일우의 제안을 평의회에 위탁하여 실행하기로 하였다.

이미 식림장려 문제는 국채보상운동이 확산되는 과정에서 1907년 5월 대구에서 나타났다. 즉 대구의 잠업전습소(蠶業傳習所) 소장인 이종국(李鐘國)이 식림(植林)과 잠업(蠶業)의 운영을 통해 실업을 진보시키자는 주장을 펼친 것이다. 대구에 설립되었던 잠업전습소는 서상돈이 설립하고, 일본에 유학하여 근대적 잠업기술을 습득하고 돌아 온 이종국이 소장을 맡아 운영하였다. 이종국은 일본의 근대적인 잠업기술을 받아들여 대구에 잠업전습소를 만들고, 청소년들에게 잠업 기술을 가르칠 계획으로 서상돈을 앞세워 설립하였던 것이다. 당시 이종국은 국채보상금을 식림 및 잠업 사업에 이용하자는 인쇄물을 신문사에 보내 동의를 구하고, 각 도의 보상금 모집 사무소에도 배부하였다. 그 내용은 "외국의 재(財)를 취하여 외국의 채(債)를 갚으려면 실업을 장려하고 열심히 근로함으로써 가능하다."고 전제하고, 실업을 진보시켜 부의 원천을 키우는 대책으로 "국채보상금으로 모금한 백만 원으로 식림과 잠업을 10년만 운영하면 외채의 보상이 가능하다."고 역설하였다.[11]

그러나 식림장려 외에 식산과 흥업을 위한 근대적 산업자본으로 전환하려는 움직임은 없었다. 이일우를 비롯한 대구지회 회원들이 대부분 부호 및 전·현직 관료, 그리고 각 지역에서 모여든 유생들이었으므로 지주자본(地主資本)의 한계를 벗어나지 못하고 있었던 현실을 반영하고 있다.

---

11) 「국채보상금에 관한 건」(1907. 5. 18)(『기밀서류철』, 정부기록문서, 문서번호 88-1)

1908년 9월 15일 통상총회에서 교육부와 실업부가 설치되면서 이일우는 실업부장에 피선되었다. 그렇지만 식산흥업에 대한 구체적인 논의는 없었다. 마침내 12월 4일 평의회에서 실업부장 이일우는 사면하였다.

이와 같이 대한협회 대구지회는 식림장려 외에는 식산과 흥업에 대한 구체적 논의가 없었고, 지주자본을 근대적 산업자본으로 전환하려는 움직임도 없었다.

3) 사회계몽운동

○ 연설회와 토론회를 개최하다

대한협회 대구지회는 1908년 2월 12일 임시총회에서 지회 설립을 시찰하기 위해 본회에서 파견된 윤효정의 연설회를 개최하였다. 윤효정은 「정치의 기인(起因), 정부의 조직 원의(原義), 정당의 기인(起因), 정당의 정신, 국민의 현상(現想), 본회 전도의 추향(趨嚮)」이란 연제로 연설을 했다.

대구지회 설립 이후에도 전후 10차례의 연설과 1차례의 토론이 열렸다. 이일우·이은우·최대림·장상철·이쾌영·이윤·최해윤·김봉업·서기하 등 9인이 연사로 1~4차례 연설을 담당하였으며, 이종면·전진수·이일우·최동길 등을 우의(右議)로, 서기하·허협·최대림·조병희 등을 좌의(左議)로 편성하여 "생명상(生命上)에 자유(自由)와 의식(衣食)이 숙경숙중(孰輕孰重; 가볍고 무거움)"이란 주제로 1차례의 토론회를 열기도 하였다.

〈표 Ⅴ-2〉 대한협회 대구지회 연설회 및 토론회

일시	회의명	연사	연설 주제
1908. 3. 12	임시총회	윤효정	정치의 기인(基因), 정부의 조직 원의(原意), 정당의 기인, 정당의 정신, 국민의 현상, 본회 전도(前導)의 추향(推嚮)
1908. 3. 30	임시총회	이일우	본회 칠강령(七綱領)의 의지
		이은우	시간 준행(遵行)이 단체에 밀접 관계
		최대림	사회교육이 역시 급무
1908. 4. 15	통상회	장상철	금일 민족의 지보(支保)가 단체에 있다.
		이쾌영	문명의 진보가 사구취신(捨舊就新)에 있다.
1908. 4. 29	임시회	토론회	이종면(李宗勉)·김진수(金進銖)·이일우(李一雨)·최동길(崔東吉) 우의, 서기하(徐基夏)·허협(許協)·최대림(崔大林)·조병희(趙秉禧) 좌의, 「생명 상에 자유와 의식이 숙경숙중(孰輕孰重)」이란 주제로 토론, 자유를 강조한 우의가 득승(得勝)
		이윤	아한(我韓) 현시의 급무
1908. 5. 14	통상총회	최해윤	사회의 명운이 공리(公理)를 준수하고 사당(私黨)을 버리는데 있다.
		이은우	사회의 주지(主旨)가 단체에 있다.
1908. 5. 28	특별연설회	윤효정	대한협회는 민성의 기관
		이은우	사회의 진보할 점
1908. 6. 13	통상총회	이윤	역사는 국민의 특성을 발휘하는 요소라
		김봉업	고(苦)는 감(甘)의 본시라
1908. 7. 13	통상총회	이쾌영	원동력은 타동력을 산출하는 모(母)라
		서기하	단체의 효력
1908. 9. 15	통상총회	이은우	침병자(沉病者)의 거의기약(拒醫忌藥)하는 습성은 대방가의 감화적 수단에 在함

일시	회의명	연사	연설 주제
1909. 2. 5	통상총회	이쾌영	신자는 인도의 본
		이윤	사회는 국민활동의 기관

비고) 『대한협회대구지회회록』(제1호)에 의거하여 작성함

연설과 토론에 참여한 회원들은 당시 관찰부 및 대구군의 하급관료, 각 학교 교사, 대구광학회 회원, 대한협회 대구지회 회원 등이었다. 일찍부터 애국계몽운동에 참여하였던 경험과 식견을 겸비한 인물들이 었다. 이들은 교육 보급과 국민 의식의 계몽에 대한 연설을 통해서 회 원들에게 새로운 사상을 고취하고자 하였다.

연설과 토론을 담당한 회원들은 선각적인 유생들이었다. 대구 출신 의 이일우는 우현서루와 시무학당, 그리고 대구광학회를 설립하여 운 영하였던 선각적인 유생이었다. 영양 출신의 조병희는 1899년 상경하 여 위암 장지연과 단재 신채호 등 개화지식인을 만나면서 신사상을 수 용하였다. 일찍이 향리인 영양 주곡(注谷)의 집안 청년들을 개화시키 고 스스로 단발한 선각적인 유생이었다. 그리고 성주 출신의 이윤(李 潤, 본명 李熺榮)은 대구군 주사로 재직 중 대한협회 회원으로 활동하 였으며, 평소 배일사상을 가진 선각적인 유생이었다.

대구지회는 소위 애국계몽운동의 전개 과정에서 제기되는 다양한 현안에 대하여 대처해야 할 상황에 직면하였다. 일제의 침략 과정에서 일본 상인의 증가에 따른 토착 상인과의 갈등, 국권회복운동의 전개 과정에서 나타난 의병운동 계열과 애국계몽운동 계열의 갈등, 그리고 사회 풍속과 관련된 현안 등이었다.

○ 대구군수 박중양의 객사 훼철을 반대하다

우선 주목되는 것이 1908년 11월 객사훼철사건(客舍毀撤事件)에 대한 대응이었다. 이 사건은 1906년 대구읍성을 철거했던 대구군수 박중양이 1908년 경북관찰사로 부임하면서 공소원(控訴院)을 건축한다는 명분 아래 조선왕조 역대 왕들의 위패를 모시던 객사(客舍)를 철거하려고 하자 이에 반발한 대구부민들이 벌인 반대투쟁이었다.

1908년 11월 19일 대구지회 임시평의회에서는 "이일우씨 의안(議案)에 당군 객사 훼철 사(事)로 인민의 감정이 격발함은 혹 편견 고집에 불과하나 관청의 처치(處寘)도 타당(妥當)타 위(謂)치 못할지라. 본 지회는 무편무당(無偏無黨; 치우침이 없고 무리를 짓지 않음)한 방법과 유정유직(維正維直; 오직 정직함)한 의견(意見)으로 지방장관에게 건의하기로 의결하여 총대위원으로 서병규·정해붕 양씨를 선정하고 공함(公函; 공문)을 관찰도에 제출"하였다고 하였다. 한편으로는 "객사사건으로 인민이 여러 날 힘들고 고달프니 총대를 파견 위문하기로 결의하고 동총대원은 서병규·정해붕 양씨를 함께 보내도록 한다."고 하였다. 즉 대구지회는 대구군과 군민들 사이에서 적극적인 중재 활동을 벌였다.

○ 안동 협동학교를 공격한 의병을 성토하다

대한협회 대구지회는 1910년 7월 '안동 협동학교 교원 및 생도의 폭도피해사건'에도 적극적으로 개입하였다. 경북 북부지역에서 의병 활동을 벌이던 의병장 김상태 휘하의 최성천이 협동학교를 습격하여 교감 김기수(金箕壽)와 교사 안상덕(安商德) 등을 총살한 사건이다. 그 이유는 애국계몽운동과 근대식 교육에 대한 부정적 시각과 학생들의 단발 때문이었다. 대구지회는 1910년 7월 18일 임시총회를 열고 평의

원 이일우 외 13명이 출석한 자리에서 다음과 같은 사항을 결의하였다.[12]

    一. 안동협동학교 피해사건에 대하여 가해자인 폭도의 토벌을 관할 경찰관서에 청구할 것.
    一. 안동에 있는 완고한 양반을 위시하여 경성 방면에 「성토문(聲討文)」을 배부할 것.
    一. 유족에게 피해자의 장송비(葬送費)의 일부를 거두어 증여할 것.
    一. 피해자의 유해가 대구에 도착할 때에는 각 학교 생도 및 각 단체원을 동원하여 추도회(追悼會)를 행할 것.

●교육계의 동정
안동군 협동학교 강사 김 귀유, 안상덕 량씨가 엇던 도당에게 죽엿다는말은 이믜 게지호엿거니와 법학교 표유 리홍쥬씨가 그량씨의 시신을 반구호랴고 려비를 조비호야 져작일에 발졍호 엿고 동부 련동 예수교당 에셔 그량씨 슈십명이 그날 에 그량씨 본가로와셔 긔 도식을 힘쓰고 부의금을 모 집호다더라

우선 대구지회는 관할 경찰관서에 "가해자인 폭도의 토벌"을 요구하고 나섰다. 그리고 연설회를 개최하고, 안동지역의 완고한 유림들에 대해 성토문(聲討文)을 발송하여 여론을 환기하는 등 적극적으로 개입하였다.

『대한매일신보』, 1910. 7. 24, 「교육계의 동정」

○ 풍속의 교화를 부르짖다

한편 대구지회는 풍속의 교화를 표방하고 대구에서 협률사(協律社)의 공연 철폐와 음습(陰襲)한 서적의 판매 금지를 결의하였다. 협률사는 1902년 12월 창립된 한국 최초의 유료 무대공연을 실시한 상설극

---

12) 「안동협동학교 교원 생도의 폭도피해사건에 관한 대한협회 결의 성토문의 배부 및 연설회 상황보고」, 국사편찬위원회, 『한국독립운동사자료』18(의병편XI), 480쪽.

장이다. 1906년 4월 17일 봉상시(奉常侍) 부제조 이필화(李苾和)가 협률사 폐지를 바라는 상소문을 제출함으로써 3년 6개월 만에 문을 닫았던 서양식 극장이었다.[13] 그러나 전속단원들은 협률사라는 이름의 극단으로 가끔 공연을 하고 있었는데, 1908년 6월 대구에서 공연회를 열었다. 이에 대해 대구지회는 6월 6일 열린 통상평의회에서 "당지 협률사 음연(淫演)을 철폐하여 민속의 부패를 방점(防漸)하기로 의결"하고, 경무서(警務署)에 교섭(交涉)하였다. 나아가 12월 30일 열린 통상평의회에서는 "현재 당지 영시(營市)에 음습(陰襲)한 서적(書籍)이 수천 질(帙) 유입되어 발매되고 있으니 이를 법에 따라 금지하자 함으로 일치 찬성을 얻어 총대원 이은우·서기하 두 사람을 선정하여 일반 책사(冊肆)에 금매(禁賣)를 권유하고, 또 그 책자의 출판이 모두 전주지방에서 나오므로 그 군의 지회에 편지를 보내 출판을 금지하도록 권고하기로 의결"하는 등의 활동을 벌였다.

3. 대한협회 대구지회 회원 구성과 활동

1) 대구지회 회원 구성

○ 본회의 취지와 강령에 부응하다

대구지역의 애국계몽운동을 주도하였던 대구광학회와 대구광문사는 관찰사의 정치적 관심에 부응하여 이 운동에 참여하였다. 즉 대한제국 정부가 추진하던 광무개혁을 실행하는데 앞장섰던 관찰사의 관심에 따라 학교 설립운동에 부응한 것이다. 따라서 대구광문사와 대구

---

13) 『황성신문』, 1906. 4. 27, 「훈파률사」

광학회는 애국계몽운동의 전개 과정에서 관찰사의 교체와 그들의 이해관계에 따라 반목 대립하는 모습을 드러내게 되었다.

대구광문사와 대구광학회의 반목과 대립은 애국계몽운동의 전개 과정에서 드러났다. 양 단체의 구성원을 보면, 그 회원의 성향은 뚜렷한 차이를 가지고 있었다. 1906년 1월 체임된 관찰사 이근호와 연결된 대구광학회 회원들은 대구·경북지역의 향리 출신의 하급관료와 유생이었고, 반면 1906년 1월 부임한 관찰사 신태휴와 연결된 대구광문사 회원들은 관찰부와 밀착된 상인 및 지주 출신의 부호들이었다. 따라서 애국계몽운동의 전개과정에서 윤영섭·윤필오·양재기 등 대구광학회 계열의 대구시의소와 서상돈·김광제 등 대구광문사 계열의 인민대의소, 즉 대구부민의소는 활동의 방향을 달리하는 자치조직으로 분화되었다. 나아가 대구지역의 애국계몽운동 세력은 1907년 1월 시작된 국채보상운동과 1908년 3월 설립된 대한협회 대구지회의 활동에 참여하는 정도가 서로 달랐고, 그 지향하는 목표도 서로 달랐다.

1908년 3월 결성된 대한협회 대구지회는 이일우 등을 비롯한 대구광학회 계열의 인사들이 주축을 이루었다. 대구광학회가 대한자강회의 지회로서 역할을 했듯이 대한협회의 지회로서 본회의 취지와 강령에 부응하여 활동하였다.

다음 〈표 Ⅴ-3〉은 1908년 3월 대한협회 대구지회 임원 24명, 〈표 Ⅴ-4〉는 1908년 3월 대한협회 대구지회 창립 이후 임원 19명, 그리고 〈표 Ⅴ-5〉는 1908년 5월 대한협회 대구지회의 회원 46명에 관한 1910년 경술국치 전후의 관직 경력 및 활동에 대한 조사이다.

1908년 1월 3일 대한협회 대구지회를 설립하기 위한 발기문을 발표한 날로부터 3월 25일 대구지회가 설립되기까지 임원을 비롯하여 회원으로 활동했던 사람들은 모두 127명이었다. 회원 중에는 그 신분이

나 활동 상황을 알 수 없는 경우가 많았고, 임원과 회원 명부에서 중복
된 경우도 있었다. 모두 89명에 관해 조사하였다.[14)]

〈표 V-3〉 대한협회 대구지회 임원(창립)

성명	직위	출신 지역	관직경력 및 활동	대한협회 참여 이후 활동
박해령 朴海齡	회장	대구		〈표 IV-1, 국채보상운동 주도층〉 참조
서봉기 徐鳳綺	부회장	대구	전주사 1907. 9. 사립수창학교 발 　　　기인 1907. 10. 대한농회 경북 　　　지부 부회장 1907. 11. 대구재정고문지 　　　부 의흥도사읍 1908. 11. 대구공립보통 　　　학교 학무위원	
정재덕 鄭在悳	총무	상주	1902. 1. 내부 주사 1902. 7. 중추원 의관 1903. 3. 태릉 참봉 1903. 12. 사직서 참봉 1904. 3. 태복사 주사 1904. 8. 사직서령 1904. 10. 환구단사제서령 1905. 6. 경기전령 1906. 1. 대구광문사 회원 1908. 10. 상주 사립광흥 　　　학교 설립	
정래욱 鄭來郁	회계	대구	1907. 9. 사립수창학교 　　　발기인	

---

14) 부록, 〈표 V-3〉 대한협회 대구지회 임원(창립), 〈표 V-4〉 대한협회
　　대구지회 임원(창립 이후), 〈표 V-5〉 대한협회 대구지회 회원(1908. 5)
　　참조.

성명	직위	출신 지역	관직경력 및 활동	대한협회 참여 이후 활동
허협 許協	서기	대구	1905. 2, 내부 광제원 위원	1908. 10, 노동야학교 교수원
서병오 徐丙五	회원			〈표 Ⅲ-1, 국채보상운동 주도층〉 참조
이일우 李一雨	평의원	대구	1904.　우현서루 1905. 2, 시무학당 1906. 8, 대구광학회 1907. 2, 대구금연상채회 평의원 1908. 9, 대한협회 대구지회 평의원 1908. 4, 여자교육회, 달서 여학교 1908. 11, 대구보통학교 학무위원	1913. 5, 대구은행 대주주 1913. 4, 고려도자제조(주) 중역 1913. 5, 경상북도 지주조합 창립 1914. , 경상북도 지방토지 조사위원회 임시 위원 1914. 4, 대구부 참사 해임 1916. 3, 대구부협의회 위원 1918. 12, 조선물산주식회 사 발기인 1919. 2, 경성방직주식회 사 설립 1919.　조선국권회부단 사건 연루 1919. 4, 대구자제단 1928. 7, 경상합동은행 대주주
박기돈 朴基敦	평의원	합천	1901. , 양지아문 양지위원 1903. , 상무사 대한상공 학교 교관 1905. , 중추원 의관 1906. 1, 대구광문사 1907. 2, 대구민의소 1907. 1, 대구단연상채소 발기인	1910.　대구목공조합소 설립 　대구명신여학교 설립 1913. 5, 대구은행 주주 1918. 3, 대구부협의회 회원 1922.　대구토목공려회 회장 1922.　조선노동공제회 대구지회장

성명	직위	출신지역	관직경력 및 활동	대한협회 참여 이후 활동
이종협 李宗勉	평의원 총무	대구	1903. 7. 제주목 주사 1904. 5. 승훈랑 1906. 8. 대구광학회 발기인 1908. 11. 대한협회 대구지회 　　　　총무 1908. . 대구 협성학교 　　　　설립	1912. . 대구은행 발기인, 　　　　이사(1913) 1914. 4. 대구부 참사 1918. 3. 대구부협의원 1920. . 대동사 사장 1920. . 경일은행 감사 1921. 8. 대구은행 감사 1929. . 경상합동은행 주주, 　　　　이사
최대림 崔大林	평의원	하양	1906. 3. 대구부 사립사범 　　　　학교 1906. 8. 대구광학회 발기인 1906. 10. 경상도관찰부 　　　　주사 1907. 10. 대한농회 경북 　　　　지부	
조병희 趙秉禧	평의원	영양	1896. 2. 영양의진, 척사청부 　　　　원소 1899. 　 장조황제전례소 1904. 　 충의사 참여	
권석우 權錫禹	평의원		1902. 1. 진위제5연대 　　　　제2대대 육군군의 　　　　보서판임관 6등 1902. 10. 관리서 주사 1907. 10. 협성학교 　　　　발기인	
최해윤 崔海潤	평의원	경주		1919. 　 제1차 유림단사건 1926. 　 제2차 유림단사건
장상철 張相轍	평의원	대구		〈표 Ⅳ-1. 국채보상운동 주도층〉 참조
서흥균 徐興均	평의원	대구	1907. 10. 대구수창학교 　　　　발기인 1908. 11. 대구공립보통학교 　　　　학무위원 1908. 11. 협성학교 교감	

성명	직위	출신 지역	관직경력 및 활동	대한협회 참여 이후 활동
윤상우 尹相佑 개명 尹相泰	평의원	달성	1900. 4. 숭령전 참봉 1905. 2. 거제군수 1906. 6. 거제군수 퇴임 1908. 3. 대한협회 대구지회 　　　　평의원	윤상태로 개명 1911.　　사립 일신학교 　　　　설립 1913.　　대구은행 대주주 1915. 1. 조선국권회복단 　　　　통령 1919. 6. 체포, 제령 제7호 　　　　위반기소 1921.　　사립 덕산학교 　　　　설립 1931. 1. 빈민구제사업 　　　　우인구락부 조직 1936. 3. 교남학교후원회 조직 1937.　　경북상공 사장 겸 　　　　대표이사
강덕로 姜德魯	평의원			
양재기 楊在淇	평의원	달성	1906. 11. 윤필오·윤영섭과 　　　　'시청'조직	1914. 5. 대구협성학교 교감 1916. 7. 대구고등보통학교 　　　　교유 1928. 달성군 수성면장
서기하 徐基夏	평의원	대구	1874. 증광시 생원 1907. 10. 대구수창학교 　　　　발기인 1908. 11. 대구공립보통 　　　　학교 학무위원	1913. 5. 대구은행 감사 1913. 4. 모르히네 공동치료 　　　　소 위원 1922.　　대구여학교 장학 　　　　회장 1923. 11. 대구부협의회 　　　　의원 1923. 대구포목조합 전무
오유창 吳有昌	평의원		1907. 10. 대구수창학교 　　　　발기인	
안택호 安宅鎬	간사원		1907. 11. 대구협성학교 　　　　발기인	

성명	직위	출신 지역	관직경력 및 활동	대한협회 참여 이후 활동
최헌식 蔡憲植	간사원	달성	1886, 알성과 초장 합격 1907. 11, 대구협성학교 발기인	1917, 문우관 설립 1924, 대구읍지 발간
이영숙 李英淑	간사원			1930. 10, 영흥(합자) 설립
김병로 金炳老	간사원			

〈표 Ⅴ-4〉 대한협회 대구지회 임원(창립 이후, 임원 중복 제외)

성명	직위	출신 지역	관직경력 및 활동	대한협회 참여 이후 거취
정재학 鄭在學	회원	대구		〈표 Ⅳ-1, 국채보상운동 주도층〉 참조
현경운 玄擎運	회원	대구	1895. 8, 대구부 주사 1899. 7, 대구전보사주 1904. 4, 대구전보사장 1908. 9, 대구로동학교 교장	
박최동 朴最東	회원	달성	1873. 10, 감시초시 입격 1906, 영릉 참봉	
이교섭 李敎燮	회원		1900. 10, 충청북도관찰부 주사	1914. 6, 의생면허
이현주 李玄澍	회원 부회장	달성		〈표 Ⅳ-1, 국채보상운동 주도층〉 참조
서상춘 徐相春	회원		1889. 6, 평안북도관찰부 주사 1902. 8, 혜민원 주사 1906. 3, 사범학교 설립 발기인	
이쾌영 李快榮	회원		1906. 8, 대구광학회 발기인 1908.10, 노동야학교 교수원	1920. 5, 대동사(주) 감사

성명	직위	출신 지역	관직경력 및 활동	대한협회 참여 이후 거취
정해붕 鄭海鵬	회원	대구		〈표 Ⅳ-1, 국채보상운동 주도층〉참조
서병규 徐丙奎	회원		1902. 1, 충청남도관찰부 주사	1917.11, 대구교풍회 부회장 1920. 4, 경일은행(주) 전무 이사 1920. 5, 대구청년회 회원 1922. 5, 수성면소작계 대구부 지주대표
이장우 李章雨	회원	대구		〈표 Ⅳ-1, 국채보상운동 주도층〉참조
김봉업 金鳳業	회원		1906. 8, 대구광학회 발기인 1908. 10, 노동야학교 교수	
최시영 崔時榮	회원		1908. 10, 노동야학교 교장	
김종석 金宗錫	회원		1908. 11, 공립대구보통 학교 학무위원	
김재열 金在烈	회원	고령	홍와 이두훈의 문인 경신중학교, 보성전문학교 졸업 1908. 9, 달성친목회 회원	1915. 1, 조선국권회복단 단원 1915. 7, 광복회 회원 1917. 6, 대구권총사건 징역 6월 1917. 11, 장승원암살사건 1918. 1, 박룡하암살사건
이경선 李敬善	회원		1903. 4, 관리서주사 1903. 5, 조경묘참봉 1909. 3, 경주양천전습소 총무 1909. 12, 예안군수	1911. 6, 함창군수 1914. 3, 함남 문천군수 1918. 7, 함남 영흥군수 1919. 10, 함남 단천군수

성명	직위	출신 지역	관직경력 및 활동	대한협회 참여 이후 거취
박규동 朴奎東	회원		1904. 2. 준원전참봉 1903. 9. 영회원 참봉 1905. 5. 경상북도관찰부 주사 1907. 12. 도지부 기수 1908. 8. 임시재원조사국 대구출장소 1909. 6. 임시재산정리국 대구출장소	1910. 10. 임시토지조사국 대구출장소 1911. 임시토지조사국 서기
서상하 徐相夏	회원	대구	1906. 7. 봉상사 제조 1907. 11. 대구협성학교 교장	
박찬동 朴贊東	회원	성주	1907. 2. 성주군 주사	1912. 성주군 서기 1921. 3. 성주군수 1924. 4. 경상북도평의회원 1932. 10. 영남명덕회(경북 유도진흥회)
이병학 李柄學	회원	대구	1901. 8. 통신원 전화과 주사 1906. 6. 대구농공은행 주주 1907. 8. 대구수형조합소 평의원 1908. 9. 동양척식주식 회사 설립위원 1908.12. 대한협회 대구지회 회원	1912. 7. 대구은행 창립 발기인 1912. 8. 경상농공은행 이사 1912. 9. 선남은행 이사 1913. 5. 대구은행 이사 1918. 5. 대구부협의회 의원 1918. 6. 조선식산은행 설립 위원 1918. 10. 조선식산은행 상담역 1919. 4. 대구자제단 발기인, 평의원 1918. 8. 대구공진회 협찬 1919. 1. 대구상업회의소 평의원 1919. 6. 대구 부인견학단 1919. 10. 대구주조(주) 대표 1919. 12. 대구상업회의소 평의원

성명	직위	출신 지역	관직경력 및 활동	대한협회 참여 이후 거취
이병학 李柄學	회원	대구		1920. 12, 국민협회 경북지부 　　　　총무 1921. 4, 조선총독부 중추원 　　　　참의 1924. 4, 정7위 서임 1925. ., 조선불교단 　　　　대구지부 상담역 1926. 5, 조선토지개량(주) 　　　　발기인 1926. 7, 조선토지개량(주) 　　　　감사 1927. 1, 중앙양조(주) 감사 1928. 11, 소화대례기념장 1927. 12, 영흥탄광(주) 중역 1928. 7, 경상합동은행(주) 　　　　대표 1932. 1, 조선취인소(주) 주주

〈표 V-5〉 대한협회 대구지회 회원(1908. 5)

성명	직위	출신 지역	관직경력	대한협회 참여 이후 거취
이은우 李恩雨	회원	대구	1910. 8, 시종원 사무촉탁	1936.　　중추원 참의
최무림 崔茂林	회원	대구	1894. 진사	
최동길 崔東吉	회원		1906. 3, 대구부사립사범 　　　　학교 보조금	
문봉준 文鳳準	회원		1907. 11, 황성신문 의연금	1910. 2, 예안사립선명학교 　　　　후원 1921.　　달성군 가창면 　　　　면장
김노풍 金魯豊	회원		1904. 8, 통신사전화과 　　　　주사	

성명	직위	출신 지역	관직경력	대한협회 참여 이후 거취
배문환 裵文煥	회원	성주	1925. 9. 농업시찰단 대구 동민회	
김진수 金進銖	회원	봉화	1891. 증광시 진사 1901. 8. 경상북도관찰부 주사 1902. 4. 동 주사 의원면관 1906. 4. 대구광학회 발기 인 1906. 9. 대한자강회 회원	
김재후 金載厚	회원		1909. 4. 선산군 향교 직원	
지도일 池道一	회원		전도사 1903. 1. 진위제3연대 제1대대 육군군의보	
이강호 李綱鎬	회원	예안		1930. 도산서원 직원 * 향산 이만도의 문인
강신우 姜信友	회원	상주	1907. 11. 대구협성학교 교사	1910. 8. 상주군 사립광흥 학교 1911. 7. 공립상주보통학교
이덕구 李惪求	회원	안동	1903. 5. 관리서주사 1907. 10. 대구협성학교 발기인 1907. 11. 대구협성학교 교사	1920. 안동군 남후면장 1920. 4. 유도진흥회 경북 지부
이현찬 李鉉贊	회원		1905. 6. 희릉참봉	
김홍락 金鴻洛	회원	안동	1894 문과 급제 1907. 3. 공릉참봉 1907. 5. 홍문관시강 1907. 6. 비서감랑	
정진태 鄭鎭台	회원		1900. 5. 경상남도선세 위원	
정재동 鄭載東	회원		1900. 12. 현릉참봉	

성명	직위	출신지역	관직경력	대한협회 참여 이후 거취
김재혁 金在爀	회원		1908. 10, 노동야학교 교수원	
정재룡 鄭在龍	회원			1912. 임시토지조사국 측량과 기수
권중희 權重熙	회원	함창	1906. 8, 경상남북도 사립 각 학교 임시사무소 1909. 4, 함창군 주사	
정인탁 鄭仁卓	회원	용궁	1891. 증광시 진사	
강래희 姜來熙	회원	상주	1903. 5, 후릉참봉	
이도선 李道善	회원	대구		1914. 4, 대구부 참사
이재영 李在榮	회원	함안		1910. 칠곡향교 직원 1915. 6, 조선의사시험 합격 1927. 7, 신간회지회설치 준비회
최만달 崔萬達	회원		1903. 7, 경상북도관찰부 주사 1906. 8, 대구농공은행 주주 1906. 11, 경상북도관찰부 주사	1912. 10, 조선총독부 목배 하사
강만형 姜晩馨	회원		1907. 11, 해주우체사 주사	
이진석 李晉錫	회원	성주		1910. 1, 성주 유생 김창숙 김원희 등 과 일진회 합방성서에 관한 중추원 헌의 참여 1920. 4, 경북유도진흥회 회원

성명	직위	출신 지역	관직경력	대한협회 참여 이후 거취
조인석 趙寅錫	회원	영양	1905. 5, 문관전고시 합격 1909. 4, 영양군향교 직원 1909. 4, 사립 영흥학교 교장	1912. 3, 영양군 참사 1920. 12, 경상북도 도평의회 회원 1921. 3, 경상북도 중추원 의원 추천
이순흠 李舜欽	회원	성주	1908. 11, 성주보통학교 학무위원 1908. 12, 대한협회 성주지회 평의원 1909. 7, 성주군 주사	1910~13, 성주군 서기 1912. 8, 병합기념장 수여
김종열 李鍾烈	회원		1898. 4, 공릉참봉 1908. 임시재원조사국 대구출장소	
박찬동 朴贊東	회원	성주	1907. 2, 성주군 주사	1912, 성주군 서기 1921. 3, 성주군수 1924. 4, 경상북도평의원 1932. 10, 경북유도진흥회 임원
장진홍 張鎭洪	회원	성주		1919. 3, 유림단독립청원 운동 후원
박병현 朴秉鉉	회원	청도	1900. 6, 공릉참봉 1904. 10, 내장원경	1920. 4, 경북유도진흥회 회원
이주화 李周和	회원		1902. 7, 내부 주사	
박노승 朴魯升	회원	칠곡	1906. 2, 시종원분 주사 1906. 11, 도지부 세무주사	1910, 칠곡군 서기 1913. 9, 왜관금융조합 대표
김영성 金永成	회원	대구	1903. 6, 관리서 주사 1907. 9, 지방위원회위원	1911. 9, 군위금융조합 대표 1920. 8, 군위청년회 회장
오세준 吳世俊	회원	대구	1908. 7, 대구지방재판소 서기	
서서교 徐瑞教	회원	군위	1907. 8, 군위군 사립학교 설립	
이장우 李章和	회원	성주	1899. 11, 통신사전화과 주사	1909. 2, 의성군사립육영 학교 연조

성명	직위	출신 지역	관직경력	대한협회 참여 이후 거취
서상민 徐相汶	회원	대구	1901. 3, 대구통운사 중역	
이기철 李基澈	회원	성주	1901. 1, 장릉참봉 1907. 4, 성주군국채보상 　　　　의무회 발기 1907. 9, 지방위원회 위원	
권중학 權重學	회원	봉화	1908. 10, 봉성측량사무소	1935. 5, 간이학교 설립 1935. 7, 평은교가설기성회 　　　　조직
김윤형 金胤亨	회원	선산	1893. 3, 수륜위원 1904. 11, 선산학교 교감 1908. 11, 선산군 장천면 　　　　　검사장	1910. 8, 숭인전 참봉
양춘발 楊春發	회원	대구	1879. 　진사	
서만곤 徐萬坤	회원	대구	1906. 　대구시청사로 　　　　상회에서 자퇴	
박용흠 朴龍欽	회원			1912. 9, 경학원강사
이원영 李原榮	회원		1900. 3, 일본황태자혼례 　　　　특파대사 참서관	

비교)『황성신문』,『대한매일신보』,『동아일보』,『대한제국관원이력서』(국사편찬위원회, 1972),『승정원일기』(1878),『대한제국관보』,『조선총독부관보』,『조선은행회사요록』 (1923년판),『중추원자료』(조선총독부 중추원) 참조.

2) 대구지회 회원 활동

① 1910년 이전의 활동

○ 상인과 지주, 그리고 관료 출신이었다

대한협회 대구지회 임원을 포함한 회원 127명 중, 36%인 45명이 전·현직 관료였으며, 7%인 9명이 진사 및 생원 등의 유생이었다. 이들은 소수를 제외하고는 대부분 부호들로 상인과 지주, 그리고 관료 출신이었다.

대한협회 대구지회의 임원 및 회원 중 찬의장 정재학·총무 이일우 등은 상인 출신의 대부호였으며, 부회장 서봉기를 비롯하여 평의원 이종면·평의원 장상철·평의원 권석우 등과 회원 서병오·이장우·이현주·정해붕·서병규·이병학·회계 박병열 등은 지주·관료, 그리고 대한제국의 군인 출신이었다.

그 외 회장 박해령(달성)·총무 정재덕(상주)·평의원 박기돈(합천)·조병희(영양)·윤상우(달성)·간사원 채헌식(대구)·회원 김재열(고령)·강신우(상주)·정인탁(용궁)·이진석(성주)·조인석(영양)·이순흠(성주) 등이 지역 출신으로 관료 및 유생 출신이었다.

대한협회 대구지회의 찬의장 정재학과 총무 이일우 등은 대구지역의 상인 출신의 대부호들이다. 찬의장 정재학은 1902년 탁지부 참서관(參書官)[15]을 거쳐 1903년 7월 중추원 의관,[16] 1905년 2월 순흥군수,[17] 1908년 7월 개령군수,[18] 등을 역임하였으며, 1907년 2월 대구금연상채회 부회장, 1907년 6월 대구지방위원(大邱地方委員) 등으로 활동하였던 부호였다. 총무 및 평의원 이일우는 대부호 이동진의 아들로 일찍부터 계몽운동에 참여했던 선각적인 유생이었다. 1904년 사숙 형태의 도서관 우현서루(友弦書樓) 설립과 1905년 1월 시무학당(時務學堂) 설립, 그리고 1906년 8월 대구광학회(大邱廣學會) 설립 등을 통해

---

15) 『대한제국관보』, 1902. 8. 5, 「서임급사령」, 정재학은 대구 출신으로 원산에서 들어온 명태를 판매하여 자산을 형성하였고, 그 후 낙동강을 배경으로 어염미두를 무역하여 막대한 부를 축적하였다.

16) 『대한제국관보』, 1903. 7. 7, 「서임급사령」

17) 『대한제국관보』, 1905. 3. 1, 「서임급사령」

18) 『황성신문』, 1908. 8. 2, 「서임급사령」

대구지역 애국계몽운동을 주도하였다.

대한협회 대구지회에서 부회장 서봉기를 비롯한 평의원 이종면·장상철 등과 회원 서병오·이장우·이현주·정해붕·이병학 등은 전직 관료, 영리 및 군인 출신이었다. 부회장 서봉기는 대구부의 주사(主事)를 역임하였던 관료였으며, 평의원 이종면은 전오위장(前五衛將) 이석진(李錫珍)의 아들로 1903년 7월 제주목(濟州牧) 주사(主事)를 역임한 바 있는 전직 관료이다. 회원 이장우는 1898년 7월 봉상사(奉常寺) 주사, 1899년 7월 대한제국 육군 보병 참위(參尉)로 대구지방대에서 근무하기 시작하여 1907년 9월 군대 해산까지 육군 보병 부위(副尉)로 복무하였다. 회원 이병학은 대구 출신의 대한제국 관료이다. 1901년 8월 통신원(通信院) 전화과(電話課) 주사를 거쳐 1907년 8월 대구수형조합 평의원, 1908년 9월 동양척식주식회사 설립위원 등을 역임하였다.

그 외 회원 현경운(玄擎運)을 비롯한 박최동·이교섭·서상춘·서병규·이경선·박규동·서상하·박찬동·이은우·김노풍·김진수·지도일·이덕구·이현찬·정진태·정재동·권중희·강래은·최만달·강만형·박병현·이주화·박노승·김영성·오세준·이장화·서상민·이기철·김윤형·이원영 등은 대부분 중앙정부나 관찰부, 그리고 지방관아의 하급관리를 역임하였다.

○ 일제의 경제침탈기구에 참여하다

대한협회 대구지회에 참여했던 상인 출신의 대부호, 전직 관료, 영리 및 군인 출신의 자산가들은 대한협회 대구지회 활동 이전부터 대구수형조합(大邱手形組合)·대구농공은행(大邱農工銀行)·대한농회(大韓農會) 경북도지부(慶北道支部)·동양척식주식회사(東洋拓殖株式會社)

등 일제의 경제침탈기구에 참여하여 대부호로 성장하였다.

〈표 Ⅴ-6〉 한말 대한협회 대구지회 회원의 경제침탈기구 참여

회사명	구성원	비고
대구수형조합 大邱手形組合	조 합 장: 이석진(李錫珍) 조합부장: 최만달(崔萬達) 평 의 원: 이병학(李柄學)·이경천 (李擎天)·정해붕(鄭海鵬)· 문봉준(文鳳準)	대구신문사, 『선남요람』, 1911
대구농공은행 大邱農工銀行	은 행 장: 이석진(李錫珍) 전무이사: 서병오(徐丙五) 이 　 사: 김병순(金炳淳)·정규옥 (鄭圭鈺) 감 　 사: 서상돈(徐相敦)·이장우 (李章雨) 주 　 주: 강봉근(廉鳳根)·이상악 (李相岳)·이중래(李重來)· 이진옥(李振沃)·조용태 (趙鏞泰)·최만달(崔萬達)· 이병학(李炳學) 등	『황성신문』, 1906. 6. 19, 「대구은행총회」
대한농회 경북지부 大韓農會慶北道支部	발기인: 강일(姜鎰)·서상돈(徐相敦)· 김진수(金進銖)·이덕구 (李悳求) 등 지부장: 박해령(朴海齡) 부 　 장: 서봉기(徐鳳綺) 평의장: 서상돈(徐相敦)	『황성신문』, 1907. 10. 25, 「대구농회」
동양척식회사 東洋拓殖會社	설립위원: 이병학(李柄學)·정해붕 (鄭海鵬)	1908.8

1906년 6월 설립된 대구농공은행에는 은행장 이석진을 비롯하여 김병순·서병오·정규옥·서상돈·이장우·최만달·이병학 등이 주주로 참여하였으며, 1906년 8월 설립된 대구수형조합에는 조합장 이석진, 조합부장 최만달, 평의원 이병학·이경천·정해붕·문봉준 등이 참여하였다. 1908년 8월 설립된 동양척식회사에는 설립위원으로 이병학·정해

『황성신문』, 1906. 6. 19, 「대구은행총회」

●大邱銀行總會 株式會社大邱農工銀行의株式募集을本月十四日에畢了하고創立總會를開하고職員選擧를擧行고成立條件을左開하야支部에報告홈이如左하니

一株式請入期日은六月一日붓터同月十日ᄭ지

二株金拂入期日은六月十四日ᄭ지

三創立總會는六月十五日開會하야合席同意로左開諸件을決議홈

役員選擧

銀行長은李錫珍專務理事는徐丙五理事는金炳淳鄭圭廷監事는徐相敦李章雨니職員報酬는理事及監事의年俸을各貳百圓式

定欵에承認

四株主及其株數는左記와如홈

五六月十六日붓터營業을開始홈

六創立에要ᄒᆞᆫ經費總額은八十圓七十곳이오資本金二十萬圓은十萬圓으로改正하얏더라

『황성신문』, 1907. 10. 25, 「대구농회」

●●大邱農會 敬啓者慶北大邱府에셔有志紳士正三品姜鎔徐相敦前主事金進銖李憙求諸氏가農業을改良할케ᄒᆞᆯ意로發起하야大韓農會京城本部에請願承認하고大韓農會慶北支部를該府에設立하고支部長은朴海齡副長은徐鳳綺評議長은徐相敦諸氏로推選하야會務를組織ᄒᆞᆫ디陰本月十二日에演說會를西小門外友弦書樓에開하고農業의發達이라農業의改良이란問題로崔大林張相轍李快璉李崇求諸氏가次第演說하얏는디觀察使李忠求氏가會務를極力協賛하고本郡守崔鉉達氏난農民을指揮하야參會케하고徐相敦氏난模範場基址로良田幾百坪을寄附ᄒᆞᆫ다ᄂᆞᆫ說이有ᄒᆞ더라

봉 등이 참여했다. 그리고 1907년 10월 설립된 대한농회 경북도지부는 강일·서상돈·김진수·이덕구 등이 발기하고, 지부장 박해령, 부장 서봉기, 평의장 서상돈 등이 임원으로 선정되었다.

더욱이 대구지회가 설립된 뒤 얼마 지나지 않아 1908년 7월 회장 박해령을 비롯한 주요 회원이 관직에 임명되었다. 즉 회장 박해령은 칠곡군수, 평의원 김영주는 장기군수, 찬의장 정재학은 개령군수, 평의장 서병오는 신령군수에 임명되었다. 그 외 이경선이 예안군수로 임명되기도 했다.[19]

○ 대한협회 대구지회, 그 한계를 드러내다

대한협회 대구지회의 주요 회원들이 일제가 장악한 대한제국의 관료로 나아가는 등 친일화 경향이 두드러지자 대구지회와 일진회(一進會)의 합동설(合同說)까지 나타나게 되었다. 1909년 9월 9일 특별의사회에서 이 문제를 논의하고 연구위원 최대림·이일우·서기하 3인을 선발하여 대처하였다. 1910년 4월 대한협회 대구지회는 일본공진회(日本共進會) 관광단(觀光團)을 조직하였다. 대구지회의 총무 이일우를 비롯하여 회원 곽재헌·박기돈 등과 개령군수 정

『황성신문』, 1910. 4. 9, 「관광조직」

재학의 아들 정지원(鄭志源) 등이 참여하였다. 이것은 대한협회가 가진 한계이기도 했다.

대구지회가 설립 당시 목표로 했던 국권회복운동은 점차 그 성격이 변질되어 일진회와의 합동설, 일본공진회 관광단 조직 등의 문제에서 그 한계를 드러냈다. 이것은 부호 및 전·현직 관료, 그리고 각처에서 모인 유생으로 구성된 대구지회 회원들의 성향에 기인한 것이기도 했다. 대구지회에 참여한 부호들은 상업 활동과 지주경영을 통해 자산을

---

19) 『승정원일기』, 1908. 7. 3, 「전군수정재학임개령군수」

축적하거나 관료로서 부를 축적한 경우가 대부분이었기 때문이다.

대구지회 회원으로서 부호 및 전·현직 관료들은 일제의 경제적 침탈 과정에서 설립된 수탈기구에 참여함으로써 막대한 부를 축적하였다. 이들은 애국계몽운동이 가진 타협적인 경향에 안주함으로써 외세의 침략이라는 현실 인식이 부족했다. 따라서 대구지회의 활동 과정에서도 타협적 성향을 스스로 극복할 수 없었고, 일제의 경제적 침탈 과정에서 그 침략성에 위기의식을 가지고 있었지만, 관료로 임명되거나 경제적 수탈기구에 참여함으로써 일본 침략세력과 타협하고 있었다.

② 1910년 이후의 활동

○ 일제 식민통치기구에 편입되어 가다

1910년 경술국치 이후 대한협회 대구지회 회원들은 일제 식민통치기구에 편입되어 갔다. 이미 1908년 7월 회장 박해령을 비롯한 주요 회원이 관직에 임명되었지만, 경술국치 이후에는 더 많은 회원들이 이에 편승하였다. 1921년 성주군수로 나가는 박찬동을 비롯한 군서기·면장 등 하급관료는 모두 16명이었다.

일제의 경제적 수탈기구인 금융기관의 설립 및 주주로 참여한 경우는 24명으로 가장 많았다. 이들은 대한협회 대구지회 활동 이전부터 대구수형조합·대구농공은행·대한농회 경북도지부·동양척식회사 등에 참여하며 자산을 축적하였으며, 나라가 망한 이후에는 대구은행·경일은행·경상합동은행·금융조합 등의 금융기관의 설립과 운영에 참여하였다.

대구은행은 1913년 5월 설립된 지방은행으로 대구지역의 유력한 자본가들이 참여하였다. 과거 대한협회 대구지회의 회원이었던 정재학이 사장, 대표였고, 이종면·정해붕·이일우(이사)·서기하(감사) 등이 중역, 그리고 정재학(9,156주)·이병학(2,150주)·정해붕(2,100주)·이영면(1,520주)·이일우(1,200주)·윤상태(1,000주)·이종면(1,000주) 등이 대주주로 참여하였다.[20]

경일은행은 1920년 4월 한국인 설립의 지역은행으로 대구 및 경북지역의 유력한 자본가들이 참여하였다. 사장/대표는 장길상이었고, 대한협회 대구지회에 참여하였던 이병학·서병규 등이 이사, 이영면(1,800)·서병규(1,500) 등이 대주주를 역임하였다.[21]

경상합동은행은 대구은행과 경남은행을 합병하여 1928년 7월 설립된 민족계 지방은행이다. 대표는 설립 당시 이병학이었으나 1929년부터 정재학이 맡았다. 대주주는 대한협회 대구지회 회원이었던 정재학(7,034)·정해붕(2,325)·이병학(1,633)·이종면(1,050)·이일우(930) 등이었다. 1941년 8월 조선총독부의 민족계 은행의 통합정책에 의하여 조흥은행(지금의 신한은행)의 전신인 한성은행에 흡수·통합되었다.[22] 그리고 정해붕은 1913년 12월 설립된 대구서부금융조합(大邱西部金融組合)의 대표를 역임하였다.

일제의 식민통치 기구에 종속된 대구부협의회(大邱府協議會)·경상북도협의회(慶尙北道協議會)·경상북도평의회(慶尙北道評議會)·중추원(中樞院) 등 관변단체에 참여한 대구지회의 회원은 13명이다. 이일우는 1910년 경술국치 이후 대구부참사(1914년 3월 해임),[23] 경상북도

20) 『조선은행회사요록』(1923년판)
21) 『조선은행회사요록』(1921년판)
22) 『조선은행회사요록』(1928년판), 『조선총독부관보』, 1941. 10. 11, 「경상합동은행」
23) 『매일신보』, 1914. 4. 13, 「부군참사의 임면」; 『조선총독부관보』, 1914. 4. 1, 「지방행정」

지방토지조사위원회 임시위원(1914~1917),[24] 대구부협의회 위원 (1916. 3)[25] 등을 역임하였다. 1914년 대구부협의회가 설치되면서 서상돈의 아들 서병조가 임명되었고, 그 뒤 1918년 이종면·정해붕·이장우·이병학, 1919년 정재학, 1923년 서기하 등이 참여하였다. 특히 1923년에는 대구부협의회 위원 20명 중 서기하 등 8명의 조선인이 위원으로 당선되었다.[26] 경상북도협의회에는 정재학·정해붕 등이 참여하였고, 경상북도평의회에는 정해붕·이장우·박찬동·조인석 등이 참여하였다. 그리고 조선총독부 중추원 참의로 장상철·정재학·정해붕·이병학 등이 임명되었으며, 영양의 조인석은 중추원 의원으로 추천되었으나 거절했다.

국민협회(國民協會)·대구교풍회(大邱矯風會)·유도진흥회(儒道振興會)·경학원(經學院) 등의 유교 관련 단체에도 대구지회 출신 인사 8명이 참여하였다. 국민협회는 1920년 1월에 민원식(閔元植)이 신일본주의를 표방하고 조직한 친일단체인데, 대구지회에서 활동했던 장상철이 참여하였다. 1917년 11월 풍속 개선을 표방한 친일단체로 설립된 대구교풍회(大邱矯風會, 회장 서경순)는 서병규와 정해붕이 부회장으로 참여하였다. 1920년 서울에서 조직된 친일유생 단체 유도진흥회의 경북지부에는 성주의 이진석·박찬동, 청도의 박병현, 칠곡의 장상철, 그리고 대구의 강해(부회장)·서병오·이덕구·박기돈·이종면 등이 참여하였다. 그리고 경학원에는 회원 박용흠이 강사로 참여하였다.

---

24) 조선총독부, 『조선총독부직원록』(1914~1917년)
25) 『매일신보』, 1916. 3. 24, 「경상북도, 협의회 의결」
26) 『동아일보』, 1923. 11. 22, 「조선인 8명 대구=정원 20명」

○ 신교육운동에 참여하다

한편 학교를 설립하거나 후원한 경우는 20여 명이다. 1907년 11월 설립된 협성학교는 권석우·강익·안택호·김진수·이덕구 등이 발기[27]하여 설립하였다. 교장 이현주와 교사 서상하·이덕구 등은 1908년 3월 대한협회 회원으로 가입하였으며, 1908년 6월과 7월 조병희와 지이달이 훈도에 임명되었다.[28] 같은 해 11월에는 경상북도 공립대구보통학교(公立大邱普通學校) 학무위원으로 회원 서봉기·서태환·서흥균·정해붕·서기하·금종석·이일우 등이 임명되었다.[29] 1908년 5월 이일우의 제의로 대구지회가 설립한 노동학교(勞動夜學校)는 교장 현경운을 비롯하여 최시영·이쾌영·이종면·김재열·이일우·김봉업·서기하·이은우·허협 등의 회원들이 교사를 맡아 활동하였다.[30]

특히 주목되는 것은 상주 유생 정재덕과 영양 유생 조인석은 향리인 상주와 영양에서 근대적인 사립학교를 설립하였다. 정재덕은 대구지회의 총무를 사직하고 상주에서 1908년 10월 사립광흥학교(私立廣興學校)를 설립하였다.[31] 조인석은 영양에서 영진의숙(英進義塾)[32]과 1909년 4월 교육회장 벽산 김도현과 함께 영흥학교(英興學校)[33]를 설립하였다. 이 과정에서 1912년 3월 영양군 참사(參事)가 되기도 했으

---

27) 『대한매일신보』, 1907. 10. 6, 「달성학교취지서」
28) 『황성신문』, 1908. 6. 9, 「서임급사령」; 1908. 7. 1, 「서임급사령」
29) 『대한제국관보』, 1908. 11. 26, 「서임급사령」; 『황성신문』, 1908. 11. 26, 「관청사항」
30) 『대한협회대구지회회록』(제1호), 1908. 6. 23, 「노동야학교의 사항」
31) 『황성신문』, 1908. 8. 3, 「광교유인」; 1908. 9. 8, 「전지자오」; 1908. 10. 14, 「양씨흥학」
32) 안동대학교 안동문화연구소, 『영양주실마을』, 2001.
33) 『황성신문』, 1909. 5. 30, 「영흥전진」

나 1913년 사직하였고,[34] 1921년 3월 장상철·김구현·이병학·정재학·이상호·류시만·김승원·윤필오·신봉균 등과 함께 조인석은 중추원 의원에 추천되었으나 거부하였다.[35]

○ 독립운동에 참여하기도 하다

경술국치 이후 독립운동 단체를 결성하거나 단원으로 활동했던 대한협회 대구지회의 회원은 윤상태(본명 윤상우)·김재열·최해윤 등에 지나지 않았다. 이들은 대한협회 활동 과정에서 배일의식을 가지고 있었고, 경술국치 이후 독립운동에 참여하였지만, 그 세력은 거의 드러나지 않았다.

1909년 10월 26일 안중근이 이토히로부미(伊藤博文)를 사살한 직후, 11월 2일 대구 서문 안 은사관(恩賜館)에서 약 50명의 인사들이 동정연설회를 개최하고 사죄단의 파견 문제를 제기하였다. 이에 대해 윤상태는 다음과 같이 반대를 했다.

"이등공은 일본 원훈(元勳) 중의 원훈(元勳)으로 한국에 대하여 특히 공적이 위대하며, 현재 우리 태자태사(太子太師)이다. 그런데 이번 우리 흉수에 걸려 드디어 훙거(薨去)되었다. 흉도는 우리 국민인 이상은 그 책임은 말할 나위도 없이 한국 전체의 책임이다. 그러므로 우리 국민은 이번에 국민을 대표하는 위원을 파견하여 마땅히 일본 상하에 사죄하지 않으면 안 된다. 그렇지 않으면 후일 우리 국가에 만회할 수 없는 경우에 함입(陷入)할지도 모른다."라고 말하자 사립 수창학교 교사 우모(禹某)와 전 거제군수 윤상우(尹相佑) 등 2명은 "이등공은 결코 아국에 대하여 공적이 있었던 인물이 아니다. 일본의 통감으로서 와서 중대한 통신 교통 등의 실권은 모두 차를 자국에 획득하여 추호도 아국의 이익을 증

---

34) 『조선총독부관보』, 1913. 10. 8, 「군참사해직」
35) 조선총독부 중추원, 『중추원자료』, 「경상북도 중추원 의원 추천의 건」

진시킨 것이 아니므로 이번의 흉변에 대하여도 국민으로서 사죄할 필요가 없다."고 논박하여 청중은 침묵. 결정을 내리지 못하고 금일 오후 4시경 산회하였다.[36]

이와 같이 윤상태 등 몇몇 인사들이 일본의 한국침략을 선도한 이토의 사살을 한국민의 당연한 도리로 주장하였지만, 그 세력은 미미하였다. 대부분의 인사들은 일본의 한국강점을 기정사실로 인정하고 받아들이고 있는 상황이었고, 이미 국권회복에 대해서도 미온적인 태도를 드러내고 있었다.

○ 일제의 식민통치와 타협하다

앞의 「표 Ⅴ-3, Ⅴ-4, Ⅴ-5」에서 볼 수 있듯이 대한협회 대구지회 임원 및 회원 127명 중 많은 사람들이 관직을 경험하였거나 현직에 있었다. 1908년 7월 회장 박해령을 비롯한 임원 및 회원들이 군수에 임명되는 경우까지 합치면 모두 36%인 45명이다. 그런데 1910년 이후 하급 관료의 직에 나아가는 회원은 16명이며, 관변 단체 13명, 유교관련 단체 8명 등 대구지회의 회원 127명 중 48%인 61명이 참여하고 있다. 반면 애국계몽운동을 목표로 하였던 학교를 설립하거나 후원한 경우, 그리고 나라가 망한 뒤 독립운동에 참여한 경우는 16%인 20여 명에 지나지 않았다.

이와 같이 대한협회 대구지회에서 활동했던 유력한 부호들은 일제의 식민통치에 영합하여 관료가 되거나 각종 관변단체에 참여하였고, 경제적 수탈기관인 은행 등에 참여하여 부를 축적하고 유지하였다. 한편 일부 선각적인 유생들이 직접 민족운동에 뛰어들어 반일세력으로

---

36) 『한국독립운동사 자료』7(안중근편Ⅱ), 국사편찬위원회, 1976.

성장하였으나 그 세력은 매우 미약하였고, 일부 회원은 친일과 민족운동의 경계를 넘나들었다. 대부분의 대한협회 대구지회 회원들은 일제의 식민통치에 적당히 타협하였고, 일제의 식민통치가 심화되면 될수록 그 정도가 더욱 심해졌다.

【부록】 대한협회 대구지회 회원

① 이일우

이일우(李一雨, 1868~1936)는 본관이 경주이고, 자는 덕윤(德潤), 호는 소남(小南)이다. 1868년 금남(錦南) 이동진(李東珍)의 장남으로 태어났다. 이동진은 서문시장의 시전 상인에서 출발하여 거부가 되었다. 이일우는 25세인 1894년경부터 부친의 뜻을 이해하고 상업 활동에 뛰어 들어 낙동강을 통한 미곡무

이일우

역으로 부를 축적하였고, 선산·칠곡·현풍·경산 등지에 전장을 소유한 대지주로 성장하였다.

1898년 8월 수창상회(壽昌商會, 일명 수창사)를 설립하여 부산의 동래(東萊)와 하단(下湍)에 그 지점을 두었다. 수창상회는 '상업흥왕(商業興旺)과 상권보호(商權保護)'를 목적으로 설립한 상인조합으로 개항 이후 부산항을 거점으로 물화를 저장하고 물가를 관리하기 위한 지점으로 각각 설치되었다.

1904년 신문물과 신사상의 수용에 관심을 기울여 우현서루(友弦書樓)를 설립하였고, 1905년 시무학당(時務學堂)을 열어 대구지역 계몽운동의 선구적인 역할을 수행하였다. 1906년 3월 신교육을 위한 사범학교 설립에 참여하였으며, 1906년 8월에는 대구광학회(大邱廣學會)를 조직하고 우현서루를 사무소로 활용하였다. 1907년에는 윤영섭·윤필오·양재기 등 대구지역의 유력한 인사들과 함께 교육과 계몽 사업을 목적으로 대구시의소(大邱市議所)를 설립하였다. 1907년 1월 대

구금연상채회(大邱禁煙償債會)의 회원으로 국채보상운동에 참여하였고, 수창상회를 대구금연상채회의 사무실로 제공하였다. 그렇지만 국채보상운동의 전개 과정에서 적극적으로 참여한 것 같지는 않다.

1908년 3월 창립된 대한협회 대구지회의 준비위원, 평의원, 그리고 실업부장을 역임하는 등 대구지역의 애국계몽운동을 주도하였다. 경술국치 이후 1911년 우현서루가 일제에 의해 강제 철폐된 뒤, 1913년 3월경 달성친목회(達城親睦會)의 산하 조직인 강의원간친회(講義園懇親會)를 조직하고 운영하였으며, 1919년에는 조선국권회복단(朝鮮國權恢復團) 중앙총부사건(中央摠部事件)에 연루되어 일제의 심문을 받기도 했다.

한편, 경제인으로서 1913년 4월 고려자기제조(주) 중역, 1913년 5월 대구은행 이사, 1919년 2월 경성방직주식회사 발기인, 1928년 경상합동은행 대주주 등으로 참여하였다. 뿐만 아니라 1914년 3월까지 대구부 참사, 1914년부터 1917년까지 경상북도 지방토지조사위원회 임시위원, 1916년 3월 대구부협의회 위원 등을 역임하였으며, 1919년 4월에는 대구 자제단(自制團)에 참여하였다.

자제단은 1919년 4월 1일 박중양을 단장으로 대구지역의 유력한 한인 67인이 발기하여 조직하였다. 이일우는 자제단의 발기인 중 한 사람이었다. 4월 6일부터 대구 자제단에 20여 명으로 구성된 평의원회을 중심으로 대구부 4,028호 중 노유 및 부녀자, 그리고 노동자가 호주로 있는 100여 호를 제한 3,787호가 가입하였다. 자제단 운영비

이일우의 묘(달성군 화원읍 본리리 이장가 묘역)

용은 대구부윤을 비롯한 평의원 정재학·이병학·서병조 등이 분담하였다.

그 외에도 이일우는 1915년 11월 박기돈·최준·장길상 등과 함께 일본 천황이 내리는 향찬(饗饌)을 받았으며, 1923년에는 일본적십자(日本赤十字) 대구지부, 1922년 12월 산업자문위원(産業諮問委員), 그리고 1934에는 조선신궁봉찬회(朝鮮神宮奉讚會) 경상남북도지부에 참여하는 등 일제의 식민통치에 편승하는 친일 행적을 남겼다.

〈참고문헌〉

「수창상회사규칙」(1898. 8);『경상남북도래거안』, 1907년 2월 24일;『대한협회대구지회회록』(제1호);「증인 이일우 신문조서」,『한민족독립운동사자료집』7, 국사편찬위원회, 1998;『조선은행회사조합요록』(1921 및 1929년판);『대한매일신보』, 1906. 3. 11,「달찰미적」;『매일신보』, 1919. 2. 20,「경성방직주식회사출원」; 1914. 4. 13,「부군참사의 임면」; 1916. 3. 24,「경상북도, 협의회의결」; 1919. 4. 14,「대구, 자제단」; 1919. 4. 30,「대구, 자제단근황」및「대구, 자제단평의원회」; 1915. 11. 4,「경북사향찬명망가」; 1922. 12. 1,「산업자문위원촉탁」;『조선총독부관보』, 1914. 4. 1,「지방행정」; 조선총독부,『조선총독부직원록』(1914~1917년); 姜東鎭,『日帝의 韓國侵略政策史』(한길사, 1980)

② 윤상태

윤상태(尹相泰, 1882~1942)는 본관이 파평(坡平)이며, 자는 성천(聖天), 호는 향산(香山)이다. 1882년 9월 30일 경남 김해군 명지에서 윤희순(尹羲淳)의 아들로 태어났다. 1908년경까지 본명인 윤상우(尹相佑)라는 이름을 썼다.

일찍이 석학(碩學)으로 이름을 떨쳤는데, 1900년 4월 내부 주사를

윤상태

거쳐 1905년 2월 거제군수에 임명되었다. 1906년 6월 거제군수를 퇴임하고, 경북 고령군 성산면 우곡동에 거주하다가, 경북 달성군 월배면 상인동으로 옮겨 살았다.

1908년 3월 설립된 대한협회 대구지회의 평의원으로 활동하였으며, 1911년 경북 고령군 성산면 우곡동에서 사립 일신학교(日新學校)를 설립하였다. 1913년 5월 대구은행(大邱銀行) 설립에 참여하였으며, 1937년에는 경북상공(慶北商工) 사장 겸 대표이사를 역임하기도 하였다.

1915년 음력 1월 15일 비밀결사 조선국권회복단(朝鮮國權恢復團) 중앙총부(中央總部)를 결성하고 통령(統領)에 선임되어 서간도 독립운동기지 건설을 지원하였다. 동시에 대동청년단(大東青年團)에 가입하여 서상일 등과 함께 대구에서 백산상회의 주식 모집에 협력하였으며, 그 자신도 주주로 참여하였다.

1919년 3·1운동 당시에는 단원 이시영·김관제·변상태를 서울에 파견하였다. 그 후 국외 연락을 위해 이시영은 만주 방면, 만세시위를 지원하기 위해 김관제는 경남 동부, 변상태는 경남 서부로 파견하였다. 이때 변상태는 서상환·서상호 등이 주도한 삼진의거(창원군 진동·서·전), 즉 진동사건을 지원하였다. 뿐만 아니라 3.1운동의 영향으로 국외에서 임시정부가 조직되고 만주에서 독립군을 양성하는 등 독립운동의 기운이 고조되자, 조선국권회복단의 단원들로부터 의연금을 모집하여 대한민국 임시정부에 독립운동 자금을 지원하였다.

1919년 4월 조선국권회복단의 장석영·김응섭·조긍섭 등이 파리강화회의에 제출할 「독립청원서(獨立請願書)」를 작성하자, 이를 영문으로 번역토록 하였다. 그리고 김응섭과 남형우가 독립청원서를 휴대하고 상해(上海)로 건너갈 때 쓸 경비 5천 원을 지원하였다.

1919년 6월 조선국권회복단사건으로 체포되었다. 대구지방법원 검사국에 제령 제7호 위반으로 기소되어, 동년 9월까지 대구지방법원과 대구고등법원을 거쳐, 1920년 3월 경성지방법원에서 면소되어 관련자 전원과 함께 석방되었다.

1921년 향리인 달성군 월배면에서 사립 덕산학교(德山學校)를 설립하였다. 덕산학교는 달성군의 대표적인 사립학교로서 조선인 교육의 산실이었다. 그 외 송석정(松石亭)·회보당(會輔堂) 등의 교육기관을 설립하기도 하였다. 1925년 동민회(同民會) 대구지부(大邱支部) 회원으로 서병조 등과 함께 농업시찰단(農業視察團)을 조직하여 전주 및 군산지방의 토지개량과 수리사업을 견학하였고, 1936년 1월에는 대구지역의 부호 서병조 등 10인과 함께 빈민구제사업을 위한 우인구락부(友人俱樂部)를 조직하였다. 그리고 1936년 3월 대구 교남학교후원회(嶠南學校後援會)를 조직하고 신축기금을 희사하는 등의 활동을 전개하였다. 1942년 사망하였다. 1977년 대통령표창, 1991년 건국훈장 애국장이 추서되었다.

〈참고문헌〉

(윤상태)「판결문」(고등법원, 1920. 3. 22);『대한제국관보』, 1900. 4. 6, 1905. 2. 23, 1906. 6. 22, 「서임급사령」;『매일신보』, 1912. 12. 20, 「대구은행창립」; 1912. 11. 3, 「부산의 신회사」; 1920. 3. 24, 「대구사건에 면소된 각 피고」;『동아일보』, 1927. 3. 24, 「대구덕산학교」; 1930. 4. 16, 「보교신축운동」; 1936. 1. 25, 「우인구락부조직」;『조선중앙일보』, 1936. 3. 6, 「경생의 교남교에 신축기금을 희사」; 국사편찬위원회, 『한민족독립

운동사자료집』7(국권회복단Ⅰ), 1988, 3·62·134; 윤보현, 『경북판독립운
동실록』, 1974; 대구직할시, 『향토문화유적』; 1988·권대웅, 『1910년대 국
내독립운동』, 독립기념관 한국독립운동사연구소, 2008.

③ 박기돈

박기돈

박기돈(朴基敦, 1873～1945)은 본관이 밀
양(密陽)이고, 자가 경림(景臨), 호가 회산
(晦山)이다. 1873년 중추원 의관 박문환(朴
文煥, 1835～1911)과 제주 고씨의 4남 3녀
중 3남으로 서울에서 태어났다. 18세 이후
향리인 합천 야로로 내려가 노사(蘆沙) 기정
진(奇正鎭)의 문인 시암(是菴) 이직현(李直
鉉)의 문하에서 수학하였다. 그의 형 기복은
안의군수(安義郡守) 등을 지냈다.

1901년 양지아문 양지위원(量地委員)을 거쳐 1903년 상무사(商務
社)가 설립한 대한상공학교(大韓商工學校)의 교관에 임명되어 근대적
인 상업에 대해 새로운 인식을 가지게 되었다. 1905년 2월 중추원 의
관이 되었다. 그러나 같은 해 11월 을사늑약이 체결되자 중국 망명을
결심하고 고향인 합천(陜川) 야로(冶爐)로 낙향하였으나 여의치 않아
대구에 정착하였다. 박기돈의 망명 결심은 노사학파(蘆沙學派)의 적극
적인 현실참여 의식에 연유한 것이었다.

1906년 1월 대구광문사, 1907년 대구시의소, 1907년 1월 29일 국
채보상운동 발기인, 1908년 3월 대한협회 대구지회 설립에 참여하는
등 애국계몽운동에 참여하였다. 1910년 대구명신여학교(大邱明信女學
校)를 설립하여 지원하였으며, 1922년 대구 배영학원(培英學院)의 확

장을 지원하기도 하였다.

한편 1910년 서상돈 등과 함께 대구목공조합소(大邱木工組合所) 설립, 1911년 대구제분주식회사(大邱製粉株式會社) 설립, 척식조합(拓植組合) 설립 등 상업 활동에 참여하였다. 그 뒤 1913년 5월 대구은행(大邱銀行) 주주, 1919년 11월 대동무역(大同貿易) 상무이사, 1920년 4월 경일은행(慶一銀行) 감사, 1922년 대구토목공려회(大邱土木公勵會) 회장, 1922년 조선노동공제회(朝鮮勞動共濟會) 대구지회(大邱支會) 회장, 1924년 6월 문예연구회(文藝研究會) 창립 등 활동 영역을 확대하였다.

특히 주목되는 것은 1915년 11월 이일우·최준·장길상 등과 함께 일본 천황이 내리는 향찬(饗饌)을 받았으며, 1916년 7월 대구상업회의소(大邱商業會議所) 역원, 1918년 3월 대구부협의회(大邱府協議會) 의원, 1919년 11월 조선경제회(朝鮮經濟會) 발기인, 1920년 상무실업단(商務實業團) 경상북도 단장을 역임하는 등 일제의 식민통치에 영합하는 모습을 보여주었다.

〈참고문헌〉

『대한협회대구지회회록』(제1호); 『승정원일기』, 1901. 10. 21, 「박기돈 명량지아문량무위원」; 1905. 1. 18, 「종이품 이종운, 육품 김만형·박기돈」; 『조선은행회사요록』, 1921, 1923, 동아경제시보사; 『조선총독부관보』, 1916. 7. 25, 「대구상업회의소 역원」; 『매일신보』, 1919. 11. 7, 「대동무역 성립」; 1924. 6. 25, 「문예연구회 창립」; 1918. 3. 30, 「군참사회의, 부협의회」; 1918. 5. 17, 「부협의원 임명」; 1918. 7. 13, 「부협의원 임명」; 1919. 11. 12, 「경제회발기인」; 1922. 6. 3, 「상무실업단 임원」

④ 서봉기

서봉기(徐鳳綺)는 대구부의 주사(主事)를 역임하였던 관료였으며, 서상일의 아버지다. 1907년 9월 사립수창학교(私立壽昌學校) 발기인으로 참여하였고, 1907년 10월 서상돈이 설립한 대한농회(大韓農會) 경북지부에 부장(副長)으로 참여하여 지부장 박해령·평의장 서상돈 등과 함께 활동하였다. 특히 주목되는 것은 1907년 11월 대구재정고문지부(大邱財政顧問支部) 의흥도사음(義興都舍音)을 역임하여 역둔토(驛屯土)에 대한 세금 징수에 참여하고 있었던 점으로 볼 때, 시찰관이었던 서상돈과 밀착되어 부를 축적한 것으로 보인다.

〈참고문헌〉

『황성신문』, 1907. 9. 22,「대구사립수창학교취지서」;『대한매일신보』, 1907. 10. 16,「대구사립수창학교취지서」;『황성신문』, 1907. 10. 25,「대구농회」;『황성신문』, 1905. 2. 17,「서임급사령」

⑤ 이종면

이종면(李宗勉, 1870~1932)은 본관이 성주(星州)이고 호는 오정(梧庭)이다. 1870년 대구 서성동에서 전오위장(前五衛將) 이석진(李錫珍)과 경주이씨 이예숙의 두 아들 종면과 영면 중 장남으로 태어났다. 아버지 이석진은 1906년 8월 대구농공은행장, 대구수형조합(大邱手形組合) 소장, 1907년 11월 대구민의소 소장 등을 역임한 부호였다.

1903년 7월 제주목(濟州牧) 주사(主事)를 역임한 바 있는 전직 관료이다. 1906년 8월 대구광학회 발기인, 1908년 11월 대한협회 대구지회 총무, 1908년 대구 협성학교 설립 등에 참여하여 애국계몽운동을 벌였다.

경술국치 후, 1910년 대구상무소 발기인, 1913년 5월부터 대구의 부호 정재학 등이 발기하여 설립한 대구은행의 발기인 및 이사를 역임하였다. 그 뒤 1920년 4월 경일은행 감사, 1921년 8월 대구은행 감사, 1929년 경상합동은행 주주 및 이사 등을 역임한 금융인이었다. 1920년 5월 대동사(주), 1919년 10월 경성방직(주), 1923년 6월 공호상회 등의 기업에 주주로 참여하였다. 그 외 1921년 10월 부호 정해붕과 함께 대구 명신학교(明新學校)를 설립하기도 하였다.

한편으로 주목되는 것은 1914년 4월 대구부 참사, 1918년 3월 대구부 협의원, 1919년 1월 대구교풍회 부회장, 1923년 6월 경북유도진회 회 이사, 그리고 1921년부터 1930년까지 학교평의회 의원을 역임하는 등 일제의 식민통치에 편승하는 친일적 경향을 보여주기도 했다.

〈참고문헌〉

대구신문사, 『선남요람』, 1911; 『황성신문』,1906. 6. 19, 「대구은행총회」; 『조선은행회사요록』, 1921, 1923, 1928, 동아경제시보사; 『매일신보』, 1922. 1. 25, 「명신교의 서광」; 1923. 6. 21, 「경북유도총회」; 1914. 4. 13, 「부군참사의 임면」; 1918. 5. 17, 「부협의원 임면」; 1919. 1. 20, 「교풍회임원갱송」

⑥ 이병학

이병학(李柄學, 1866. 10. 17~1924. 4. 26)은 대구 출신의 대한제국 관료이다. 본명이 이순집이다. 처음 이문형으로 개명했다가 다시 이병학으로 고쳤다. 1901년 8월 대한제국의 통신원 전화과 주사를 거쳐 1907년 8월 대구수형조합 평의원, 1908년 9월 동양척식주식회사 설립위원, 1908년 12월 대한협회 대구지회 회원 등을 역임하였다.

1912년 8월 경상농공은행 이사, 1912년 9월 선남은행 이사, 1913년 5월 대구은행 이사, 1918년 6월 20일 조선식산은행 설립위원, 1919년 10월 조선식산은행 상담역 등을 역임하였다. 그 외 1921년 조선생명보험 이사, 1922년 조선화재해상보험 이사, 1928년 경상합동은행 사장, 1932년 조선증권금융 설립 발기인 등을 역임하였던 금융인이었다.

한편 1919년 4월 대구자제단 발기인 겸 평의원, 1920년 12월 국민협회 경북지부 총무, 1921년 4월 조선총독부 중추원 참의를 지냈다. 1924년 4월 26일 정7위에 올랐고, 1928년 11월 16일 일본 정부로부터 소화대례기념장을 받는 등 일제의 식민통치기구에 참여하였다. 2002년 발표된 친일파 708인 명단에 수록되었다.

〈참고문헌〉

국사편찬위원회, 『대한제국관원이력서』, 1972. 『대한협회회보』 제9호, 1908. 12, 「회원명부」; 『매일신보』, 1918. 5. 17, 「부협의원 임면」; 『조선은행회사요록』, 1921~1939, 동아경제시보사; 『매일신보』, 1919. 4. 1, 「경북의 자제단」; 『동아일보』, 1921. 4. 29, 「이병학 조선총독부중추원참의피앙부」; 『조선총독부및소속관서직원록』(조선총독부, 1921~1923)

⑦ 정재덕

정재덕(鄭在悳, 1867~1911)은 본관이 진주(晉州)이며, 경북 상주 출신이다. 1902년 내부주사, 1903년 시강원(侍講院) 시종관(侍從官)으로 태릉참봉(泰陵參奉), 1903년 사직서(社稷署) 참봉(參奉), 1905년 경기전령(慶基殿令)이 되어 정3품 통정대부가 되었다.

1905년 경기전령을 사직하고 대구에서 활동하였는데, 1906년 1월 대구광문사 회원, 1907년 1월 대동광문회 회원으로 국채보상운동의 발기인이 되었다. 1907년 6월 초 대구금연상채회의 임원 이종국의 식상식송(植桑植松)에 대한 논의와 서상돈 등의 의연금 전용을 비판하는 경고문(警告文)을 발표하기도 하였다. 1908년 5월에는 대한협회 대구지회 총무 등을 역임하였다. 1908년 8월 상주에서 사립 광흥학교(廣興學校)를 설립하고, 이 학교의 교감(校監)으로 취임하여 신교육구국운동에 참여하였다. 1911년 사망하였다.

〈참고문헌〉

『대한제국관보』, 1902. 1. 18, 「서임급사령」; 1905. 6. 5, 「서임급사령」; 『대한자강회월보』 제9호, 1907. 3. 25, 「국채보상취지서」; 「경고아전국동포」(1908. 2. 4), 문화재청, 『학술용역보고서』(고령 성산이씨 홍와종가, 고문서, 2013); 『황성신문』, 1908. 8. 3, 「광교유인」; 1908. 9. 8, 「전지자오」; 1908. 10. 14. 「양씨흥학」

⑧ 김홍락

김홍락(金鴻洛)은 안동 출신이다. 서산(西山) 김흥락(金興洛)과 척암(拓菴) 김도화(金道和)의 문하에서 수학하였다. 1889년 사마시에 합격, 1894년 문과에 급제한 뒤, 1907년 3월 홍릉참봉(洪陵參奉)에 이어 1907년 비서감랑(秘書監郎), 홍문관시독(弘文館侍讀), 비서관기주(祕書官記注) 등을 역임하였다. 1908년 대한협회 대구지회 회원으로 활동하다가 경술국치 이후 은거하였다.

〈참고문헌〉

『대한제국관보』, 1907. 3. 2, 「서임급사령」; 『황성신문』, 1907. 3. 4, 1907. 3. 3, 「서임급사령」

⑨ 채헌식

채헌식(蔡憲植, 1855~1933)은 본관이 인천이고, 호는 후담(後潭)으로 대구 지묘동 출신의 양반유생이었다. 18세에 과거에 응시하였으나 실패하고 학문에 정진하였다. 31세이던 1885년 봄에 알성시(謁聖試)에 참가하여 초시(初試)에 합격하였으나 부친상으로 회시(會試)에 참가하지 못하였다. 이후 세상이 혼란함에 과거를 단념하고 학문에 전념하였다.

1891년(고종 28) 37세에 낙육재(樂育齋) 재생시(齋生試)에 합격하였다. 1894년 동학농민군이 각처에서 봉기하자 경산군 하양(河陽) 동곡(東谷)에서 진사 황재찬(黃在瓚)과 함께 오가작통제(五家作統制)를 시행하여 동학도의 침범에 대비하였다. 1907년 국채보상운동 참여, 1907년 대구 협성학교 발기인, 1908년 3월 대한협회 대구지회 간사 등으로 활동하였던 선각적인 유생이었다. 1917년 문우관(文友館) 설립에 참여하였고, 1924년에는 대구읍지(大邱邑誌) 간행에 참여하였다.

〈참고문헌〉

『대한협회회보』 제2호, 「회원명부」; 채헌식, 『후담문집』, 1962; 채헌식·이병운, 『대구읍지』, 1924.

⑩ 조병희−조인석−조창용

영양 출신의 평의원 조병희(趙秉禧)와 회원 조인석(趙寅錫), 그리고 서기 조창용(趙昌容)은 선각적인 유생이었다.

평의원 조병희(趙秉禧, 1855~1917)는 1896년 2월 영양의진(英陽義陣)에 참여하였던 보수적인 유생이었다. 을미의병 해산 이후 상경하여 척사청복원소(斥邪請復院疏)와 1899년 장조황제전례소(莊祖皇帝典

禮疏) 등 영남유생들의 상소운동에 참여하였고, 1904년 8월경에는 충의사(忠義社)에 참여하여 활동하였다. 특히 주목되는 것은 1899년 상경하여 위암 장지연과 단재 신채호 등 개화지식인을 만나면서 신사상을 수용한 뒤 단발(斷髮)을 결행한 선각적인 유생이었다는 점이다. 일찍이 향리인 영양 주곡(注谷)의 집안 청년 조창용(趙昌容)·조술용(趙述容)·조종기(趙鍾基)·조인석(趙寅錫)·조두석(趙斗錫) 등과 함께 상경하여 이들과 함께 개화혁신운동에 참여하였다. 1906년 대한자강회 회원으로 활동하다가 사돈이 살고 있는 청도로 내려왔다. 1906년 이후 청도에 거주하면서 1908년 5월 대한협회 대구지회의 평의원, 1908년 공립대구보통학교 전과부훈도, 1916년 경상북도 지방토지조사위원회 임시위원 등으로 활동하였다. 일찍이 조병희을 따라 상경했던 조인석과 조창용도 대구에서 활동하였다.

회원 조인석(趙寅錫, 1863~1931)은 일찍이 서울에서 신사상을 수용한 조병희를 따라 상경하여 1905년 5월 문관전고시(文官銓考試)에 합격한 선각적인 유생이었다. 조병희가 청도에 정착하여 대구에서 대한협회 대구지회에 참여하자 함께 회원으로 활동하였다. 그 후 영양 주곡의 향리에 영진의숙(英進義塾)을 설립하였으며, 1909년 4월 영양군 교육회장 벽산(碧山) 김도현(金道鉉)과 함께 영흥학교(英興學校)를 설립하였다. 이 과정에서 1912년 3월 영양군 참사(參事)가 되기도 했으나 1913년 사직하였다. 1920년 12월 경상북도평의회에 참여하였다. 1921년 3월 장상철·김귀현·이병학·정재학·이상호·류시만·김승원·윤필오·신봉균 등과 함께 중추원 의원에 추천되었으나 거부하였다.

조창용(趙昌容, 1875~1948)은 7세부터 백부 조병희로부터 글을 배웠는데, 1899년 백부를 따라 상경하였다. 1905년 10월 국민교육회가 운영하는 사립국민사범학교(私立國民師範學校) 속성과에 입학하여

1907년 7월 졸업하였다. 이 기간 중 1906년 3월 사립법률전문학교(普成學校)에 입학하여 같은 해 9월 수료하였고, 1906년 6월 관립일어야학교(官立日語夜學校)에 입학하여 1907년 7월 수료하기도 하였다. 1907년 8월 국민교육회 간사원, 경기도 양주의 일성학교(一成學校) 교사, 기독교에 입교하여 연동교회 시찰위원 등을 역임하였다. 1907년 6월부터 대구 협성학교(協成學校) 교사, 대한협회 대구지회 서기 등으로 활동하였다. 1908년 1월 블라디보스토크의 한민학교(韓民學校) 교사로 초빙되어 잠시 근무하였으며, 그해 5월 장지연과 함께 상해로 건너가 대동회관 서기로 활약하며『대동보(大同報)』간행에 간여하기도 하였으나 그해 7월 귀국하였다. 1909년 2월 대구공립보통학교 부훈도를 거쳐 1909년 11월 경남일보사에 근무하였다. 1911년 북간도로 건너가 대종교 지도자 박찬익(朴贊翊)을 만나 대종교 시교당 원도직(願禱職)을 맡아 활동하다가 1913년 경남일보사에 복귀하였다. 그러나 잦은 일제경찰의 체포와 고문으로 1914년부터 정신착란증에 걸려 일생을 불우하게 마쳤다.

〈참고문헌〉
조병희,『일엽구화』, 권3,「척사청부원소」,「장조황제전례소」; 조병희,『석농유고』; 조창용,『백농실기』; 여중룡,『남은선생문집』권2,「충의사창립취지서」,「충의사조례」,「서명록」;『대한자강회월보』제5호,「회원명부」;『대한제국직원록』(1908);『조선총독부및소속관서직원록』(1916년);『조선총독부관보』, 1913. 10. 8,「군참사해직」;『황성신문』, 1905. 5. 16,「전고피선인」; 1909. 5. 30,「영흥전진」; 조선총독부 중추원,『중추원자료』,「경상북도 중추원 의원 추천의 건」

⑪ 김진수

　김진수(金進銖)는 봉화 출신으로 1891년 증광시에 합격하여 진사가
되었다. 1900년 6월 난적·난신들을 엄히 다스려야 한다는 헌의서(獻
議書)를 올린 유생이다.

　1901년 8월 경상북도관찰부 주사가 되었으나 이듬해 4월 그만두었
다. 1904년 8월 충의사(忠義社) 회원, 1906년 8월 대구광학회 발기
인, 1906년 4월 대구광문사 발기인으로 참여하였으며, 경북관찰사 신
태휴의 학교 설립에 협력하여 학교총무를 맡았다. 1906년 9월에는 대
한자강회 회원, 1907년 11월 설립된 협성학교 발기인, 1908년 3월 대
한협회 대구지회 회원, 1908년 3월 교남교육회 회원 등으로 활동하
였다.

〈참고문헌〉

『각사등록』, 1900. 3, 「헌의서」; 여중룡, 『남은선생문집』 권2, 「충의사창립
취지서」, 「충의사조례」, 「서명록」; 『황성신문』, 1906. 2. 8, 「경북흥학」;
1906. 4. 23, 「경북교황」; 『대한매일신보』, 1907. 10. 6, 「달성학교취지
서」; 『대한자강회월보』 제3호, 1906년 9월, 「회원명부」; 『대한협회회보』 제
3호, 「회원명부」

VI

교남교육회의
조직과
활동

1. 교남교육회 설립 배경

○ 재경 영남유생들 한국보호국반대운동에 참여하다

개화기 초부터 상경 활동하고 있던 서북지방의 인사들과는 달리 영남지방의 보수적인 유림세력은 을미의병 이후 상경 활동을 통해 비로소 현실에 대한 새로운 인식과 자기반성을 모색하기 시작하였다.

재경 영남유생들은 서울의 외교가와 정부요로에 항일언론투쟁을 통한 한국보호국화반대운동(韓國保護國化反對運動)을 전개하였다.[1] 대표적인 상경인사는 안동의진에 참여했던 유인식, 김산의진에 참여했던 여중용·허위·이병구 등이었다. 그 외에 장지영·유봉희·여영조·조병희·우용택·지우석·강원형 등의 유생들도 상경하여 활동하고 있었다.

재경 영남유생들은 각지의 유생들과 연대하여 활동하고 있는데, 이들에 의해 조직된 단체가 비밀결사 충의사(忠義社)였다.[2] 1904년 8월경 조직된 것으로 보이는 충의사는 을미의병에 참여했던 각처의 유생들이 주도하였고, 이들과 연결된 재경관인들이 참여하였다. 이들은 정부요로와 외국공사관에 일본의 한국침략을 규탄하는 상소(上疏)·장서(長書)·기서(寄書)·상서(上書)·투서(投書)·격문(檄文)·통문(通文) 등을 통해 배일언론투쟁(排日言論鬪爭)을 벌였다.[3]

---

1) 권대웅, 「한말 재경 영남유림의 구국운동」, 『일제의 한국침략과 영남지방의 반일운동』, 한국근대사연구회, 1995. 8.
2) 여중용, 『남은선생유집』, 권2, 충의사 「서명록」에 따르면 현재 알 수 있는 사원은 133명이며, 그중에서 경상북도 출신 재경인사는 43명이다.
3) 여중용, 『남은선생유집』, 「서」·「병신일기」·「을사일기」; 이병구, 『초운유고』(필사원본); 강원형, 『혜사집』, 권1, 「소」·「서」; 『황성신문』, 1904. 11. 9, 「김여기서」; 11. 17, 「상정부서」; 1905. 1. 12, 「여우상서」; 2. 16, 「투함일관」; 5. 10, 「정서정부」; 5. 23, 「상정부서」

여중용, 『남은선생유집』, 권2, 충의사 「충의사창립취지서」

을미의병 이후 상경하여 활동하였던 유생들은 서양문화에 대해 적극적인 관심을 보여 신서적을 읽거나 계몽운동단체를 출입하면서 사상적인 변신을 이룩하였다. 종래 화이관에 입각하고 있던 보수적인 유생층과는 달리 새로운 세계관을 통해 당시의 현실을 인식하기 시작하였다.

○ 애국계몽운동에 참여하다

재경 영남유생들은 대한자강회를 출입하였고, 일부 인사들은 문우회(文友會)인 영우회(嶺友會)를 만들어 활동하기도 하였다.[4] 1906년

---

4) 강하복, 「회서」, 『교남교육회잡지』 제1호, 6쪽.

3월 결성된 대한자강회의 회원 여중용·장지연·강원형·여영조(韶)·김
선구·조병희 등은 경상북도 출신이었다.[5]

1907년 8월 대한자강회가 해산되고, 3개월만인 동년 11월 대한협회
가 설립되었다. 대한협회의 중앙 및 지방조직은 대체로 대한자강회와
유사한 형태를 취하고 있었으며, 대한자강회 지방지회가 그대로 계승
되기도 했다.

대한협회의 본회 임원들 가운데 회장 김가진·부회장 오세창·총무
윤효정 등의 핵심적인 인물들이 일제의 한국통치에 영합 내지 협력하
는 모습을 보여주고 있다. 이것은 계몽운동에 참가하고 있는 일부 인
사들이 일본의 회유정책(懷柔政策)에 넘어가는 경향 속에서 나타날 수
밖에 없었던 필연적인 결과였다.

대한협회는 "대권의 이동은 이미 인정하지 않을 수 없으므로 국민
대계를 위해 함인자중(含忍自重; 마음속에 넣어 두고 참음)"하자며,[6]
일본의 한국강점을 기정사실로 받아들이는 미온적인 태도를 보였다.
따라서 일진회와의 제휴설도 나타났고, 의병을 폭도로 규정하고 그 진
압책을 건의하기도 하였다.[7]

대한자강회의 해산, 그리고 대한협회의 설립과 질적 변화 속에서 국
권회복운동은 새로운 투쟁방안을 모색하기 시작하였다. 이리하여 민
족주의적인 성향을 가진 인사들이 신민회(新民會)와 대동청년단(大東
靑年團)으로 집결하여 지하운동을 통해 국권회복을 모색하기 시작하
였다. 이것은 국권회복운동이 직접적인 무력투쟁방략으로 전환해가는
초기의 단계로 나라가 망한 뒤 국외 독립군기지건설을 구상하는 연원

---

5) 『대한자강회월보』 제2호, 「회원명부」, 71~72쪽.
6) 이상룡, 『석주유고』 권2, 「여대한협회본회 부답서」
7) 국사편찬위원회편, 『한국독립운동사』1, 399~400쪽.

이 되었다.

  이와 같이 애국계몽운동의 질적 변화 속에서 영남지방을 연고로 하는 교남교육회가 1908년 3월 서울에서 창립되었다. 대한협회의 변질과 신민회나 대동청년단의 결성에 즈음하여 재경 영남출신의 인사들이 설립한 교남교육회는 매우 주목된다.

2. 교남교육회 설립·취지·목표

○ 재경 영남인사들 교남교육회를 조직하다

『대한매일신보』, 1908. 3. 10.
「교남학회」

교남교육회 설립은 1908년 3월 8일 재경 영남인사 140여 명이 보광학교(普光學校)에서 발기회를 개최하면서 시작되었다. 발기회에서 김중환이 임시회장으로 추천되었고, 박정동이 취지를 설명하였다. 그리고 최정덕이 「관습개량(慣習改良)」이라는 제목으로 연설을 하였다.[8] 이어서 1908년 3월 14일 종로청년회관에서 150인이 참석한 가운데 임시총회를 열어 다시 임시회장으로 현영운을 선출한 뒤 임원을 선출하였고, 3월 15일 보광학교에서 발기인 박정동·상호를 비롯한 경상도 인사 145인이 모인 가운데 총회를 개최함으로써 창립되었다.[9]

---

8) 『대한매일신보』, 1908. 3. 10, 「교남학회」; 『황성신문』, 1908. 3. 10, 「교남교육회조직」
9) 『교남교육회잡지』 제1권 제1호, 「총회록」, 47쪽.

유림의 보수적인 성향이 강한 영남지방은 타도에 비해 신문물의 수용이나 교육에 있어서 낙후성을 면하지 못했다. 그러므로 구체적이고 실천적인 흥학설교(興學設校; 교육을 일으키고 학교를 세움)를 추진하기 위해서는 학회의 설립이 필요하였다. 지역학회를 가지지 못한 각 지방의 인사들은 지역중심의 학회가 필요했고, 대한자강회 해산 뒤 1907년 11월 설립된 대한협회의 친일화 경향 속에서 지역학회의 설립이 필요했기 때문이다.

이러한 추세 속에서 재경 영남인사들은 교육진흥(教育振興)을 목적으로 교남교육회를 조직하였다. 그 설립취지에서는 다음과 같이 말하고 있다.

「(전략)현금 세계만국이 인민을 교육하는 것은 국가의 생명 기관으로 보기 때문이고, 부형과 사우(社友)도 이를 제일의 사업으로 삼으니 대개 이렇게 하지 않으면 나라를 유지할 수 없고 생명을 보존할 수 없기 때문이다. 근일 각도의 뜻있는 선비들이 이같이 발기하여 학회 설립이 발흥(勃興)하고 있다. 오직 우리 교남(嶠南)은 평소 추로지향(鄒魯之鄉)으로 불리고, 또한 영준(英俊)한 자제들이 많아 진실로 빛나는 문장과 학식에 능하니 교육으로 새로운 지혜를 더하면 체용(體用)이 구비(具備)하고 문질(文質)이 겸전(兼全)하야 다른 날 무궁히 쓰일 것이다. 그러나 옛 것을 고수하여 시대의 변화에 늦어 시간을 허비하고서 가을이 되어 수확하고자 하며 추위에 다다라서 옷을 구하고자 하니 어찌 개탄(慨歎)하지 않겠는가. 그런즉 이제 분발(奮發)하여 우리 조선(祖先)의 세업(世業)을 실추(失墜)시키지 말고 보존(保存)하는 것이 어찌 우리 형제들의 의무 아니겠는가. 이것이 교남교육회(嶠南教育會)를 세우는 까닭이다.(후략)」[10]

위의 교남교육회 설립취지를 보면 교육의 중요성을 강조하고, 인재

---

10)『교남교육회잡지』제1권 제1호,「본회취지서」, 7쪽.

의 육성을 목적으로 교육부흥을 위한 학회설립의 필요성을 역설하고 있다. 이러한 목적을 달성하기 위해 교남교육회는 다음과 같이 그 방침을 설정하였다.[11]

　一. 사범학교를 경성 내에 설립할 사.
　一. 지회를 본도 내에 인설하야 학교를 성립케 할 사.
　一. 회보와 기타 필요한 서적을 수의 발간할 사.

위의 방침은 교육진흥을 위한 사범학교의 설립, 학교의 설립, 그리고 회보와 서적의 발간을 목표로 한 것이었다.

○ 교육진흥을 표방하다

첫째, 사범학교의 설립은 교원을 양성하기 위한 것이다. 이미 서우학회(西友學會)와 기호흥학회(畿湖興學會)가 교원양성을 위해 서울에 각각 서우사범학교(西友師範學校)[12]와 기호학교(畿湖學校)[13]를 설립하여 운영하였다. 이에 교남교육회에서도 사범학교의 설립을 구상하였던 것이다. 즉 교남교육회지회규칙(嶠南敎育會支會規則) 제14조는 지회에서 본회로 선발되어 학업을 받은 학생은 사범학교 교육을 이수하도록 하였고, 본회의 지시대로 해당 지회의 교육 사무에 종사토록 한다고 규정하였다. 이외 사범학교 설립에 대한 구체적인 자료는 찾아볼 수 없으나 학부와 협의하여 법어학교(法語學校)를 교남교육회에서

---

11)『교남교육회잡지』제3호,「교남교육회규칙」, 58쪽.
12)『서우』제3호, 41쪽;『대한매일신보』, 1907. 2. 26.
13)『기호흥학회월보』제1호, 49쪽.

인준을 받고 있는데,[14] 이때 교남교육회는 사범학교 설립을 위해 학부와 협의하고 있었다.

둘째, 학교의 설립은 경상도 각 군에 흥학설교(興學設校)의 효과를 거두기 위한 것이다. 이 방침에 의해 교남교육회는 지회를 설치하여 학사의 자치(自治)를 도모하고, 학교의 구역은 각 면 1교를 목표로 하였다.[15] 이것은 교남교육회가 애국계몽운동단체로서 그 설립이념인 신교육구국운동을 실현하기 위한 것이기도 하다.

셋째, 회보와 서적의 간행이다. 이것은 교남교육회가 목표로 하고 있던 교육진흥(敎育振興)과 민중계몽(民衆啓蒙)을 실현하기 위해 채택한 사업의 하나이다. 이 회보는 『교남교육회잡지(嶠南敎育會雜誌)』라는 명칭으로 학회 창립 초부터 구체적인 사업으로 계획된 것이었다. 이것은 교남교육회 규칙에서 회의 방침으로 설정되고 있으며, 잡지 발간을 위한 도서부를 설치하고 편술원을 선출하여 준비에 착수하고 있었다. 그러나 실제로 잡지가 발간된 것은 1년 후인 1909년 4월부터 이루어졌고, 발간 도중에 재정문제로 휴간되기도 하였다.

이상에서 살펴본 바와 같이 교남교육회의 설립, 그 취지와 목표는 교육진흥(敎育振興)에 있었고, 이를 통해 민중을 계몽하여 나라의 실력을 양성하고, 장차 국권회복을 달성한다는 데 있었다.

『교남교육회잡지』 제1권 제1호(1908. 4)

---

14) 『황성신문』, 1908. 5. 8, 「양회유관」
15) 『교남교육회잡지』 제4호, 「교남교육회지회규칙」

3. 교남교육회 조직과 활동

1) 조직

○ 영남출신의 인사들이 중심이 되다

교남교육회는 본회를 서울에 두고 지회는 경상도의 각 군을 단위로 조직하기로 하였다. 그리고 그 회원은 대한제국 20세 이상의 남자로서 교남(嶠南)에서 출생하였거나, 또는 본적이나 주소가 교남인 자로 규정하고 있다.[16]

우선 본회의 창립 당시 조직을 보면 회장 1인, 부회장 1인, 총무 1인, 평의원 30인, 간사원 3인, 서기원 2인, 재무부장 1인, 회계원 2인, 도서부장 1인, 교육부장 1인으로 구성되었다.[17] 동년 4월 1일 임시평의회의 의결을 거쳐 도서부 찬술원 10인, 교육부 학무원 10인을 추가 선출하였고,[18] 동년 11월 29일 특별총회에서 월보편집 겸 발행인 1인, 편집원 2인을 새로 선출하였다.[19] 도서부 편술원과 교육부의 학무원은 제반 사무를 담당하여 잡지의 간행과 흥학설교(興學設校)를 추진하기 위한 임원이며,[20] 잡지 간행을 위한 월보편집 겸 발행인과 편집인은 특별임원이었다.

교남교육회는 정규회원 외에 찬무원(贊務員)이나 찬성원(贊成員)과 같은 특별회원을 영입하고 있다. 「교남교육회규칙」에 의하면 찬무원으로 각도 지방관을 추대한다는 것과 찬성원으로 국내의 유지인사를 영

---

16) 『교남교육회잡지』 제3호, 「교남교육회규칙」
17) 『교남교육회잡지』 제1호, 「임원록」
18) 『교남교육회잡지』 제2호, 「회중기사」
19) 『교남교육회잡지』 제4호, 「회중기사」
20) 『교남교육회잡지』 제3호, 「교남교육회규칙」

입하여 본회의 취지를 협찬토록 한다는 것이다.[21] 즉 찬무원은 경상남북도의 지방관을 추대하는 것이며, 찬성원은 각 지방출신 인사 중에서 교남교육회의 취지에 찬동하는 인사를 추대하는 것이라 할 수 있다. 회록에 따르면 찬무원은 본도 유지인사로 작은 군은 3~4명, 큰 군은 4~5명을 선정하기로 결의하고 있다.[22] 찬성원은 구체적인 자료를 찾아 볼 수 없으나 잡지에 기고하거나 재정을 보조하는 인사들이 이에 해당하였던 것으로 보인다.

교남교육회는 중앙조직인 본회와 지방조직인 지회를 설치하고 있다. 「교남교육회지회설립규정」에 의하면 교남교육회 규칙 "제4조에 의거하여 각 지방에 지회를 설치"하며, "교남 각 군의 유지인사가 본회의 취지를 찬성하여 그 지방에 지회를 설치코자 할 때에는 10인 이상의 발기인이 연서한 지회설립청원서(支會設立請願書)를 본회에 제출"하도록 규정하였다. 그리고 청원서를 접수한 본회는 "청원인 중 성망(聲望)과 지식이 능히 하나의 지회를 유지할 인사 3인 이상이 있는 것으로 확인될 때 총회를 경유하여 지회를 인가"하도록 하고 있다. 또 "본회에서는 지회의 부적당한 행동이 있다고 인정될 때"에는 "논책·정기정회·해산"을 할 수 있도록 하는 명령권을 규정하고 있었다.[23]

○ 안동과 거제에 지회가 설립되다

교남교육회 지회의 조직은 본회의 조직 편제와 임원의 구성이 같도록 하였다. 뿐만 아니라 지회의 회비는 본회에서 수납하도록 정하고 있으며, 지회는 본회의 목표인 교육진흥을 충실히 실행하도록 규정하

21) 『교남교육회잡지』 제3호, 「교남교육회규칙」
22) 『교남교육회잡지』 제8호, 「회록」
23) 『교남교육회잡지』 제3호 및 제4호, 「교남교육회지회설립규정」

고 있다. 또 교남교육회는 그 목적과 취지를 실행할 수 있도록 지회가 설립하는 학교의 교사를 본회가 양성한다는 방침을 세우고 있었다.[24]

교남교육회는 영남 각 지방 출신의 재경인사들로 임원을 구성하고 있지만, 회원은 각 지방의 인사들을 망라하고 있다. 그러므로 지방지회의 설립은 회의 활동목적을 달성하는 데 있어서 그다지 시급한 문제는 아니었던 것 같다. 따라서 교남교육회는 창립 이래 경북 안동군과 경남 거제군에만 지방지회를 설치하고 있을 뿐이었다.[25] 이것은 대구나 동래와 같이 회원세력이 강하였던 지역은 지회의 설립이 크게 필요치 않았고, 거제와 같이 본회와 연락이 어렵거나 안동과 같이 보수 세력이 강한 곳에는 지회의 설립이 꼭 필요했기 때문일 것이다.

안동군지회의 설립청원은 1908년 10월 20일 임시평의회에서 논의가 있었고, 그 후 11월 1일 특별총회에서 인가되었다. 1909년 음력 정월 20일 안동군지회가 설립되었는데, 『황성신문』은 논설 「교남(嶠南)의 서광(曙光)」에서 그 상황을 다음과 같이 쓰고 있다.

요즈음 온 편지를 접한즉 안동군 모모 명족 가문에서 전일에 각 가문마다 문호를 세우던 누습을 타파하고 문명 진보하는 사업에 대하여 협력해 나아가기로 합의 결심하고 음력 이달 20일에 유통(儒通)을 발하고 전도 사림이 안동군에 일제히 모여 교남교육회 지회를 설립하기로 결의하고 학교설립의 방침은 상중하 사회를 물론하고 각기 문중에서 담당하여 착수하기로 서로 권면한다하니 교남 산천에 문명광선이 이에 발현하였고 아국 전도가 이에 유망(有望)하도다하여 축하의 정이 드러나게 되어 일필을 다시 들세(이하생략)[26]

---

24) 『교남교육회잡지』 제4호, 「교남교육회지회규칙」
25) 『교남교육회잡지』 제4호, 「회록」, 53쪽.
26) 『황성신문』, 1909. 2. 3, 「교남의 서광」

『황성신문』, 1909. 2. 3, 「교남의 서광」

안동군지회의 설립은 중요한 의미를 지니고 있었다. 주지하는 것처럼 안동은 보수 세력이 강한 곳으로 각처의 전통적인 유림사회에 직접적인 영향력을 발휘하고 있었다. 그러므로 안동군지회의 설립과 학교설립은 경상도 각지의 흥학운동(興學運動)을 촉진하는 역할을 하게 되었다. 특히 대한협회 안동군지회 설립 이후, 교남교육회 지부 활동을 통해 사상적인 변모를 거친 보수적인 유림은 애국계몽운동의 전개 과정에서 안동지방의 변화를 불러일으키게 되었다.

2) 활동

○ 신교육구국운동을 벌이다

교남교육회의 기본적인 활동은 교육 진흥을 표방한 신교육구국운동이었다. 이것은 애국계몽운동 단체가 표방한 교육과 실업의 진흥과도 일치한다. 당시 시급한 민족적 과제는 국권회복이었다. 국권의 회복은 교육과 실업의 진흥이 이루어진 연후에 자연히 이루어질 것이고, 무력도 실력이 있어야 능히 이룰 수 있다는 논리이다. 이러한 측면에서 볼 때, 신민회나 대동청년단의 활동이 비합법적인 비밀결사 활동이라면 교남교육회를 비롯한 지역학회의 활동은 합법적인 계몽활동이었다.

「교남교육회규칙」에 의하면 교남교육회는 "교남 교육을 진흥함을 목적"으로 "사범학교를 경성 내에 설립"하고 "지회는 본도 내에 설립하여 학교를 성립"하게 한다는 방침을 세우고 있었다. 그리고 지회가 설립하는 학교는 "각 면에 일교(一校)씩 설립"하고 "구역이 광대한 지방에 있어서는 이교(二校) 이상을 설립"한다는 방침을 세우고 있었다.

따라서 교남교육회의 신교육구국운동은 지회를 단위로 학교를 설립한다는 목표로 전개되었다. 그리고 목표를 효과적으로 달성하기 위해서 사범학교의 설립을 통해 교육을 담당할 교원을 양성하고, 잡지와 서적의 간행을 통해 교육의식을 고취하고, 나아가 교과서를 보급하고자 하였다.

그러나 전술한 바와 같이 사범학교의 설립은 실현을 보지 못하였고, 잡지와 서적의 간행도 매우 부진하여 교남교육회가 설립된 이듬해인 1909년 4월 25일 창간하여 1910년 5월까지 제12호를 발간했을 뿐이다. 『교남교육회잡지』는 주로 민중계몽적인 내용이 게재되어, 제1호에서는 신교육에 대한 영남지방의 낙후성을 지적하고 있으며, 제2호에서부터는 학술(學術)·휘보(彙報)·잡저(雜俎) 등을 통해 교육진흥(敎育振興)과 민중계몽(民衆啓發)의 필요성을 강조하고 있었다.

교남교육회가 전개하고 있는 신교육구국운동은 우선 그 조직인 총회·평의회·통상회, 그리고 특별부서인 교육부·도서부를 통해 추진되었다. 총회는 임원의 선출과 회의 주요사업 결정, 그리고 회원의 계몽을 위한 연설회를 개최하였다. 평의회는 총회가 위임한 사건을 처리하고 재무·교육·도서부의 부장과 교육부의 학무원과 도서부의 편술원을 선출하였다. 통상회는 회비의 수입과 지출 보고, 회무 처리, 그리고 회원 및 찬무·찬성원의 연설회를 개최하였다. 한편 교육부는 학교 설립을 추진하였고, 도서부는 인쇄물의 간행을 통해 교남교육회의 목적을 관철하고자 하였다.

교남교육회가 표방하고 있는 교육진흥을 위한 활동은 다음과 같은 방향에서 전개되고 있다.

첫째, 교남교육회는 다른 지역학회와 밀착하여 서로 연대 체제를 형성하고 있었다. 당시 5학회(五學會)[27]와 연대하고 있었던 분야는 학교의 설립 및 유지, 그리고 학회의 재정에 관계되는 부문이었다. 학회의 재정은 기본적으로 회원의 입회금(入會金)·년연금(年捐金)·기타수입(其他收入)[28]으로 유지하도록 하였으나 실제로는 대부분 특별납부금(特別納付金)에 의존하였다. 이외에 교남교육회가 확보할 수 있었던 기본재산은 충북 제천 출신 이희직(李熙直)이 특별 기부한 전답이었다. 이희직은 1908년 기호·서북학회(畿湖·西北學會)에 재산을 기부하고, 이어 교남교육회에도 20두락의 전답을 기부하였다.[29] 교남교육회는 이 전답을 처분하지 않고 그 생산 소득을 회비에 충당하였다. 이희직이 기부한 전답은 당시 서북·기호·교남학회가 1908년 10월 서북학회 회관에서 각 학회 총무 회의를 열고 서북학회에 일절 위임하여 전답의 많고 적음에 따라 나누어 지급한다는 방침에 의한 것이다.[30] 그 후 이 토지의 수조권의 처리는 관동학회(關東學會)의 회원 강태병(姜台秉)에게 위임하였다.[31] 그리고 1910년 2월 학교의 설립과 유지를

---

27) 서북학회·기호학회·관동학회·교남학회·호남학회를 말함.
28) 「교남교육회회칙」 제10조.
29) 『교남교육회잡지』 제3호, 55~56쪽; 『황성신문』, 1908. 9. 10, 「지사기부」
30) 『교남교육회잡지』 제4호, 「회중기사」
31) 『교남교육회잡지』 제10호, 「회중기사」

위해 소위 "5학회(五學會)"가 같이 참여하는 사립학교유지연구회(私立學校維持硏究會)를 결성하였고,[32] "각령(閣令)으로 반포된 기부금취체 규칙(寄附金取締規則)"에 대응하기로 하였다.[33] 이것은 일제의 조직적인 사립학교 탄압에 대해 교남교육회를 비롯한 각 학회들이 공동으로 대응한 것이기도 하다.

『대한매일신보』, 1908. 4. 12, 「본인 등이 교남학생친목회를 발기하고」

둘째, 교남교육회는 중앙과 지방에서 조직된 친목회와 밀접한 관계 속에서 활동하였다. 교남교육회와 밀착되어 활동하였던 친목회는 중앙의 교남학생친목회(嶠南學生親睦會)와 지방의 동래부학생친목회(東萊府學生親睦會)·달성친목회(達成親睦會) 등이다. 교남학생친목회는 1908년 4월 중순 보광학교(普光學校)에서 재경 경상북도 학생들이 발기·설립한 친목회이다.[34]

교남교육회가 재경 영남인사를 주축으로 영남 각처의 인사들이 참여한 교육단체임에 반해 교남학생친목회는 재경 영남출신의 유학생들이 회원으로 가입 여부를 불문하고 참여하였다.[35] 초기부터 교남교육회와는 밀접한 관련을 가지고 그 회관(會館)을 사용하였고, 그 활동도

---

32) 『교남교육회잡지』 제11호, 「회중기사」, 35쪽.

33) 『황성신문』, 1910. 3. 5, 「오학회의안」

34) 『대한매일신보』, 1908. 4. 10, 「영우친목」; 『황성신문』, 1908. 4. 9, 「교남학생친목회」

35) 『황성신문』, 1908. 10. 4, 「교남친목」

교남교육회 인사들의 지원을 받고 있었다.[36] 교남학생친목회의 활동
은 토론회(討論會)·강연회(講論會)·운동회(運動會)를 통하여 회원 상
호간의 친목과 교육발달을 도모하였다.[37]

한편 동래부학생친목회와 달성친목회도 편지를 보내 교남교육회의
활동에 찬성하고 있다. 즉 동래부학생친목회는 축하의 편지와 함께
3원을 기부하였고,[38] 달성친목회도 그 활동을 지지하며, 시찰위원 남
형우를 맞아 7·800명이 참석한 가운데 환영회를 개최하였다.[39]

셋째, 교남교육회는 학교의 설립과 유지를 직접 지도하기도 하였다.

『황성신문』, 1909. 8. 17, 「교육위원 환영」   『황성신문』,1909. 8. 18, 「시찰위원 환영」

---

36) 『황성신문』, 1909년 4월 15일 기사에 따르면, 교남학생친목회가 운동부
    를 조직하자 교남교육회의 상호 등이 각각 20원씩의 기부금을 내고 있다.
37) 『황성신문』, 1909. 4. 17, 「교남학생토론」; 6. 15, 「교회임원」, 1910. 6. 9,
    「교회운성황」
38) 『황성신문』, 1909. 11. 17, 「기부교남」;『교남교육회잡지』제8호, 30쪽,
    「동래부학생친목회에서 본회에 치함한 전문이 여좌함」
39) 『황성신문』, 1909. 8. 17 및 18, 「교육위원 환영」및 「시찰위원 환영」

즉 교남교육회는 특별부서인 교육부를 두고 교육시찰위원으로 남형우·안희제·박태훈 등을 각 지방으로 파견하여 학교 설립을 권장하였다. 특히 남형우는 대구 달성친목회가 개최한 환영회에서 「교육(敎育)은 오인(吾人)의 생명(生命)」이라는 주제의 연설을 하였고,[40] 동래에서는 각 학교를 순회시찰하면서 기금적립과 교육과정의 개량 방침을 역설하기도 하였다.[41] 그 결과 영남 각처에 강습소(講習所)가 설치되었고, 마산에서는 주기환·양제환 등이 발기하여 교남교육회지회(嶠南敎育會支會) 및 부인회(婦人會)를 조직하려는 움직임이 나타나기도 했다.[42]

교남교육회는 당시 소위 5학회(五學會)와의 연대, 중앙과 지방에서 결성된 친목회와의 연대, 그리고 간부를 파견하여 학교 설립과 유지에 대한 지도를 통하여 교육진흥을 위한 활동을 전개하였다. 그 결과 학교설립을 촉진하는 등 많은 성과를 거두고 있었다. 특히 교남교육회의 후원을 받아 활발하게 활동을 벌인 곳은 안동군지회였고, 그 외에 경북지방의 봉화·김산·인동 등지와 경남지방의 동래·진주·김해 등지에서 활발하게 활동하였다. 동래에서는 초량부인회(草梁婦人會)가 운영하는 학교의 건축비를 부담하기도 하였다.[43]

○ 각처에 학교를 설립하고 후원하다

교남교육회는 영남지방의 각처에서 학교설립에 많은 역할을 하였다. 창립이후 1910년까지 영남지방으로 권유위원을 파견하여 교육진

---

40) 『황성신문』, 1909. 8. 18, 「교육시찰환영」
41) 『황성신문』, 1910. 6. 15, 「권유유인」
42) 『황성신문』, 1910. 7. 16, 「권유효력」
43) 『교남교육회잡지』 제5호, 「회중기사」, 64쪽.

흥을 위한 활동을 벌였다. 교남교육회의 지방지회가 결성되었던 안동 군의 경우에는 광명학교(廣明學校)·동양학교(東陽學校)·협동학교(協東學校) 등이 설립되었고, 영가학교(永嘉學校)를 설립한 인사들에 의해 교육방침을 연구하기 위한 영북학회(永北學會)가 조직되기도 하였다. 그 외에 예안의 보문의숙(寶文義塾), 봉화의 조양학교(朝陽學校), 김산의 양성학교(養成學校)와 보통학교(普通學校), 인동의 동락학교(同樂學校), 동래의 양정학교(養正學校)와 명진학교(明進學校), 진주의 신안학교(新安學校), 김해의 동명학교(東明學校) 등도 교남교육회와 직·간접적으로 관계를 맺고 있었다.

안동군 풍산면의 광명학교(廣明學校)는 회원인 김병걸·김태동이 학교의 설립 비용과 운영 경비를 부담하였다. 동선면 가구(佳邱)의 동양학교(東陽學校)는 원래 면립(面立)으로 재정난 때문에 폐교 직전에 있었으나 회원인 김영갑·안찬중·남태휘·이직렬 등이 노력하여 재건하였다. 그리고 임하면 천전리(川前里)의 협동학교(協東學校)도 회원인 유인식·김후병·김긍식(본명 김동삼)·하중환 등이 설립하였다.[44]

특히 주목되는 것은 안동군의 동양학교와 협동학교이다. 동양학교의 경우에는 재정난으로 폐교 직전에 있었으나 교남교육회 회원의 노력으로 안승국·남하제·김병익 등 재력이 있는 인사들의 찬조와 각 문중의 호응을 얻어 기본재산을 형성하였다.[45] 협동학교는 1907년 안동군 임하면 천전동의 가산서당(可山書堂)을 개수하여 설립되었다. 처음 보수적인 유림의 반대가 있기도 했으나 김동삼·유인식의 열성과 향교·서원·문중재산 투입으로 운영되었다. 또 보성학교에서 김동삼과

---

44) 『교남교육회잡지』 제11호, 「학계휘문」, 28쪽.
45) 『교남교육회잡지』 제12호, 「회중기사」, 46쪽.

교유하였던 안희제의 적극적인 지원이 큰 도움이 되었고,[46] 안동군의 동 7면이 여기에 힘을 합쳤다.[47] 협동학교는 유인식·김후병·하중환 등이 발기하였으며,[48] 교감에 김동삼, 교사로는 신민회 회원 김기수·이관직 등이 외지인사로 참여하였다.

발기문에 의하면 협동학교는 '청년교육(靑年敎育)의 기초(基礎)'[49]를 삼는다는 기치 아래 유림의 반대에도 불구하고 1909년에는 교직원과 학생 30여 명이 단 발을 단행하는 등 열성을 보였다.[50]

『황성신문』, 1908. 9. 7, 「협동창립」

한편 예안의 보문의숙(寶文義塾)은 퇴계의 후손인 진보이씨 문중의 이충호·이중태·이중한 등이 도산서원의 소유전답을 기본자산으로 설립한 문중학교였다.[51] 예안의 진보이씨 문중 출신 이선호·이원식·이지호·이동식·이중항·이중원·이중기 등은 교남교육회 회원이었다.[52]

---

46) 안국제, 「백산공가장급유사략록」, 외솔회, 『나라사랑』 제19집, 176~177쪽.
47) 『황성신문』, 1908. 9. 24, 논설 「교남의 일뇌」
48) 『황성신문』, 1908. 9. 7, 「협동창립」
49) 『황성신문』, 1908. 10. 7, 「협동근면」
50) 『황성신문』, 1909. 11. 28, 「협동진보」
51) 『황성신문』, 1909. 12. 7, 「예안문명」
52) 『교남교육회잡지』 제1호, 「회원명부」

봉화 내성면의 조양학교(朝陽學校)는 충재(忠齋) 권벌(權橃)의 추향소인 삼계서원(三溪書院)의 옛 땅에 김권(金權) 두 문중의 인사들이 설립하였다. 육군문관학교 출신의 관료였던 설립자 권중철은 안동 협동학교가 의병의 습격을 받은 후 지방교육의 퇴보를 우려하여 찬무회를 조직하였다. 또한 고명한 교사의 초빙을 교남교육회에 위탁하기도 하였다. 왜냐하면 조양학교는 설립 뒤 교장 김인식이 3차례나 교사를 초빙했으나 이곳 출신의 신교육을 받은 교사가 없어 학생들이 입학한지 2학년이 되도록 학업에 진전이 없었기 때문이다.[53]

『황성신문』, 1909. 12. 7, 「예안문명」

김천의 양성학교(養成學校)는 여중룡·여영조·여석무·여달응·이정소·최창섭 등이 발기하여 설립한지 불과 3~4삭에 학생이 40여 명이 되었고,[54] 보통학교(普通學校)는 여영조·최창섭·이병구·임병주 등이 설립하였다.[55] 이들 중

『황성신문』, 1909. 11. 17, 「조양확장」

여중용·여영조(소)·이병구 등은 을미의병 때 김산의진(金山義陣)에 참여하였던 의병 출신으로 서울에 올라가 활동하다가 교남교육회 회원이 되었다.

---

53) 『교남교육회잡지』 제11호, 「학계휘문」, 28쪽; 『황성신문』, 1909. 11. 17, 「조양확장」; 1910. 9. 3, 「조교유인」

54) 『교남교육회잡지』 제11호, 「학계휘문」, 28쪽; 『황성신문』, 1908. 6. 16, 「양교성황」; 『대한매일신보』, 1908. 11. 8, 「양성학교 설립 청원 전문」; 1908. 12. 1, 「김산군양성학교취지서」

55) 『황성신문』, 1909. 2. 4, 「김산발문」

●養成學校情況 南來人의 傳說을
聞호죽金山郡守林承學氏가 內務
錢領下을感激호고育英之心이到底
호야四十元을捐廩호고儒林中補助
金數百元을自願添補호야學徒數三
十名을募集호야校長鄭漾基敎師曹
相億南氏가熱心訓導호야進步홀期
望은顧有호나每以資本不足으로恨
歎호다더라

『황성신문』, 1907.1. 23, 「양성학교정황」

그 밖에 교남교육회와 직·간접으로 관계를 가진 인동의 동락학교(東洛學校), 동래 양정학교(養正學校)와 명진학교(明進學校), 진주 신안학교(新安學校), 김해 동명학교(東明學校) 등에는 권유위원이 파견되어 설립과 유지를 지도하였다. 동래의 명진학교 교장 지양식(池楊植)은 교남교육회의 사업과 권유위원의 파견에 대해 다음과 같이 치하하고 있다.

"본회가 창립하여 교육을 총할하며 잡지를 월간(月刊)하여 날마다 권면(勸勉)하는 고로 교남(嶠南) 모든 지역의 민지(民智)가 발달하고 학업이 점진하여 (중략) 교육에 종사하는 자 누가 감복하지 않으며 누가 좋아하지 않으리오. 또 권유위원(勸諭委員) 남형우(南亨祐)씨를 파송하시와 이곳의 모든 학교를 하나하나 시찰케 하시니."[56]

○ 교육진흥을 위한 강연 활동을 벌이다

한편 교남교육회는 교육진흥을 위해 강연 활동을 꾸준히 전개하였다. 교남교육회는 총회, 임시총회, 통상회, 간친회 등을 통해 강연을 개최하였고, 각지에 파견된 권유위원들도 각처에서 강연 활동을 벌였다. 교남교육회의 강연 활동은 다음과 같다.

---

56) 『교남교육회잡지』 제12호, 「회중기사」, 45쪽.

<표 Ⅵ-1> 교남교육회 강연 상황

강연일시	장소	강연사	강연제목
1908. 3. 15	임시총회	최정덕(崔廷德) 김중환(金重煥) 이각종(李覺鍾)	관습의 개량 일반 회원의 면진(勉進) 충효대의
1908. 4. 15	임시총회	김광제(金光濟) 박정동(朴晶東)	교육과 회의 관계 자신력
1908. 4. 19	임시총회	윤효정(尹孝定) 정운복(鄭雲復) 최정덕(崔廷德)	교육의 효력 수구의 폐해와 진취의 정신 교남의 교육이 전국의 관계
1908. 6. 21	정기총회	상호(尚灝) 박정동(朴晶東)	대회 열심 소년 다병
1909. 3. 14	창립기념식	장지연(張志淵)	삭발 권고
1909. 4. 11	임원간친회	이겸래(李謙來)	교육의 목적과 회장의 책임
1909. 9. 19	추계통상총회	박정동(朴晶東) 상호(尚灝)	자목(束木)의 결실 교남인의 자각
1909. 8.	달성친목회	남형우(南亨祐)	교육은 오인의 생명

비고) 『교남교육회잡지』 및 『황성신문』에 의거함.

위 「표 Ⅵ-1」에서 보면, 교남교육회의 강연은 윤효정·정운복을 제외하고는 최정덕·김중환·이각종·김광제·박정동·상호·남형우 등의 영남 출신 인사들이 담당하였다. 그 외에 대한자강회 강화군지부장인 이동휘와 같은 계몽적 인사들도 교남교육회를 찬성하는 취지의 연설을 행하기도 하였다.

영남출신의 인사들 대부분은 『교남교육회잡지』의 중요한 기고가(寄稿家)로서 교남교육회의 중심인물이었다. 그 중에서 대구 출신의 최정덕·이각종·박정동·상호 등이 적극적으로 참여하였고, 기타 지역에서는 김광제·김중환·이겸래·남형우 등이 참여하였다.

교남교육회의 강연 활동은 교남의 교육을 진흥하고 촉진시키기 위한 것이었다. 동시에 애국계몽운동이 목표로 하는 국권회복을 위한 민력(民力)의 양성이라는 측면에서 회원의 지식계발과 애국심을 고취하고자 하였다.

4. 교남교육회 회원 활동

1) 1910년 이전 활동

○ 회원은 영남지역 출신이었다

1908년 3월 15일 147명이 참석하여 창립된 교남교육회는 임원이 43명이었고, 특별임원 23명, 그리고 4월 25일까지의 가입회원은 384명이었다. 임원의 구성은 다음과 같다.[57]

회 장	이하영(李夏榮)
부회장	상호(尙灝)
총 무	손지현(孫之鉉)
평의원	박정동(朴晶東)·남형우(南亨祐)·이각종(李覺鍾)·김응섭(金應燮)·허민(許敏)·장택환(張宅煥)·최정덕(崔廷德)·김병수(金秉洙)·신철희(申喆熙)·김광제(金光濟)·이진우(李珍雨)·최병찬(崔秉瓚)·황철수(黃轍秀)·안희제(安熙濟)·장행원(張行遠)·김낙헌(金洛憲)·이선호(李宣鎬)·이근영(李根泳)·정항모(鄭恒謨)·박용태(朴瑢台)·장길상(張吉相)·박중화(朴重華)·정석규(鄭錫圭)·추백엽(秋栢燁)·박시규(朴時奎)·조남탁(趙南倬)·박성환(朴星煥)·김낙순(金洛純)·정석조(鄭奭朝)·이윤(李潤)

---

57) 『교남교육회잡지』 제1호, 「회원명부」

간사원	이원식(李元植)·이규한(李圭漢)·김병필(金秉泌)
서기원	유시봉(柳時鳳)·이종연(李鍾淵)
재무부장	장길상(張吉相)
회계원	장택환(張宅煥)·권중훈(權重勳)
도서부장	박정동(朴晶東)
교육부장	안택중(安宅重)

일반임원 외에 특별임원은 다음과 같다.[58]

도서부편술원: 김광제(金光濟)·강대창(姜大昌)·노영만(盧泳萬)·이우열(李愚烈)·박문식(朴文植)·김병도(金秉度)·조양원(趙良元)·하중환(河中煥)·하종호(河宗鎬)·이석빈(李錫彬)
교육부학무원: 여영조(呂永祚)·이이경(李以璟)·황도흠(黃道欽)·강하형(姜夏馨)·정문현(鄭汶鉉)·이원두(李源斗)·장두용(張斗用)·이강소(李康韶)·이면석(李冕錫)·김한익(金漢翼)
월보편집겸발행인: 황철수(黃轍秀)
편　집　인: 강하형(姜夏馨)·이종면(李鍾勉)

임원 외에 회원으로 주목되는 인사는 김사용(金思容)·여중룡(呂中龍)·채장묵(蔡章黙)·최준(崔浚)·유인식(柳寅植)·김후병(金厚秉)·김호규(金濩圭)·이경희(李慶熙)·장지연(張志淵)·우용택(禹龍澤)·서상일(徐相日)·김시현(金始顯)·길영수(吉永洙)·이청노(李淸魯)·이갑성(李甲成)·박상진(朴尙鎭)·서상거(徐相巨)·장직상(張直相)·김지섭(金

58)『교남교육회잡지』제2호, 「회중기사」

址燮)·여영달(呂永達)·김용선(金容璇)·박의현(朴宜鉉)·정석조(鄭奭朝) 등이다.

회원은 창립 이래 1910년 5월 25일까지 모두 615명이었다. 회원의 출신지역별 구성을 보면 경북지역이 409명, 경남지역이 136명, 출신지역 미상이 68명, 전북 무안 1명과 강원도 횡성 1명 등이다.

임원의 출신지역별 구성은 경북지역이 32명, 경남지역이 11명이다. 회원은 경북의 경우 대구(40)·인동(30)·봉화(30)·안동(37)·상주(24)·선산(25)·김산(24) 등이며, 경남의 경우 밀양(27)·의령(10)·울산(16)·진주(16)·동래(13)·함양(14) 등이다.[59]

임원 및 회원 구성에서 볼 때 경북지역은 경남지역에 비해 현저히 많았다. 그 이유는 을미의병 해산 이후 상경한 유생들이 정치적인 활동을 하거나 신학문을 배우기 위해 서울에 많이 거주하였기 때문이다. 특히 봉화·안동·상주·선산·김산 등지에서는 을미의병에 참여하였던 유생들이 다수 상경하였고, 대구·선산·인동·김산 등지에서는 경부선 철로가 지나는 지역으로 새로운 문물을 수용하는 데 적극적이었기 때문이었다.

물론 경남지역의 경우에도 을미의병 때 유생들의 창의가 활발했던 의령·진주·함양 등지에서는 많은 유생들이 상경하였다. 그리고 비교적 신문물의 수용이 활발했던 동래, 철로가 지나는 밀양 등지에서도 일찍부터 신학문을 배우기 위해 상경 유학하는 경우가 많았다.

○ 전·현직 관인들이 참여하였다

교남교육회의 임원을 포함한 회원은 전·현직관인, 보수적인 유생

---

59) 위 회원 구성의 산출은 『교남교육회잡지』(제1~12호)의 「회원명부」에 의거하였음.

및 계몽적인 유생, 신교육을 받고 있던 학생, 일본 유학생 등으로 나누어 볼 수 있다.

우선 주목되는 것은 전·현직 관인이었던 인사들이 대거 참여하고 있다는 것이다. 이들은 대체로 서울에 거주하고 있던 전·현직 관인이었다. 1910년까지 교남교육회 회원 615명 중 전·현직 관원은 모두 50명이다. 『대한제국관원이력서(大韓帝國官員履歷書)』를 통해 관직 경력을 살펴보면 다음 〈표 Ⅵ-2〉와 같다.[60]

〈표 Ⅵ-2〉 교남교육회 회원 중 전·현직관인

이름	출생년도	학력 및 관직경력	출신지	거주지
朴晶東 박정동	1865	1898 한성사범학교 졸업, 1898 한성사범학교 교원	대구	한성
張吉相 장길상	1874	가숙, 1901 고성군수, 1902 영양군수 1903 고성군수, 1904 청하군수, 1907 규장각 직각	인동	한성
李鍾淵 이종연	1875	가숙, 1902 충청북도 관찰부 판임, 1905 신법률전과 외국어, 1907 졸업, 1907 법관양성소 박사 판임	봉화	봉화
黃轍秀 황철수	1870	가숙, 1896 문산의숙, 1899 병장각 주사 1901 중추원 의관, 1908 법률학숙 우등졸업	기장	한성
朴宜鉉 박의현	1884	가숙, 1880 이문학관, 1889 부사과, 1895 김천 찰방	김산	김산
沈寅燮 심인섭	1876	사숙, 1904 일본 유학1907 농상공부 기수	선산	선산

---

60) 『대한제국관원리력서』, 국사편찬위원회, 1972.

이름	출생년도	학력 및 관직경력	출신지	거주지
李覺鍾 이각종	1884	1896 도설 구암강습원, 1899 곽종석, 서현규 문하 수학 1904 한성사범 입학 1909 졸업, 1906 보성전문학교 법률과 입학(야), 1908 졸업, 1909 조도전대학 문학부 입학 1909 학부 위원	대구	한성
李根泳 이근영	1875	사숙, 1901 법부 주사, 1906 군부 주사	대구	한성
都相奎 도상규		1900 덕어학교수업, 1904 외부 번역관	인동	連山
李根夏 이근하	1873	1896 오위대 입대, 1907 시종무관	김해	한성
李以璟 이이경	1855	가숙, 1896 한성부 주사, 1902 혜민원 참서관,	칠곡	칠곡
安宅重 안택중	1858	가숙, 1903 법관양성소 교수, 1905 한성사범학교 부교관 1906 외국어학교 교관, 1907 수학원 교관 1903 법관양성소 교관	김해	한성
南重燮 남중섭	1873	가숙, 1894 진사, 1905 비서감랑, 1907 서기랑	봉화	봉화
孫之鉉 신지현	1867	가숙, 1886 진사, 1900 경기전 참봉 1906 법률강습소 수학, 1907 정3품	밀양	한성
李潤甲 이윤갑	1875	1903 한성사범학교 입학, 1905 교동보통학교 교원 1905 제동보통학교 교원	순흥	한성
李重和 이중화	1869	사숙, 1899 경북 량지사무원 1907 탁지부 세무주사 시험 합격 1908 탁지부 대신 관방문서과 근무	예천	한성
鄭錫圭 정석규	1869	가숙, 1896 한성사범학교 입학 1806 법부 주사, 1899 평리원 검사 주임관	경주	한성
朴瑢台 박용태	1883	한문학당, 1893 부산항 일본공립소학교 입학 1895 일본유학, 愛媛縣고등소학교 입학 1905 명치대학 법률과 정과 1907 졸업, 1907 평리원 판사	동래	동래

이름	출생년도	학력 및 관직경력	출신지	거주지
尙灝 상호	1879	1895 관립영어학교, 1898 일본유학 1903 동경제국대학공과 입학, 1906졸업 1906 농상공부 참서관, 1907 농상공부 서기관	대구	한성
崔秉瓚 최병찬	1882	1905 보성전문학교 입학, 1907 탁지부서기랑	의령	의령
鄭恒謨 정항모	1868	가학, 1896 내각주사, 1907 중추원 부참의	용궁	한성
鄭斗榮 정두영	1860	가숙, 1898 외부 견습생 1902 외부 주사, 1907 경기선유위원	합천	합천
玄暎運 현영운	1868	1883 일본 경응의숙, 1894 외아문주사 1907 太僕司長·	한성	한성
李祖承 이조승	1866	가숙, 1906 영희전 참봉, 1907 소경원 봉사	안동	안동
朴時奎 박시규	1861	가정수학, 1884 문과 급제, 1907 장례원 장례	울산	한성
任炯準 임형준	1864	1895 순무영 별군, 1898 유람일본 1907 육군 보병 일등 군사	봉화	한성
吉永洙 길영수		1890 무과, 1897 과천군수, 1899 군부참위	선산	한성
權泰式 권태식	1884	가숙, 1906 농상공부 주사	단성	한성
權丙弼 권병필	1872	1905 군부주		한성
朴正純 박정순	1882	1901 사립전진학교,1908 감독순사	선산	한성
具然壽 구연수	1864	1883 무과급제, 1884 일본 동경보통중학 1886 동경제대 전수 채광야금 유학 1895 광무국 주사, 1907 경무사		
朴尙浩 박상호	1852	가숙, 1901 군부주사, 1907 치도국 서기	의령	한성
權泰稷 권태직	1874	1903 외부 견습생, 1907 내각서기랑	김산	한성

이름	출생년도	학력 및 관직경력	출신지	거주지
徐相巨 서상거	1883	가숙, 1904 일본유학, 1907 내부주사	대구	한성
朴斗榮 박두영	1880	1901 일본 육군사관학교, 1906 육군포병참령	동래	한성
權重哲 권중철	1881	1898 육군무관학교입학, 1906 육군보병부위	봉화	한성
許煥 허환	1874	1896 한성사범학교, 1907 제동보통학교 교원	개령	한성
李贊鎬 이찬호	1851	가숙, 1887 통례원, 1898 종정원주사	진주	한성
申鳳均 신봉균	1871	1898육군무관학교, 1903 육군보병부위	봉화	봉화
李慶熙 이경희	1881	1906 탁지부주사	대구	한성
裵憲 배헌	1875	사숙, 1907 전남 광양세무분서 주사	대구	대구
卜國璿 변국준	1887	1899 농상공부 기수, 농림학교 교수	진주	한성
柳芝秀 유지수	1881	1903 경성학교, 동년 탁지부세무주사	상주	한성
李晩夏 이만하	1884	1907 탁지부측량견습생, 탁지부기수	순흥	한성
尹吉善 윤길선	1856	1902 통신원 참서	풍기	한성
權重協 권중협	1882	1898 육군무관학교, 1905 보병 부위	문경	한성
閔仲植 민중식	1867	1896 무관학교, 1898 육군 참위 1905 진위보병 제2대대 중대장	밀양	한성
張錫駿 장석준	1876	한문사숙, 1896 관립일어학교, 1907 제도국 서기랑	김산	한성
曹世煥 조선환	1865	1896 법관양성소, 1904 동양성소교관	밀양	한성

이름	출생 년도	학력 및 관직경력	출신지	거주지
李鍾殷 이종은	1872	1899 사범학교, 1906 탁지부세무주사	초계	한성

비고) 위 〈표 Ⅵ-2〉는 『대한제국관원리력서』(국사편찬위원회, 1972)에 의거하여 작성함.

위 〈표 Ⅵ-2〉에서 볼 수 있는 바와 같이 1910년까지 전·현직 관원은 50명으로 교남교육회 회원 615명 중 약 8%에 해당한다. 위의 〈표 Ⅵ-2〉에서 나타나는 두드러진 현상은 갑오개혁 이전 구학을 배우고 과거를 통해 관직에 나아간 소수를 제외하면, 대체로 갑오개혁 이후 신학문을 배운 후 관직에 나아가고 있다. 이 중에서 교남교육회에서 주도적인 역할을 하는 인사들은 후자에 해당한다.

갑오개혁 이전 과거를 통해서 관직에 올랐던 장길상·박의현·이근영·박시규·길영수 등은 신교육을 받은 경험이 없어 신학문에 대해 체계적인 이해를 하고 있었다고는 볼 수 없다. 그러나 당시의 국·내외 정세를 어느 정도는 파악하여 현실에 눈을 뜨고 있었고, 신문물과 신서적을 접하여 진보적인 의식은 가지고 있었다. 그렇다고 해서 이들이 민족문제나 사회문제를 지도할 수 있는 입장은 되지 못했던 것이 그 한계였다. 장지연(張志淵) 같은 개화지식인도 교남교육회에 참여하고 있으나 뚜렷한 활동 모습은 찾아 볼 수 없다. 따라서 구학문을 수학한 이들은 교남교육회를 주도할 능력을 가지지 못했다고 볼 수 있다.

○ 신교육을 받은 관료들이 주도하다

교남교육회를 주도하고 있던 인사들로 비교적 일찍부터 상경 유학하였거나 일본유학을 통해 신교육을 받은 관료들이었다. 물론 신교육을 받은 관료들은 아직 신학문을 배우는 과정에 있었던 상경 유학생들과 제휴하여 활동하고 있다.

교남교육회 회원으로 신교육을 받은 관료들의 신교육 경험은 한성사범학교(漢城師範學校), 외국어학교(外國語學校), 사립학교(私立學校), 육군무관학교(陸軍武官學校), 일본유학(日本留學) 등을 통해 이루어진 것이었다. 한성사범학교 출신으로 박정동·이각종·이윤갑·정석규·허환·이종은 등은 교사나 정부의 초급관료층에 포진하고 있었다. 외국어학교 출신인 이종연·도상규·장석준, 육군무관학교 출신인 권중철·신봉균·권중협·민중식, 사립학교 출신인 최병연·유지수 등은 정부의 행정실무자나 대한제국 군대의 초급장교였다. 그리고 일본에 유학을 다녀온 심인섭·이각종·박용태·상호·현영운·임형준·구연수·서상거·박두영 등은 비교적 중요한 직책에 있던 관료이거나 고급장교였다.

이러한 관료층의 교남교육회 회원들은 을미의병이후 대한제국시기에 상경하는 영남출신 유림들의 협조를 받으면서 이들을 후원하였다. 물론 재지적인 기반을 가진 영남유림과 신교육을 받은 재경 관료들의 위치는 다소 이질적인 측면이 있다. 그러나 당시 상경하는 영남출신의 유생들은 재경 관료층의 기반 위에서 활동할 수밖에 없었다는 측면에서 동반자적인 관계를 설정할 수 있다. 대한제국시기에 구국운동을 전개하고 있는 영남유림의 활동은 결국 영남출신 재경 관료층의 사회적·정치적 기반 위에서 가능한 것이었다.

○ 을미의병 이후 상경한 인사들도 참여하다

당시 영남유림 출신으로 교남교육회에 참여한 인사들을 보면, 을미의병이후 상경하여 구국운동을 전개하고 있던 의병출신이나 그와 상관관계를 가진 보수적인 유생, 그리고 당시의 시대적 현실을 직시하여 신학수용의 필요성을 절감하고 신학문을 배우는 과정에 있는 유림에서 출자한 청장년층들이었다. 전자의 경우에는 여영조(韶)·여중룡·이청로 등의 의병장 출신이나 우용택·김호규 등의 보수적인 유생들이고, 후자의 경우에는 남형우·안희제·서상일 등의 사립학교 학생들과 이원식·김후병·하중환·김응섭·박중화·김사용·김진수·유인식·최준·김응섭·김용선·이경희 등의 선각적인 유생들이었다.

이들은 비록 관직경력이 없었지만 교남교육회에서 활발한 활동을 펼치고 있다. 전자의 경우 여영조(韶)·여중용은 을미의병시 허위 등과 김산의진(金山義陣)을 주도한 인물이었고,[61] 이청로는 을미의병시 의령의진(宜寧義陣)을 결성하여 진주 의병장 노응규와 협력한 인물이었다.[62] 뿐만 아니라 우용택·김호규 등도 구국운동에 참여하고 있던 보수적인 유생들이었다. 이들은 1904년 8월경 을미의병에 참여했던 재야유생층과 재경관인들이 결성하는 충의사(忠義社)에 참여하였다.[63] 비록 보수적인 유림출신으로 사상적인 한계는 있었지만, 열강의 침략에 대응하여 자강운동을 펼치는 등 현실을 직시하기 시작하였다.

후자의 경우, 계몽적인 지식인으로서 이원식·김후병·하중환·김응섭·박중화·김사용·김진수·유인식·최준·김지섭 등은 장지연이나 신채호와 같은 개화지식인과의 교유를 통해 신사상과 신지식을 흡수하고 사상적인 변신을 이룩하였다. 그리고 신학문을 배우는 과정에 있던 남형우·안희제·서상일 등은 보성·양정·한성·경신·휘문학교에 입학

61) 권대웅, 「김산의진고」, 윤병석교수화갑기념 『한국근대사논총』, 1990.
62) 권영배, 「한말 의장 이청로와 의령의병의 김해전투」, 『조선사연구』 제3집, 199~235쪽.
63) 권대웅, 「한말 재경 영남유림의 구국운동」, 한국근대사연구회, 『일제의 한국침략과 영남지방의 반일운동』, 1995. 8.

하여 신사상과 신지식을 흡수하고, 나아가 개화지식인과 교유하거나 계몽운동단체를 출입하여 사상적인 변신을 꾀하고 있었다.[64]

한편 교남교육회의 회원으로 사상적 내지 인적 상관관계를 살펴보기 위해 이들이 참여하고 있던 단체를 살펴보면 다음과 같다.

충의사(忠義社)에 참여한 인사는 여영조(韶)·여중용·박의현·김진수·우용택 등으로 이들은 김산의진에 참여한 뒤 상경활동을 하고 있었다.[65] 이들은 충의사에 참여하여 구국운동을 벌이면서 교남교육회에 가입하여 계몽운동에 대해 관심을 기울였다.

대한자강회(大韓自强會)에 참여했던 인사로는 여중용·장지연·여영조·김진수·김광제·정석조·이대규 등이며, 대한협회에 참여했던 인사로는 박정동·장상철·허환·안헌·권태직·김종구·이원식·최준 등이다. 당시 대한자강회의 지방지회가 설치된 지역은 고령·동래·청도·김해였고,[66] 대한자강회를 계승하는 대한협회의 지방지회도 경북지역의 대구·안동 등 10개 지회, 경남지역의 김해·동래 등 7개 지회였다.[67] 교남교육회 회원으로서 초기 계몽운동 단체에 참여한 인물들을 보면 애국계몽운동에 매우 소극적이었음을 짐작할 수 있다. 뿐만 아니라 교남교육회의 회원들은 비교적 늦게 당시의 현실을 직시하게 되었으나, 신사상과 신지식의 필요성은 느끼게 되었던 것 같다.

이와 같이 교남교육회는 구학문을 배우고 관직에 나아간 관료들의 협조 속에서 일찍부터 상경 유학하였거나 일본유학을 통해 신교육을

---

64) 권대웅, 「대동청년단연구」, 박영석교수화갑기념 『한민족독립운동사논총』, 1992.
65) 여중룡, 『남은선생유집』, 권2, 「서명록」
66) 『대한자강회월보』 제3호, 1906. 8, 41·48쪽; 제4호, 1906. 9, 42·48쪽; 제9호, 45쪽; 제10호, 44쪽.
67) 『대한협회회보』 제1호, 1908·4, 40·41·44쪽.

받은 관료들에 의해 주도되었다. 또 이들은 을미의병 이후 대한제국시기에 상경하는 보수적인 영남유림과 당시 현실을 직시하여 사상적으로 변신하고 있던 청장년층의 선각적인 유생, 그리고 신학문을 배우는 과정에 있던 학생들의 지원을 받고 있었다.

한편, 주도적인 역할은 하지 않았지만, 회원으로 등록하고 있는 다수의 인물들은 정치적·사회적인 격동기를 맞아 상경하는 관료 지망생이거나 아직 청장년으로서 교육 과정에 있는 학생들이었다. 이들의 정치적·사회적 성향은 1910년 이후 일제 식민지통치하에서 드러난다.

2) 1910년 이후 활동

○ 일제의 식민지 통치에 협력하는 관리가 되다

1910년 이후 교남교육회 회원들은 몇 갈래의 행동양식을 보여주고 있다. 그들의 성향을 보면 일제의 식민지 통치에 협력하는 관리가 되기도 하였으며, 일부는 직접 민족운동에 뛰어들어 반일세력으로 성장하기도 하였다. 그리고 또 다른 일부는 은인자중하며 식민통치에 적당히 타협하기도 했다.

1910년 이후 일제의 식민지 통치기구에 편입되어 봉사한 관료들은 다음 〈표 Ⅵ-3〉와 같다.

〈표 Ⅵ-3〉 교남교육회 회원의 1910년 이후 관직경력

이름	본적	관직경력	비고
이하영 李夏榮	동래	1910. 10. 1. 중추원 고문	회장
상호 尙灝	대구	1911. 12. 6 성진군수 1915. 5. 21 경성군수 1918. 7. 1 성진군수	부회장

이름	본적	관직경력	비고
손지현 孫之鉉	밀양	1910. 10. 1 밀양군수, 1912. 3. 4 울산군수 1914. 3. 1 창원군수, 1916. 2. 17 경산군수 1918. 6. 29 의원면직	총무
이각종 李覺鍾	대구	1911. 6. 30 내무부 학무국 학무과, 1917. 9. 26 포천군수	평의원
장택환 張宅煥	안동	1911. 1. 9 평양지방재판소 검사 1912. 3. 31 평양지방법원 검사, 1912. 6. 20 의원면직	평의원
김응섭 金應燮	안동	1911. 1. 9 평양지방재판소 검사, 1912. 3. 31 평양지방법원 검사 1912. 6. 28 의원면직	평의원
김병수 金秉洙	안동	1914. 11. 30 임시토지조사국 서기보, 1915. 12. 31 同 서기 1916. 10. 27 의원면직	평의원
김낙헌 金洛憲	칠곡	1911. 8. 29 고등법원 판사, 1918. 6. 19 의원면직 1918. 6. 19 중추원 부찬의, 1919. 7 사망	평의원
이선호 李宣鎬	예안	1910. 10. 1 함창군수, 1911. 6. 17 신령군수 1914. 3. 1 봉화군수, 1915. 8. 27 봉화군수	평의원
박용태 朴瑢台	동래	1910. 11. 2 판사, 의원면직	평의원
김낙순 金洛純	순흥	1913. 9. 8 군서기	평의원
정석조 鄭奭朝	동래	1916. 7. 6 재판소 서기 겸 재판소 통역생	평의원
이원식 李元植	예안	1911. 11. 7 군서기, 1914. 3. 1 부서기	간사원
이규한 李圭漢	대구	1910. 10. 1 군서기	간사원
김병필 金秉泌	안동	1910. 10. 1 군서기(경상북도)	간사원
이종연 李鍾淵	봉화	1912. 3. 20 군서기 1915. 3. 31 의원면직	서기원
구연수 具然壽	동래	1918. 7. 1 경무관, 국세조사평의회 평의원 1919. 8. 20 조선총독부 사무관(경무국)	회원

이름	본적	관직경력	비고
권병선 權丙宣	풍기	1910. 10. 1 풍기군수, 1914. 3. 1 의성군수 1917. 12. 11 청송군수	회원
권병필 權丙弼	–	1910. 10. 1 진천군수, 1911. 11. 30 영춘군수 1914 면본관	회원
권오형 權五炯	용궁	1910. 10. 1 군서기(경상북도), 1911. 4. 20 의원면직	회원
권중명 權重明	봉화	(1)1916. 1. 27 군서기, 의원면직, (2)1911. 9. 30 임시토지조사국 기수, 1917. 5 면본관	회원
권중희 權重熙	함창	1910. 10. 1 군서기(경상북도), 1916. 8. 29 겸임 재판소 1916. 10. 3 면겸관	회원
권태국 權泰國	–	1912. 8. 31 임시토지조사국 기수, 1917. 9. 30 군서기	회원
권태직 權泰直	–	1911. 6. 20 군서기(경상북도), 1913. 9. 4 부서기 1914. 7. 6 군서기, 1915. 10. 29 의원면직 1918. 11. 28 재판소 서기 겸 통역생, 1919. 6. 20 의원면직	회원
권태직 權泰稷	김산	1919. 6. 30 군서기, 1919. 11. 17 의원면직	회원
김응섭 金應燮	안동	1911. 1. 9 평양지방재판소 검사, 1912. 3. 31 평양지방법원 검사1912. 6. 28 의원면직	회원
김종수 金鍾洙	풍기	1915. 11. 30 임시토지조사국 기수보	회원
김재현 金載顯	선산	1913. 11. 30 임시토지조사국 기수 1917. 3 의원면직	회원
김종구 金鍾九	대구	1911. 7. 31 군서기, 의원면직	회원
김세용 金世容	선산	1911. 11. 30 임시토지조사국 서기, 1917. 8. 20 면본관	회원
김진태 金鎭台	용궁	1911. 4. 22 부서기(경북), 1911. 12. 23 군서기 1919. 5. 5 부서기	회원
김기정 金淇正	진남	1912. 2. 5 판사, 의원면직	회원

이름	본적	관직경력	비고
김희태 金熙璨	창녕	1912. 8. 31 임시토지 조사국 서기, 1917. 8. 3 면본관	회원
김명수 金明洙	김산	1915. 6. 26 군서기	회원
김지섭 金址燮	안동	1913. 1. 8 재판소 통역생 겸 서기, 의원면직	회원
김석규 金錫圭	상주	1915. 11. 30 임시토지조사국 기수, 의원면직	회원
김기석 金基錫	대구	1911. 9. 30 임시토지조사국 기수보, 1917. 4. 26 군서기 1918. 10. 23 의원면직	회원
김규섭 金奎燮	안동	1912. 7. 23 군서기	회원
김인식 金仁植	봉화	1912. 8. 31 임시토지조사국 기수, 1916. 11. 30 면본관	회원
김홍규 金洪奎	영주	1910. 10. 1 군서기(경북), 1912. 9. 25 의원면직	회원
김영갑 金永甲	안동	1911. 2. 1 이왕직 찬시, 1915. 4. 1 이왕직 찬시 장시사	회원
김태욱 金泰旭	용궁	1912. 5. 21 군서기	회원
김병환 金병煥	밀양	1913. 11. 30 임시토지조사국 기수, 1916. 11. 30 면본관	회원
김정식 金貞植	진주	1917. 9. 11 군서기, 1919. 5. 21 도서기, 1919. 7. 24 군서기	회원
나진한 羅鎭漢	개령	1910. 10. 1 군서기(함경남도)	회원
남중섭 南重燮	봉화	1915. 3. 31 이왕직속, 의원면직	회원
노백용 盧百容	김해	1911. 11. 1 밀양공립보통학교 훈도, 1919. 8. 7 의원면직	회원
노흥현 盧興鉉	함양	1912. 3. 31 부산지방법원 진주지청 판사 1917. 1. 26 광주지방법원 목포지청 판사	회원

이름	본적	관직경력	비고
박필선 朴弼善	함안	1914. 4. 1 공립보통학교 훈도 1915. 5. 19 겸임 공립간이실업학교훈도, 1918. 3. 5 면겸관	회원
박문식 朴文植	의흥	1912. 8. 5 임시토지조사국 기수	회원
박영화 朴永和	고령	1911. 5. 16 군서기(경상남도)	회원
박정순 朴正純	선산	1912. 6. 13 경찰관서 통역생, 경부	회원
박용희 朴容喜	–	1913. 9. 29 조선총독부속, 1914. 10. 22 경성전수학교 교유 1916. 4. 1 조선총독부속 겸 경성전수학교 교수 1916. 7. 19 의원면직	회원
박한필 朴漢弼	밀양	1910. 10. 1 군서기(경상북도)	회원
박충목 朴忠穆	밀양	1913. 11. 30 임시토지조사국 기수, 1915. 3. 23 의원면직	회원
서병효 徐丙孝	–	1911. 2. 1 이왕직 전의, 1915. 4. 1 장시사 근무를 명함	회원
서상거 徐相巨	대구	1910. 10. 1 도서기(경상북도), 1911. 1. 7 의원면직	회원
서정학 徐廷鶴	–	1911. 3. 31 임시토지조사국 서기, 1914. 5. 22 의원면직	회원
손경현 孫庚鉉	밀양	1915. 10. 31 원에 의해 경학원 강사를 명함	회원
손영목 孫永穆	밀양	1910. 10. 1 도서기(경상남도), 1917. 12. 19 고성군수	회원
손정수 孫楨秀	울산	1911. 11. 30 임시토지조사국 서기, 1913. 1. 30 의원면직 1914. 7. 20 임시토지조사국 서기, 1916. 5. 31 郡서기 1918. 4. 의원면직	회원
소진은 蘇鎭殷	칠곡	1912. 1. 29 군서기	회원

이름	본적	관직경력	비고
신성균 申星均	인동	1913. 11. 30 임시토지조사국 기수, 1916. 10. 3 본면관	회원
여경엽 余璟燁	하동	1913. 11. 6 경찰관서 통역생, 1914. 11. 13 겸임경부 1916. 의원면직	회원
오용근 吳龍根	의성	1915. 5. 31 임시토지조사국 기수보, 1916. 6. 30 동 기수 1916. 10. 면본관	회원
우하창 禹夏昌	대구	1910. 10. 1 군서기(평북), 1918. 9. 18 의원면직	회원
유지녕 柳志寧	군위	1911. 11. 1 울산공립보통학교 훈도	회원
유시환 柳時煥	안동	1911. 9. 30 임시토지조사국 서기, 1916. 3. 15 사망	회원
유기영 柳淇英	남해	1910. 10. 1 밀양구재판소 판사 1912. 3. 31 부산지방법원 밀양지원 판사, 1913. 2. 17 면겸관	회원
이상화 李相和	칠곡	1910. 10. 1 토지조사국 서기, 1918. 11. 5 관제폐지로 폐관	회원
이용민 李容民	-	1911. 2. 1 이왕직 사무관, 1912. 1. 24 의원면직	회원
이근하 李根夏	대구	1910. 10. 1 임시토지조사국 기수, 1917. 4. 30 면본관	회원
이용우 李龍雨	함창	1911. 9. 30 임시토지조사국 기수, 1918. 10. 19 면본관	회원
이규한 李圭漢	대구	1910. 10. 1 군서기(경기도)	회원
이중황 李中璜	봉화	1912. 2. 3 재판소 서기 임 군서기, 1916. 3. 25 사망	회원
이종화 李重和	예천	1910. 10. 1 군서기(경상북도), 1913. 3. 11 사망	회원
이윤갑 李潤甲	순흥	1911. 11. 20 공립보통학교 훈도	회원

이름	본적	관직경력	비고
이승익 李承翼	진해	1911. 3. 9 공립보통학교 전과 부훈도, 1914. 4. 1 훈도 1919. 4. 의원면직	회원
이한영 李漢永	개령	1910. 10. 1 군서기(경상남도), 1914. 3. 1 부서기 1915. 1. 16 군서기	회원
이병남 李炳南	예천	1911. 11. 1 공립보통학교 부훈도 1919. 1. 27 공립보통학교 훈도	회원
이우정 李愚正	성주	1910. 10. 1 안동구재판소 판사 1912. 3. 31 대구지방법원 안동지청 판사 1919. 10. 2 공주지법 충주지청 판사	회원
이지호 李之鎬	예안	1910. 10. 1 도서기(경상북도)	회원
이창호 李昌鎬	성주	1910. 10. 1 임시토지조사국 기수	회원
이문주 李文周	선산	1919. 8. 16 군서기	회원
이우익 李愚益	칠곡	1912. 6. 28 재판소 통역생 겸 서기 1914. 1. 13 부산지방법원밀양지청 판사 1915. 4. 7 함흥지법 검사	회원
이원영 李元榮	–	1911. 10. 5 함북 경성군수, 1913. 5. 2 의원면직	회원
이수각 李壽珏	칠곡	1913. 6. 30 임시토지조사국 기수, 1916. 10. 30 면본관	회원
이긍호 李兢鎬	영주	1918. 1. 15 공립간이실업학교 훈도	회원
이만하 李晩夏	순흥	1912. 4. 1 순흥공립보통학교 훈도	회원
이인수 李寅洙	풍기	1910. 10. 1 부서기, 1914. 3. 1 평북 초산군수	회원
이긍연 李肯淵	–	1911. 11. 1 공립보통학교 부훈도, 1913. 4. 1 동 훈도	회원
이종민 李鍾敏	용궁	1910. 10. 1 군서기(전라남도), 1916. 12. 31 의원면직	회원

이름	본적	관직경력	비고
이세녕 李世寧	–	1911. 7. 31 임시토지조사국 서기, 1916. 5. 6 군서기 1916. 12. 31 의원면직	회원
이종은 李鍾殷	초계	1911. 8. 28 함남 단천군수, 1912 영흥군수 1915. 이원군수, 1917 평북 초산군수	회원
장재식 張在軾	–	1910. 10. 1 마산부서기	회원
장재철 張在轍	인동	1910. 10. 5 군서기(경상남도), 1918. 10. 28 사망	회원
장지형 張志衡	인동	1915. 4. 24 군서기 임 부서기, 1917. 5. 17 의원면직 1918. 10. 3 부서기, 1919. 12. 16 군서기	회원
장기상 張基相	인동	1912. 6. 28 재판소 통역생 겸 서기 1914. 4. 7 판사	회원
장석준 張錫駿	김산	1915. 3. 31 이왕직속 의원면직	회원
전영택 全永澤	–	1911. 3. 31 공립보통학교 본과 부훈도, 의원면직	회원
정석조 鄭奭朝	동래	1916. 7. 6 재판소 서기 겸 통역생	회원
정동수 鄭東洙	상주	1914. 4. 1 공립보통학교 부훈도	회원
정재룡 鄭在龍	상주	1912. 8. 31 임시토지조사국 기수, 1918. 6. 10 의원면직	회원
조한규 趙翰奎	함안	1913. 4. 1 공립보통학교 훈도	회원
최정환 崔廷德	대구	1910. 10. 1 경상북도 참여관, 1911. 2. 25 경상남도 참여관	회원
허환 許煥	개령	1912. 6. 28 재판소 서기 겸통역생, 1913. 8. 12 도서기 1918. 10. 12 군 서기, 1918. 10. 12 의원면직	회원
홍재호 洪在호	개령	1911. 2. 1 이왕직 전의, 1913. 3. 31 의원면직	회원
홍순복 洪淳福	인동	1919. 7. 23 재판소 서기 겸 통역생	회원

이름	본적	관직경력	비고
홍종구 洪鍾九	창원	(1) 1912. 5. 14 공립보통학교 부훈도, 1914. 1. 5 의원면직 (2) 1918. 4. 16 군서기	회원
한상오 韓相五	풍기	1910. 10. 1 도서기(충청북도), 1912. 3. 20 군서기 1919. 2. 17 사망	회원
황윤덕 黃潤德	풍기	1918. 5. 9 이왕직속 의원면직	회원
황의박 黃義博	문경	1910. 10. 1 군서기(충청북도)	회원

비고) 1) 위의 표는 안용식, 『한국행정사연구』(I) −일제 무단통치하 한인관료의 임면상황−에
의거하여 작성한 것임. 2) 위의 표에서 1) 2)로 구분조사된 것은 동명이인으로 확인할
수 없는 경우이며, 한말의 관직 경력자로 1910년 이후 관직경력자도 포함하였음.

위의 〈표 Ⅵ-3〉에 의하면 교남교육회 회원 중 1910년 이후 관직경
력자는 모두 108명이다. 교남교육회 회원 615명 중 약 18%에 달하며,
〈표 Ⅵ-2〉의 한말 관직 경력자 50명까지 합하면 약 25.7%가 된다.
이것을 통해서 볼 때 교남교육회 회원들이 매우 관료 지향적이라는 것
을 알 수 있다.

뿐만 아니라 108명 중에서 32명이 1910년 10월 1일 초대총독 데라
우치 마사타케(寺內正毅)가 부임하면서 동시에 임명된다. 일제가 한국
을 병탄하는 과정에서 제1의 공로자로서 포상을 받고 있는 것이다. 곧
이어 1912년까지 49명이 관직에 임명되어 대부분 초창기부터 친일세
력으로 재편성되고 있어 교남교육회 회원의 성향은 매우 친일적이었
고 관료 지향적이었다는 것을 알 수 있다. 이와 같이 교남교육회 회원
들은 일찍부터 일제 식민지 통치체제로 재편성되어 갔다.

이들이 나아가는 관직을 보면, 1910년 10월 1일부로 임명되는 경우
에는 군수·판사·군서기·도서기·도참여관 등 식민통치 기구의 중간

하수인이었다. 1911년과 1912년에 임명되는 경우에는 군수·판사·군도서기 등을 포함하여 임시토지조사국 서기 및 기수·경찰관서 통역생·재판소 통역생 겸 서기·공립보통학교 훈도 등이다. 대체로 총독부의 말단행정의 실무와 수탈 및 교화의 대행자로 식민지 통치체제에 편입되었다. 이들 가운데 대표적으로 알려진 인물은 상호·손지현·이각종·이선호·이우정·이우익·이종은·최정덕 등이었다.

○ 민족운동을 전개하기도 하다

반면, 일제의 식민지 통치에 저항하며 민족운동을 전개한 경우도 있었다. 교남교육회의 회원 중 일찍부터 일제의 침략에 저항하여 국권회복운동에 투신한 경우부터 살펴보자. 이들 중 1906년 결성된 신민회에 참여한 인사는 남형우·박중화·상호·유인식·이경희·장지연 등이며,[68] 1908년 9월 결성된 달성친목회에 참여한 인사는 서상일·배상렴·남형우·이근우·김용선 등이다.[69] 그리고 1909년 10월경 결성된 대동청년단에 참여한 인사는 안희제·서상일·이원식·최병찬·박중화·남형우·손영순 등이다.[70] 이와 같이 일찍부터 국권회복운동에 투신한 경우는 1910년 이후에도 대일항쟁을 벌이고 있었다.

교남교육회 회원 중 대한제국기 국권회복운동을 포함한 1910년대 이후 민족운동에 투신한 이들을 살펴보면, 1910년대 독립운동단체에 참여한 경우, 3·1독립운동에 참여한 경우, 임시정부를 비롯한 해외에

---

68) 신용하, 「신민회의 창건과 그 국권회복운동」, 『한민족독립운동사연구』, 을유문화사.
69) 권대웅, 「한말 달성친목회 연구」, 오세창교수화갑기념 『한국근현대사논총』, 1995.
70) 권대웅, 「대동청년단 연구」, 박영석교수화갑기념 『한민족독립운동사논총』, 1992.

서 항일투쟁을 전개한 경우 등 상당수 있었다. 그 외에도 1920년대 국내에서 노동운동·소작운동 등 사회운동에 참여한 경우도 있었다.

우선 910년대 독립운동단체에 참여하여 독립운동을 전개한 경우, 교남교육회 회원으로서 서상일·김응섭·배상렴·최준·남형우·박중화·안희제·김사용 등은 1915년 결성된 조선국권회복단에 참가하여 활동하였다.[71] 1919년 3·1독립운동에 참여한 경우로 이갑성(李甲成)은 33인 중의 한 사람이었고, 이중원(李中元)은 예안에서 만세시위에 가담했던 사람이었다. 그리고 1919년 조직된 상해 대한민국임시정부에 참여하는 경우는 남형우·김응섭·김지섭·김시현[72] 등이 있었다. 그 외 1920년대 사회운동에 참여한 경우로는 노동운동에 박중화·김사용·이경희 등이 있었고,[73] 노동·청년·소작운동에는 안동에서 노동공제회 안동지회·신간회 안동지회에 간여하고 각지 청년운동을 후원한 유인식이 있었다.[74]

71) 권대웅, 「조선국권회복단 연구」, 영남대 민족문화연구소, 『민족문화논총』 제9집, 1988.
72) 『고등경찰요사』, 경상북도 경찰부, 1934, 204~206쪽, 대한민국임시정부의 주비단 사건으로 김지섭·황옥 등과 함께 적의 중요 시설 파괴 및 중요 인물의 살상을 목적으로 활동하였다.
73) 박중화는 1920년 4월 13일 조선노동공제회를 창립하여 초대 회장을 역임하였고, 김사용·이경희 등도 참여하고 있다. 곧이어 1920년 9월 13일 박중화는 해외독립운동자들과 연락 혐의로 서울에서 체포되었다.(김준엽·김창순, 『한국공산주의운동사』 제2권, 62·63·67쪽. 『동아일보』, 1920. 9. 16)
74) 유인식, 『동산문고』, 동산기념사업회, 1978.

【부록】교남교육회 회원

① 상호

상호

상호(尙灝, 1879. 1. 22 ~ 1948. 2. 4)는 본관이 목천이고, 호는 삼범재(三凡齋)이다. 1879년 대구에서 아버지 상백현(尙百鉉)과 어머니 청도 김씨의 2남 중 장남으로 태어났다. 1894년 10월 관립 영어학교에 입학하여 1898년 10월 졸업한 뒤, 같은 해 11월 일본에 유학하여 1903년 9월 11일 도쿄 제국대학 공과대학 조선학과에 입학하였다. 1906년 7월 한국인으로서는 최초로 일본 대학을 졸업했다.

대한제국 말기인 1906년 농상공부 참서관을 거쳐, 1907년 농상공부 서기관과 경성박람회 고문, 1907년 9월 농상공부 공무국장, 1907년 10월 도량형 사무국장, 1908년 1월 농상공부 기사를 역임하는 한편, 1908년 대한학회 찬성회 발기인 및 간사, 1908년 3월 교남교육회 부회장을 역임했다.

일제 식민통치하에서 1911년 12월 함북 성진군수, 1915년 6월 함경북도 지방토지조사위원회 임시위원, 1915년 함북 경성군수, 1919년 함북 성진군수, 1920년 2월 충청북도 참여관, 1923년 2월 경상남도 참여관, 1926년 9월 함경남도 참여관 등을 역임했다.

1912년 8월 한국병합기념장, 1926년 7월 훈5등 서보장, 1927년 3월 훈4등 서보장, 1927년 6월 30일 종4위에 서위되었다. 1927년 6월 조선총독부 중추원 참의를 역임하였다. 1928년 11월 쇼와대례기념장,

1932년 10월 쇼와5년 국세조사 기념장을 받았다. 1931년 계명구락부 (啓明俱樂部) 전형위원 및 평의원, 1932년 대창학원(大昌學院) 모성유치원, 고등과, 여자상업부 설립에 참여했다. 1939년부터 1941년까지 중의원 의원을 역임하였으며, 선거법의 조선 시행 요구 청원서를 국민협회 상의원 자격으로 서명하였다. 2002년 발표된 친일파 708인 명단에 수록되었다.

〈참고문헌〉

「상호」이력서, 목천상씨종친회; 『대한제국관원이력서』; 『조선총독부및소속관서직원록』(1912~1928년도) 『태극학보』 제1호, 1906. 8. 24, 「공과대학졸업생 상호씨」; 『고종시대사』 6집, 1907. 9. 17, 「농상공부서기관 상호 농상공부공무국장」; 『대한제국 직원록』(1908년도); 『공립신보』, 1906. 11. 8, 「하안상량씨신업」; 『교남교육회잡지』 제1호, 「회원명부」

② 손지현

손지현(孫之鉉, 1867. 3. 14~?)은 본관이 밀양이고, 호는 산남(山南)이다. 경남 밀양군 부내면에서 태어났다. 1885년 5월 17일 진사시험에 합격하고 1900년 3월 26일 경기전 참봉, 3월 28일 목릉참봉, 1902년 7월 외부 참서관 등을 역임하였다.

1908년 대한학회 발기인 및 회원, 1908년 3월 교남교육회 회원으로 활동하였다. 1910년 밀양군수, 1912년 울산군수, 1914년 창원군수, 1916년 경산군수 등을 역임하다가 1918년 퇴직하였다. 1919년 경상남도 도청 제3부 도참사(道參事)를 거쳐, 1920년 경상남도 도평의회 의원이 되었다. 1921년 중추원 참의(參議) 후보자로 추천되기도 하였다. 1912년 한국병합기념장, 1928년 쇼와대례기념장을 수여받았다. 2002년 발표된 친일파 708인 명단에 수록되었다.

〈참고문헌〉

『대한제국관원이력서』;『승정원일기』, 1900. 2. 26, 「경기전 참봉 손지현」; 1900. 2. 28, 「목릉 참봉 손지현」; 1902. 6. 14, 「손지현 외부참서관」; 1909. 2. 13, 「정3품 손지현 진주군수」;『대한학회월보』제4호, 1908. 5. 25, 「대한학회찬성회취지서」;『교남교육회잡지』제1호, 「회원명부」;『조선총독부및소속관서직원록』(1910~1920년)『각도의원 추천의 건』(1921), 「경상남도 충추원의원 추천의 건」(손지현)

③ 이각종

이각종(李覺鍾, 1888~?)은 본관이 전주이고 일본식 이름 아오야마(靑山覺鍾)를 사용하였다. 1888년 대구부 서상면 서내동(현 중구 서내동)에서 태어났다. 1895년 구암강습원(龜巖講習院)에서 수학하였으며, 1899년 면우(俛宇) 곽종석(郭鍾錫)과 임재(臨齋) 서찬규(徐贊奎)의 문하에서 수학하였다. 1904년 8월 한성중학교에 입학하여 1909년 3월 졸업하였으며, 1906년 1월 보성전문학교 법학과 야간부에 입학하여 1909년 10월 보성전문학교 법률과 야간부를 졸업하였다.

1908년 3월 교남교육회 평의원을 역임하였다. 1909년 4월 대한제국 학부위원으로 임명되었으나 그만두고, 1909년 10월 일본 와세다대학(早稻田大學) 문학과에 입학하였다. 1911년 6월 내무부 학무국 학무과에서 관리 생활을 시작하여 1917년까지 근무하였고, 1918년 김포군수에 임명되었다가 병으로 1920년 사임하였다. 1921년 총독부 내무국 촉탁, 1922년 내무국 사회과 촉탁 등을 거쳐 1939년 경성보호관찰소 촉탁보호사 등으로 근무하였다.

1926년 총독부 학무국 촉탁 시절, 당시 사회교육과장 김대우(金大羽) 등과 함께 내선일체(內鮮一體)와 황민화(皇民化) 등 사상교육에 있어서 주도적 역할을 하였으며, 좌익전향자를 포섭하여 친일단체 백악회(白岳會)를 결성하기도 하였다. 1936년 백악회를 대동민우회(大東民友會)로 확대·개편하여 고문을 맡았으며, 1937년「황국신민서사(皇國臣民誓詞)」를 지었다. 그리고 같은 해 7월 국민정신총동원조선연맹 발기인, 1940년 국민총력조선연맹 이사, 1941년 9월 임전대책협의회 회원, 같은 해 10월 조선임전보국단 평의원 등을 역임하였다.

한편으로는 1938년 12월 이광수(李光洙)·인정식(印貞植) 등과 함께 시국유지원탁회의(時局有志圓卓會議)에 참가하였으며, 1941년 12월 대동민우회 주최로 미영배격설전대(米英排擊舌戰隊)를 조직하였다. 1949년 반민족행위처벌법에 의거 체포되었으나 재판 과정에서 정신이상으로 석방되었다. 2002년 발표된 친일파 708인 명단에 수록되었다.

〈참고문헌〉

『대한제국관원이력서』;『조선총독부및소속관서직원록』(1911~1939년도); 『매일신보』;『교남교육회잡지』제1호,「회원명부」; 경고특비 제339호,『경찰정보 사(부본)』(1936),「사상선도단체 백악회 창립에 관한 건」;『매일신보』, 『동아일보』, 1938. 7. 2,「국민정신총동원조선연맹역원결정」; 1936. 2. 14,「백악회출생 이각종씨등발기로」; 지검비 제1031호,『경찰정보사(부본)』(1936),「대동민우회 발기대회 개최의 건」; 경고비 제2569호의 7,『사상에 관한 정보』14, 1941. 10. 24,「조선림전보국단 결성식 거행에 관한 건」

④ 이선호

이선호(李宣鎬, 1874. 12. 11~1936. 4. 1)는 본관이 예안이고, 안

동 출신이다. 1904년 1월 국장도감(國葬都監) 낭청(郎廳), 1904년 1월 삼물소(三物所) 낭청(郎廳)을 역임하였다. 1908년 3월 교남교육회 발기인, 1908년 9월 국채보상금 검사위원, 1909년 1월 대한협회 대구지회 회원 등을 역임한 뒤, 1909년 12월 함창군수, 1911년 6월 신녕군수, 1914년 3월 봉화군수, 1915년 8월 안동군수, 1915년 11월 경상북도 지방토지조사위원회 임시위원 등을 역임하였다.

1912년 8월 한국병합기념장(韓國倂合記念章)을 받았고, 같은 해 9월 동척 주최 일본시찰단(日本視察團)에 참여하였다. 그리고 1915년 11월 대정대례기념장(大正大禮記念章)을 받았고, 1920년 1월 고등관 5등에 서위되었다.

1920년 4월 경일은행 이사, 1923년 6월 조선민립대학기성회 대구지방부 위원, 1926년 6월 유도진흥회 경북지부 이사, 1926년 조선불교단 대구지부 평의원, 1927년 10월 경제연구회 창립준비위원, 1930년 10월 경일은행 취체역, 1932년 영남명덕회(嶺南明德會) 부회장, 1935년 영남명덕회 회장, 1936년 1월 경학원 사성 등을 역임하였다.

한편, 1924년 4월과 1927년 4월 경상북도 민선 도평의회 의원, 1930년 4월 경상북도 관선 도평의회 의원, 1933년 5월 경상북도 관선 도평의회 의원 등에 선출되었다. 1935년 4월에는 조선총독부 중추원 참의에 임명되었다. 1928년 8월 쇼와대례기념장(昭和大禮記念章), 1935년 10월 시정25주년기념표창(施政25週年記念表彰) 등을 받았다. 2002년 발표된 친일파 708인 명단에 수록되었다.

⟨참고문헌⟩

『대한매일신보』; 『매일신보』; 『동아일보』; 『대한협회회보』 제10호, 1909. 1. 25. 「회원명부」; 『교남교육회잡지』 제1호, 「회원명부」; 『조선총독부관보』;

『조선총독부및소속관서직원록』

⑤ 이우익

이우익(李愚益, 1890. 4. 15 ~ 1982. 3. 16)은 본관이 벽진이고, 호는 동초(東樵)이며, 경북 칠곡 출신이다. 1912년 경성법학전문학교를 졸업한 뒤, 같은 해 재판소 통역사겸 서기에 임명되었다. 1914년 1월 부산지방법원 밀양지청 판사를 거쳐 1915년 4월 함흥지방법원 검사, 1928년 3월 판사 정6위 훈6등으로 퇴직하였다.

이우익

퇴직 후 대구에서 개업하여 변호사로 활동하였는데, 제2차 유림단사건(儒林團事件)으로 기소된 심산 김창숙의 변호를 맡기도 했다. 해방 후 미군정하에서 다시 검사로 발탁되어 대구고등검찰청 검사장을 거쳐 6.25전쟁 발발 직전인 1950년 5월 대한민국 법무부의 제3대 장관에 임명되어 같은 해 11월까지 재직했다. 1958년 3월 중앙선거관리위원을 거쳐, 1959년 3월 자유당 경상북도 위원장을 역임하였다. 2002년 발표된 친일파 708인 명단에 수록되었다.

〈참고문헌〉

『조선총독부관보』, 1912. 7. 3, 「서임급사령」; 1914. 1. 19, 「서임급사령」 1915. 4. 13, 「서임급사령」; 1928. 3. 1, 「서임급사령」; 『매일신보』, 1928. 11. 23, 「김창숙 무기징역 정수기 징역 3년」; 『동아일보』, 1950. 5. 24, 「법무부장관수경질 후임 이우익 씨 임명 전대구고검 검사장; 『마산일보』,

1958. 3. 27, 「중앙선위에 이우익 씨를 위촉」;『동아일보』, 1959. 3. 23, 「이우익 씨 재선 자유당 경북도위장」

⑥ 이우정

이우정(李愚正, 1880. 8. 28 ~?)은 본관이 벽진이고, 자는 몽숙(夢叔), 호는 가석(可石)이다. 1888년 경북 성주군 벽진에서 면와(勉窩) 이덕후(李德厚)의 3남 1녀 우원(愚元)·우정(愚正)·우숙(愚淑)·우필(愚弼) 중 차남으로 태어났다. 여동생 이우숙은 선산출신의 독립운동가 김정묵에게 출가하였고, 막내 동생 이우필은 연해주로 망명하여 1917년 볼셰비키혁명 때 백위파(白衛派)와 연계하여 국권회복을 도모하다가 실종되었다.

1903년 11월 원산우체사 주사를 거쳐 1906년 법관양성소 입학, 1908년 11월 우등으로 졸업하였다. 1908년 3월 동생 이우필과 함께 교남교육회 회원으로 활동하였다. 법관양성소 졸업 후인 1909년 2월 대구공소원 서기로 임용되었으며, 1910년 10월 대구지방재판소 안동구재판소 판사로 승진했다. 1912년 4월부터 관제 개편으로 대구지방법원 안동지청 판사로 재직했다. 1920년 공주지방법원 충주지청 판사로 이동하여 1922년까지 근무하였다.

1912년 8월에는 한국병합기념장을 받았고, 1915년 11월 대정대례기념장을 받았다. 1923년 1월 퇴직하여, 같은 해 4월 대구에서 변호사를 개업하였다. 변호사로 활동하던 1928년 11월 쇼와천황 즉위기념 대례기념장을 받았다. 2002년 발표된 친일파 708인 명단에 수록되었다.

〈참고문헌〉

『조선총독부관보』, 1910. 10. 19, 「서임급사령」;『일본제국직원록』(조선총독부편, 1913);『조선총독부및소속관서직원록』(1920년);『조선총독부관보』, 1912. 4. 6.「서임급사령」

⑦ 최정덕

최정덕(崔廷德, 1865~?)은 1865년 대구에서 출생하였다. 일찍이 한학을 수학하고, 1895년 4월 한성사범학교 교원이 되었다. 1896년 6월 10일 관립 수하동소학교 교원으로 옮겨 1898년 11월까지 근무했다. 1898년경부터 독립협회 활동을 시작해 7월부터 독립협회 총대위원을 맡아 일본에 있던 박영효를 지원하는 활동을 펼쳤다. 그해 11월 28일 독립협회 추천으로 중추원 의관이 되었으며, 만민공동회에서 결의한 '헌의6조(獻議六條)'의 실시를 주장하다가 의정부 참정대신 서정순(徐正淳)의 상주(上奏)로 파면되었다. 1899년 6월 독립협회와 만민공동회를 탄압한 세력을 처단하기 위해 고영근 등과 함께 대구의 폭약 제조자 김창제 등을 매수해 폭약을 제조했다. 6월 8일부터 6월 12일 조병식·신기선·이종건 등 대신들의 저택에 폭탄을 투척했다가 체포령이 내려지자 7월 2일 일본으로 망명했다. 1900년 평리원(平理院)에서 열린 궐석재판에서 교수형을 선고받았다.

1907년 7월 사면을 받아 8월 16일 귀국했다. 귀국 후 일진회 평의원으로 활동하다가 그해 10월 21일부터 총무원으로 활동했다. 같은 해 11월 7일 중추원 부찬의에 임명되어 12월까지 재직했다. 1907년 11월 19일부터 1908년 1월 18일까지 통감부의 의병탄압 조직인 자위단을 지원하기 위해 일진회가 각 도에 파견한 자위단원호회(自衛團援護會) 제4부 위원장을 맡아 경상북도의 각 지역을 돌면서 자위단 설립을 독려하였다.

1908년 3월 교남교육회 평의원, 1908년 5월 25일 대한학회 찬성회 발기인으로 참여했다. 1908년 6월 11일 충청남도 관찰사 겸 충청남도 재판소 판사에 임명되어 1910년까지 재직했다. 1909년 5월 권중석 등과 함께 상무합자주식회사를 설립했으며, 12월 일진회에서 통감부에 '한일합병'의 조속한 실행을 청원하는 「정합방상소문(政合邦上疏文)」을 제출하자 일진회를 탈퇴했다. 일제강점 후인 1910년 10월 경상북도 참여관, 1911년 2월부터 1921년까지 경상남도 참여관, 1914년부터 1918년까지는 경상남도 지방토지조사위원회 임시위원을 겸했다.

일본 정부로부터 1912년 8월 1일 한국병합기념장, 1915년 11월 10일 대례기념장(大禮記念章), 1920년 11월 29일 훈4등 서보장(瑞寶章)을 받았다. 1926년 농수산물 무역, 위탁 판매, 상품담보 대부, 부동산담보 대부 등을 거래하는 합자회사 해성(海盛)을 설립하여 대표로 활동하였다. 2002년 발표된 친일파 708인 명단에 수록되었다.

〈참고문헌〉

『승정원일기』, 1895. 8. 3, 「한성사범학교교원 최정덕」; 『승정원일기』, 1896. 4. 29, 「관립소학교 교원에 최정덕」; 『고종시대사』4권, 1898. 12. 23, 「의정부 참정 서정순이 아뢰기를」; 『고종시대사』4권, 1899. 6. 21, 「최정덕 등」; 『고종시대사』5권, 1900. 9. 19, 「법부대신 권재형의 주에 따라」; 『교남교육회잡지』제1호, 「회원명부」; 『순종실록』2권, 1908. 2. 11, 「전부찬의 최정덕 임충청남도관찰사」; 『매일신보』, 1910. 10. 15, 「경북참여관 부임」; 『조선총독부관보』, 1911. 2. 25, 「임경상남도참여관, 서고등관3등 경상북도 참여관 종5위 최정덕」; 『조선총독부및소속관서직원록』(1914~1918년); 『조선은행회사조합요록』(1927년판)

⑧ 여영조

여영조(呂永祚, 1862~1917, 일명 呂永韶)는 본관이 성산(星山)이고,

호는 일재(一齋)이다. 1862년 경북 김천에서 태어났다. 1896년 3월 허위·조동호·여중룡 등의 유생들과 김산의진(金山義陣)을 결성하고 참모로 활동하였다. 을미의병 해산 후 상경하여 1902년 구휼기관인 혜민원의 주사를 거쳐 중추원 의관에 임명되었으나 나아가지 않았다.

1904년 2월 이학재(李學宰), 윤돈구(尹敦求)와 국시건의소(國是建議所)를 조직하였다. 1904년 8월 조직된 충의사(忠義社)에 참여하여 배일언론투쟁을 전개하는 한편, 윤돈구 등과 출판사인 보인사(輔仁社)를 운영하며 유교의 종교화운동을 시작하였다. 1907년 나인영·오기호 등과 을사오적을 처단하려다가 실패하기도 하였다. 1906년 8월 대한자강회 회원, 1908년 3월 교남교육회 회원으로 활동하였다. 특히 교남교육회에서 「사립학교 및 학회창시설(私立學校及學會刱始說)」, 「신국가설(身國家說)」 등을 발표하기도 하였다.

1907년 11월 여중룡 등과 함께 김천에서 사립양성학교(私立養成學校)를 설립하였고, 1909년 5월에는 김산보통학교(金山普通學校)를 설립하기도 하였다. 1909년 5월 윤충하·권상익 등과 태극교(太極敎)를 창설하고 교정(敎正)을 맡아 업무를 총괄하였다. 1914년 5월 독립의군부사건(獨立義軍府事件)에 연루되어 옥고를 치르기도 했다.

〈참고문헌〉

『대한자강회회보』 제2호, 「회원명부」; 교남교육회잡지』 제1호, 「회원명부」 및 「휘설」; 『매일신보』, 1907. 11. 8, 「잡보」: 12. 1, 「김산군양성학교취지서」; 경상북도경찰부, 『고등경찰요사』, 1934; 권대웅, 「김산의진고」, 윤병석교수화갑기념 『한국근대사논총』, 1990; 서동일, 「한말~일제하 개신유림 윤충하의 계몽운동과 태극교 운동」, 『한국민족운동사연구』44, 2005.

⑨ 여중룡

여중룡(呂中龍, 1856~1913)은 본관은 성산(星山), 자는 무현, 호는 남은(南隱)이다. 1856년 김천에서 태어나 1896년 3월 허위·조동호 등의 유생들과 김산의진(金山義陣)을 결성하고 찬획(贊劃)으로 활동하였다. 을미의병 해산 후 상경하여 1904년 8월 조직된 충의사(忠義社)에 참여하여 배일언론투쟁을 전개하였다.

1906년 4월 우용택·이병구·조우석(趙瑀錫) 등과 함께 주한일본공사관을 폭파하려고 계획하였다가 구속되었고, 1905년 음력 5월 5일 허위·이강년 등과 창의를 모의한 후, 1906년 9월 19일 향리 김산으로 귀향하여 창의하였다. 그러나 9월 27일 의병부대의 출발을 앞두고 과로로 인하여 쓰러지고 말았다.

한편, 계몽운동에도 참여하여 1906년 8월 대한자강회 회원, 1908년 3월 교남교육회 회원으로 활동하였으며, 1907년 11월 여영조(일명 여영소) 등과 사립양성학교(私立養成學校)를 설립하는 등 신교육구국운동을 전개하기도 하였다. 1977년 건국포장, 1990년 건국훈장 애국장이 추서되었다.

〈참고문헌〉

『대한자강회회보』 제2호, 「회원명부」; 교남교육회잡지』 제1호, 「회원명부」; 『남은선생유집』, 권2, 「을사일기」; 대한매일신보」, 1907. 11. 8, 「잡보」: 12. 1, 「김산군양성학교취지서」; 『황성신문』, 1909. 2. 3, 「김산발문」

⑩ 이청로

이청로(李淸魯, 1852~1916. 6. 19)는 경남 의령 출신으로 본관은 전의(全義), 초명은 명로(鳴魯), 자는 도경(道卿), 호는 학수(鶴叟)이다. 1896년 3월 28일 의령의진(宜寧義陣)에 참여하여 의병 100여 명을 거느리고 함안·창원 등지를 거쳐 4월 12일 김해에서 일본군 부산지구경비대와 접전을 벌였다. 이 전투에서 일본군 5명을 사살하는 전과를 올리기도 하였으나 총상을 입고 귀향하였다. 1908년 3월 교남교육회 회원으로 활동하였다. 2001년 건국훈장 애족장이 추서되었다.

〈참고문헌〉

이청로, 『이학수종정일록』; 『교남교육회잡지』 제1호, 「회원명부」; 권영배, 「한말 의장 이청로의 의령의병의 김해전투」, 『조선사연구』3, 조선사연구회, 1994.

⑪ 우용택

우용택(禹龍澤, 1868~1940)은 의성 안계 출신으로 자는 재현(在見)이고, 호는 육봉(六峰)이다. 개항기 참봉 벼슬에 있었다. 을미의병 해산 후 상경하여 1904년 8월 조직된 충의사(忠義社)에 참여하여 배일언론투쟁을 전개하였다. 1905년 1월 여중룡 등 충의사 사원들과 함께 정부·주한일본군사령부·일본공사관·내부대신 등에게 상소와 서신을 발송하여 일본의 기만적인 침략 행위를 고발하고, 야만적인 행위를 규탄하였다. 1905년 5월 일본 헌병대에 체포되었다가 석방되었으며, 정부 내의 친일 대신들을 비판하고, 심지어 내부대신 이지용(李址鎔)과 면대하여 신랄하게 꾸짖고 구타하여 세인(世人)의 주목을 받기도 하였다. 1906년 8월 대한자강회 회원, 1907년 11월 대한협회 회원, 1908년 3월 교남교육회 회원으로 활동하였다. 1977년 건국포장이 추서되었다.

<참고문헌>

『교남교육회잡지』 제1호, 「회원명부」; 『황성신문』, 1902. 1. 7, 「상정부서」;
2. 16, 「기일본공사서」; 3. 14, 「일본군사령관서」; 3. 16, 「기각국공사관
서」; 5. 10, 「정정부서」; 6. 20, 「투일공관서」; 8. 10, 「기일본군사령부서」;
8. 18, 「치내부대신이지용서」; 1905. 3. 24, 「청속담판」; 8. 22, 「우씨난타」

⑫ 남형우

남형우(南亨祐, 1875~1943) 경북 고령 출신으로 호는 수석(瘦石)
이다. 김재열(金在烈)과 함께 홍와(弘窩) 이두훈(李斗勳)의 문하에서
한학을 공부하였다. 1903년 상경하여 1908년 1월 보성전문학교를 졸
업하고, 1911년부터 1917년까지 모교에서 법률학교수로 봉직하였다.

1906년 결성된 신민회에 참여하였고, 1908년 3월 교남교육회에 가
입하여 평의원으로 활동하며 교육시찰원으로 영남 각처를 순방하였다.
1908년 9월 조직된 달성친목회 회원, 1909년 10월경 결성된 대동청
년단 단원, 1915년 정월 조선국권회복단 중앙총부 단원, 3월 조선산직
장려계 가입 등 국권회복을 위한 민족의식 고취에 크게 기여하였다.

1919년 3월 17일 블라디보스토크에서 수립된 대한국민의회에서 산
업총장으로 선임되었으며, 같은 해 4월 파리강화회의에 제출할 독립
청원서와 군자금 5,000원을 지참하고 조선국권회복단 중앙총부를 대
표해 중국 상해로 망명하였다. 1919년 4월 13일 대한민국임시정부 법
무차장, 4월 25일 임시의정원 의원, 5월 10일 법무총장을 역임하였
다. 1920년 11월에는 임시정부 교통국 교통총장, 1921년 6월 6일 국
민대표회의 준비위원회 위원장을 역임하였다.

1922년 4월 비밀결사 '다물단(多勿團)'을 조직하여 1923년 1월 서동
일(徐東日)을 국내에 잠입시켜 경상북도 청도·경산 등지에서 군자금

1,400여 원을 모집하여 송금하게 하였으며, 1924년 5월 30일 재입국하여 군자금을 모집하다 붙잡혔다. 1928년 하얼빈으로 가족과 함께 이주하여 흑룡강(黑龍江)에서 사설 학교를 경영하였다. 1931년 수토병(水土病)으로 귀국, 고향에서 요양을 하였다. 1943년 3월 13일 일제의 감시와 위협을 참을 수 없어 음독자살하였다고 한다. 1983년 건국포장이 추서되었다.

〈참고문헌〉

『교남교육회잡지』 제1호, 「회원명부」; 경상북도경찰부, 『고등경찰요사』, 1934; 재상해일본총영사관경찰부, 『조선민족운동연감』, 1919. 3. 17; 신용하, 「신민회의 창건과 그 국권회복운동」, 『한민족독립운동사연구』, 을유문화사, 1985; 권대웅, 「한말 달성친목회연구」, 오세창교수화갑기념 『한국근현대사논총』, 1995; 권대웅, 「대동청년단연구」, 박영석교수화갑기념 『한민족독립운동사논총』, 1992.

⑬ 안희제

안희제(安熙濟, 1885~1943)는 본관이 탐진(耽津)이고, 자는 태약(泰若), 호는 백산(白山)이다. 경남 의령군 부림면 입산리에서 태어났다. 일찍이 향리에서 서강(西崗) 안익제(安益濟)에게 한학을 수학하고, 21세 때인 1905년 상경하여 보성전문학교 경제과에 입학, 1906년 봄에 양정의숙 경제과로 재입학하여 1910년에 졸업하였다.

안희제

1908년 3월 교남교육회 창립총회에서 임시서기를 시작으로 평의원·교육부 학무원·회계·교육부 시찰원 등을 역임하였다. 1907년 동래 구포에 구명학교(龜明學校)와 의령 중동에 의신학교(宜新學校)를 설립하였다. 1908년에는 고향인 의령군 입산리에 창남학교(刱南學校)를 창설하였다. 1909년 10월 윤세복·서상일·신성모·남형우·박중화 등 80여 명의 동지들과 함께 대동청년단(大東靑年團)을 조직해 국권회복운동을 전개하였다.

1911년 만주와 시베리아를 유랑하며 독립운동가들과 접촉하였다. 1914년 만주에서 귀국한 뒤 부산에서 백산상회(白山商會)를 설립하였고, 1917년 11월 최준·윤현태 등과 함께 합자회사 백산상회, 1919년 1월 최준·윤현태·이우식·윤병호·최태욱·윤상태 등과 함께 자본금 100만 원의 백산무역주식회사(白山貿易株式會社)를 설립하였다. 1919년 3·1운동이 일어나자 향리 의령에서 독립만세운동을 촉구하였으며, 11월에는 기미육영회(己未育英會)를 조직하여 청년들을 외국에 유학시키기도 하였다.

1920년 1월 동아일보 창간 발기인으로 참여하였고, 동아일보 부산지국을 운영하였다. 1928년 6월부터 중외일보 인수에 참여하여, 11월 중외일보를 인수하였고, 1929년 9월 중외일보의 사장에 취임하였다. 한편 1927년에는 이시목 등과 자력사(自力社)를 조직해 협동조합운동을 전개하였으며, 1931년에는 대종교에 입교하는 등 국내에서 독립운동을 전개하다가 1933년 중국으로 망명하였다.

1933년 발해의 둥진청(東京城)에 발해농장(渤海農場)을 세워 교포들의 생활 안정과 청소년 교육에 힘썼다. 1934년 둥진청으로 옮겨온 대종교총본사에 참여하여, 1935년 1월 대종교 참교(參敎)에 피선되었다. 그리고 1936년 6월 대종교 지교(知敎)와 경의원(經議院) 부원장, 1941년 대종교 상교(尙敎) 및 대종교서적간행회(大倧敎書籍刊行會) 회장을 역임하는 등 대종교의 교세 확장을 통한 독립운동 세력의 규합에 전력하였다.

1942년 11월 일제가 국내외의 대종교 지도자 21명을 체포한 임오교 변(壬午敎變)을 획책할 때, 고향 의령에서 체포되었다. 안희제는 무단 장(牧丹江) 경무처로 이송되어 약 8개월간의 고문과 악형을 받았다. 병세가 악화되어 1943년 8월 무단장 영제의원(永濟醫院)에서 순국하 였다. 대종교 순국십현(殉國十賢)의 한 사람으로 추존되었다. 1962년 3월 건국훈장 독립장이 추서되었다.

〈참고문헌〉

『교남교육회잡지』 제1호, 「회원명부」; 김정명편, 『조선독립운동』 1권 분책; 김의환, 「백산 안희제 선생 해적이」, 『나라사랑』 제19집; 안국제, 「백산공 가상급유사략록」, 『나라사랑』 제19집; 백산안희제선생순국70주년추모위원 회편, 『백산 안희제의 생애와 민족운동』, 선인, 2013; 권대웅, 「대동청년단 연구」, 박영석교수화갑기념 『한민족독립운동사논총』, 1992; 권대웅, 「백산 무역주식회사의 설립과 경영」, 『백산 안희제의 생애와 독립운동』, 2013; 권대웅, 『1910년대 국내독립운동』, 독립기념관 한국독립운동사연구소, 2008; 이동언, 『안희제』, 독립기념관 한국독립운동사연구소, 2010.

⑭ 이원식

이원식(李元植, 1875. 4. 18~1958. 3. 18)은 본관이 진성(眞城)이 며, 자는 범극(範極), 호는 백농(白農·伯農)이다. 본명은 이원식(李元 植)이고, 이동하(李東廈)·이동후(李東厚)·이철(李轍) 등의 다른 이름을 사용하였다. 1875년 4월 18일 경북 안동군 예안면 부포동에서 아버지 이규락(李圭洛)과 어머니 영양남씨(英陽南氏) 사이에서 태어났다.

1895년 아버지 이규락을 따라 서울에 올라갔다. 이규락은 1902년

선릉참봉(宣陵參奉)을 지냈으며, 1904년 충의사(忠義社)에 참여하였다. 이원식은 1905년 서울 보광학교(普光學校)에 입학하여 3년간 수학한 후 1908년 4월 졸업하였다. 그리고 서울 계산학교(桂山學校)에서 1년간 교편(敎鞭)을 잡다가 대구 협성학교(協成學校) 교감(校監)으로 전임하였다.

1910년 향리에서 보문의숙(寶文義塾)을 설립하였으며, 1911년 만주로 망명할 때까지 학생들을 교육하였다. 한편, 1908년 3월 설립된 교남교육회(嶠南敎育會)에 참여하여 간사원(幹事員)을 맡아 활동하였으며, 1909년 10월 대동청년단(大東靑年團)에 참여하여 활동하였다. 이때 대종교(大倧敎)에 입교하여 1911년 음력 1월 21일 참교(參敎)가 되었다.

1911년 1월 서간도로 망명하여 이상룡·김대락 등과 함께 퉁화·루허현 일원의 독립운동 기지 건설에 참여하였다. 1911년 음력 5월 환런현(桓仁縣)에서 윤세룡·윤세복 형제와 함께 동창학교(東昌學校)를 설립하고 교장을 맡았다. 이어서 싱징현(興京縣)에서 흥경학교(興京學校)를 설립하여 민족교육을 실시하였으며, 싱징(興京)·환런현(桓仁縣) 일원에서 동포들의 생활 안정을 위한 자치기구를 조직하여 회장으로 활동하였다.

1919년경 펑톈(奉天)으로 옮겨 활동하다가 일경에 체포되어 국내로 압송되었다. 옥고를 치른 뒤 다시 망명하여 서간도를 중심으로 독립운동을 전개하였다. 「국적암살사건(國敵暗殺事件)」·「펑톈폭탄사건(奉天爆彈事件)」·「상해 임시정부 군자금모집사건(上海臨時政府軍資金募集事件)」 등에 연루되어 옥고를 치렀다. 1923년 「경남 갑비순사 사살사건(慶南甲斐巡査射殺事件)」에 연루되어 기소되었으나 증거 불충분으로 석방되었다. 대구에서 하해여관을 운영하는 한편, 1927년 9월 영남친목회(嶺南親睦會)에 참가하였다. 그리고 1931년 11월 15일 개최된 단군신전봉찬회(檀君神殿奉贊會)의 이사로 활동하였다.

1945년 9월 7일 대한민국 임시정부 지지를 표방하면서 우익 지도자들이 결성한 국민대회준비회(國民大會準備會)의 발기인을 역임하였다. 1951년 8월 김창숙·이범영 등과 함께 이승만 대통령의 실정12조항(失政十二條項)을 들어 하야(下野)할 것을 경고한「경고이대통령하야문(警告李大統領下野文)」을 반포하였다. 1951년 9월 21일 김창숙·이범영 등과 함께 인심혹란죄(人心惑亂罪)로 부산지방검찰청에 체포되어 40여 일간 구금되었다. 1952년 7월 김창숙·조병옥·서상일 등과 함께 부산 국제구락부(國際俱樂部)에서 호헌구국대회(護憲救國大會)를 개최하다가 피습·폭행당하고 부상을 입기도 하였다.

그 외 1955년 진보당(進步黨) 추진대표와 중앙위원 및 고문, 민주혁신당(民主革新黨) 중앙사임위원 등을 역임하였다. 1958년 12월 보안법 개악을 반대하는 전국국민대회발기준비위원회(全國國民大會發起準備委員會)의 위원으로 추대되기도 했다. 1959년 3월 18일 향년 85세를 일기로 서거하였다. 1963년 대통령표창, 1990년 건국훈장 애족장이 추서되었다.

<참고문헌>

김대락, (국역)『백하일기』; 이상룡, (국역)『석주유고』;『황성신문』, 1907. 2. 9,「보광첨광」; 1908. 4. 7,「보광졸업식」;『동아일보』, 1951. 10. 2,「김창숙(73), 이동하(77) 양옹구속송청 인심혹란죄혐의」; 1952. 7. 24,「피의자 십칠명 구속 국제구락부사건」; 1958. 8. 12,「오늘의 화원; 김창숙옹, 이동화옹」; 1959. 3. 19,「이동하옹 영면, 애절한 심정」;『교남교육회잡지』, 제1권 제1호, 1908년 4월,「임원록」; 경상북도경찰부,『고등경찰요

사』, 1934; 독립운동사편찬위원회, 『독립운동사』 5·8·10, 1973; 윤보현, 『영남출신독립운동략전』 제1집, 1961, 165쪽; 경북독립운동기념관, 『백농 이동하』, 2015.

⑮ 김응섭

김응섭

김응섭(金應燮, 1878. 11. 10~1957. 5. 29)은 본관이 풍산(豊山)이고, 자는 경장(景章), 호는 동전(東田)이다. 다른 이름은 김응범(金應範)이다. 1878년 경북 안동시 풍산읍 오미리(五美里)에서 태어났다. 1908년 3월 교남교육회에 참가하여 활동하였다. 1911년 1월에서 1912년 6월까지 평양지방법원의 판사, 검사를 역임한 뒤 대구에서 변호사로 활동하였다. 1915년 정월 조선국권회복단 중앙총부에 가입, 1919년 4월 남형우와 함께 파리에 보낼 독립청원서를 영어로 번역하여 상해로 가져갔다.

1919년 3·1운동 직후인 4월 13일 상해 대한민국임시정부의 법무위원에 이어 법무부위원을 역임하였으며, 1920년 3월 한족회(韓族會)의 조직을 쇄신하고 서로군정서(西路軍政署)의 법무사장으로 취임하였다. 1921년 5월 이르크츠크파 고려공산당에 입당하였다. 1922년 베르흐네우진스크 고려공산당연합대회에 출석해 임시집행부 위원이 되었다. 동년 6월 남만주군정서의 부총재로 활약하면서 김찬규를 국내의 경상북도 지역으로 파견하여 김시현·신태식 등과 함께 의용단을 조직하도록 한 다음 군자금을 모집하였다. 1923년 1월 상하이에서 열린 국민대표회의에 참가하여 창조파의 일원으로서 국민위원회 결성에 합류하여 국민위원이자 국무위원, 그리고 법제경제위원장에 선임되었다.

1924년 11월 지린성(吉林省) 반석현(盤石縣)에서 안동 출신 이광민 등과 함께 한족노동당을 결성하고 중앙의사위원회 위원장을 맡았다. 같은 해 11월 민족주의 계열의 독립운동 단체 정의부가 조직되자 중앙 심판위원장을 맡았으며, 한편으로는 1925년 다물청년당에 참여하여 이주 동포들에게 혁명의식을 불어넣는 활동을 하기도 하였다. 1926년 8월 임시정부 국무위원을 역임하였으며, 1927년 9월경 조선공산당 만주총국의 간부가 되었다. 1928년 2월에는 지린성 반석현에서 한족노동당을 개편해 재만농민동맹(在滿農民同盟)을 결성하고 중앙집행위원장이 되었다. 1928년 5월 지린성에서 개최된 전민족유일당 조직촉성회의에 재만농민동맹 대표자로 참여하였다. 1928년 12월 코민테른의 조선공산당 해체 이후 김응섭의 활동은 일시 중단되었다.

1931년 3월경 창춘(長春)에서 일경에 체포된 뒤, 같은 해 5월 25일 국내로 이송되어 대구에 도착하였다. 그리고 한때 철원에서 농장을 경영하였다고는 하나 두드러진 활동은 없었다. 해방 후 1947년 3월 전국유교연맹(全國儒敎聯盟)에 참가하여 활동하였으며, 1948년 4월 전국유교연맹의 대표로 평양에서 열린 남북 정당사회단체대표자 연석회의에 참가하였다. 1950년 향리에 내려와 칩거하다가 1957년 봄 79세의 나이로 사망하였다.

〈참고문헌〉

『교남교육회잡지』 제1호, 「회원명부」; 경상북도경찰부, 『고등경찰요사』, 1934, 184쪽; 재상해일본총영사관경찰부, 『조선민족운동연감』, 1919. 4. 13; 『조선소요사건관계서류』(6), 1920. 8. 9, 「유하현지방 불령선인단 조직변경에 관한 건, 량성 군정서 연락에 관한 건」; 김희곤·강윤정, 『오미마

을 사람들의 민족운동』, 지식산업사, 2009; 김희곤, 『안동 사람들이 만주
에서 펼친 항일투쟁』, 지식산업사, 2011.

⑯ 김지섭

김지섭

김지섭(金祉燮, 1885~1928. 2. 20)은 본
관이 풍산(豊山)이고, 자는 위경(衛卿), 호는
추강(秋岡)이다. 1884년 경상북도 안동시 풍
산읍 오미리에서 김병규(金秉奎)의 장남으로
태어났다. 족숙인 운재(雲齋)김병황(金秉璜)
에게 한학을 배웠고, 1907년 3월 상주보통학
교(尙州普通學校) 교원, 1908년 3월 교남교
육회(嶠南敎育會) 회원, 1909년 3월 전주구
(全州區) 재판소 번역관보, 같은 해 10월 금산구지방법원(錦山區地方
法院) 서기 겸 통역관으로 재직하였다.

1910년 8월 29일 나라가 망하자 금산군수 홍범식의 자결과 집안 형
김응섭의 평양지방법원 검사 사직에 영향을 받고, 1913년 공주지방법원
영동지청의 통역생 겸 서기직을 사임하였다. 1915년 4월 김응섭이 대
구에서 변호사 사무소를 내고 상주에 출장소를 차리자 서기를 맡았다.

1919년 4월 조선국권회복단에서 활동하던 김응섭이 영문으로 번역
한 독립청원서를 가지고 남형우와 함께 상하이로 간 뒤, 그 뒤를 따라
상하이로 갔다. 1922년 여름 무렵 의열단에 가입하여 7월부터 서울에
들어와 독립운동 자금 모집 활동을 벌였다. 1923년 3월에는 김시현·
류석현 등과 함께 일제 통치 기관을 파괴할 목적으로 폭탄 36개를 상
하이에서 국내로 들여왔다. 그러나 폭탄을 미처 사용하지 못한 채 계
획이 노출되어 김시현을 비롯한 단원 13명이 검거되었다. 이때 김지섭

은 상하이로 탈출하였다.

　1923년 9월 도쿄에 대지진이 일어나고 1만여 명의 한국인이 죽음을 당하는 '한국인 대학살'을 계기로 의열단은 일본에서 거사할 것을 결의하였다. 1923년 12월 20일 밤 일본행 화물선을 탄 김지섭은 12월 30일 후쿠오카(福岡)에 도착하였다. 1924년 1월 6일 오후 7시 20분 일본 왕궁으로 들어가는 니주바시(二重橋)에 폭탄을 투척하였다. 1925년 8월 무기징역을 선고 받고 복역 중, 1928년 2월 20일 지바(千葉)형무소에서 순국하였다. 저서로 『추강일고(秋岡逸稿)』가 있다. 1962년 건국훈장 대통령장이 추서되었다.

〈참고문헌〉

『교남교육회잡지』제1호, 「회원명부」; 김희곤·강윤정, 『오미마을 사람들의 민족운동』, 지식산업사, 2009; 김영범, 『혁명과 의열』, 경인문화사, 2010; 김용달, 『김지섭』, 안동독립운동기념관 인물총서 5, 지식산업사, 2011.

⑰ 김시현

　김시현(金始顯, 1883~1966)은 본관이 안동(安東), 자는 윤화(潤和), 호는 하구(何求) 또는 학우(鶴友)이다. 1883년 경북 안동시 풍산읍 현애리에서 태어났다. 1899년 서울에 올라가 중교의숙(中橋義塾)에 입학하여 1902년 3월 졸업하였으며, 1908년 3월 교남교육회에 가입하여 활동하였다. 1911년 일본으로 건너가 메이지대학 전문부 법학과를 졸업한 후 1917년 귀국하였다. 1919년 3·1운동 때 예천에서 만세를 부르다가 체포되어 상주헌병대에 두 달 정도 구금되었다.

　1919년 5월 상하이를 거쳐 같은 해 7월 만주로 망명하여 김좌진·황상규·장건상·김원봉 등과 접촉하면서 본격적인 항일투쟁에 뛰어들었다. 1919년 음력 10월경 국내에 잠입하여 동지를 규합하고 군자금을 모금하는 등의 활동을 하다가 일본 경찰에 검거되어 1920년 9월 대구형무소에서 1년의 옥고를 치렀다. 1921년 10월 출감 후 바로 상하이로 망명한 뒤 이르크츠크파 고려공산당에 입당하였다. 그리고 1922년 1월 모스크바에서 열린 극동인민대표자회의에 참석하여 조선대표단 위원으로 활약하였다. 여기에서 두 번째 부인 권애라(權愛羅)와 결혼하였다.

1922년 5월 김원봉이 이끄는 의열단에 참여하였다. 그해 7월 하순 식민통치기관 파괴를 목적으로 한 대규모 폭탄운반(일명 김시현·황옥 사건)의 실행 책임을 맡았다. 1923년 3월 국내로 잠입하여 실행에 들어갔으나 3월 15일 체포되어 징역 10년을 언도받고 옥고를 치렀다.

1929년 1월 29일 대구형무소에서 출감한 후 다시 만주로 망명하여 지린(吉林)을 중심으로 활동하였다. 1932년 의열단의 조선혁명군사정치간부학교 북경지부장과 의열단 중앙집행위원으로 활동하다가 체포되어 1935년 2월 경성지방법원에서 5년형을 언도받고, 일본나가사키 형무소로 송치되어 옥고를 치렀다.

1939년 9월 나가사키 형무소에서 출감한 뒤, 서울을 거쳐 4월에 다시 베이징으로 건너간 후, 북경과 서울을 오가며 군자금 조달, 동지 규합, 무기 구입 등의 활동을 전개하였다. 1944년 4월 베이징에서 일본 헌병대에 체포되어 경성 헌병대에 감금되었다가 해방과 더불어 자유의 몸이 되었다.

1945년 해방 이후 통일국가를 수립하기 위해 활동하였다. 1950년 5월 제2대 국회의원 선거에서 민주국민당 소속으로 안동 갑구에 출마하여 당선되었고, 6·25전쟁이 끝난 후 1952년 5월 민주국민당을 탈당하였다. 1952년 6월 25일 부산 충무동 광장에서 이승만 대통령을

『동아일보』, 1929. 1. 31, 「의열단사건의 김시현 출옥」

저격하려다 실패하여 사형을 언도받고 무기 징역으로 감형되어 복역 중, 1960년 4·19의거로 이승만이 하야하자 석방되었다. 1960년 제5대 민의원 선거에 무소속으로 출마하여 당선되었으나 1961년 5·16군사 정변 이후 정계에서 물러났다. 1966년 사망하였다.

〈참고문헌〉

『교남교육회잡지』제1호, 「회원명부」; 김준엽·김창순, 『한국공산주의운동사』제1권, 고려대학교출판부, 1967: 독립운동사편찬위원회, 『독립운동사자료집』9, 1975; 『독립운동사자료집』11, 1983; 김희곤, 「김시현의 항일투쟁과 그 성격」, 『하구 김시현 선생 추모학술강연회발표지』, 안동청년유도회, 2006; 허종, 「1945~1960년 김시현의 국가건설운동과 반독재운동」, 『하구 김시현 선생 추모학술강연회발표지』, 안동청년유도회, 2006; 김용달, 『김시현』, 안동독립운동기념관 인물총서 9, 지식산업사, 2013; 김영범, 『혁명과 의열』, 경인문화사, 2010.

⑱ 박중화

박중화(朴重華, 1877~?)는 경주 출신이다. 1897년 동경보통학교
(東京普通學校) 입학, 1900년 정강현립중학교(靜岡縣立中學校) 입학,
1903년 정강농학교(靜岡農學校)에 입학하여 수학하였다. 보성중학교
(普成中學校) 교장, 휘문의숙(徽文義塾) 숙장(塾長)을 역임하였다.

1907년 4월 양기탁·안창호·전덕기·이동휘 등과 함께 비밀결사 신
민회(新民會)에 가입하였다. 1909년 신민회의 합법적 청년단체 청년
학우회(靑年學友會) 발기인, 1910년 3월 청년학우회 한성연회(漢城聯
會) 회장 등을 거쳐 청년학우회 제2대 회장, 1908년 3월 교남교육회
평의원 등으로 활동하였다. 1909년 10월경 조직된 대동청년당, 1915년
1월 조직된 조선국권회복단, 1915년 3월 조선산직장려계 등에 참여하
여 국권회복운동을 전개하였다.

1919년 조선노동연구회(朝鮮勞動研究會)를 조직하였으며, 1920년
4월 11일에는 김명식·박이규 등과 함께 조선노동공제회(朝鮮勞動共濟
會) 발기총회에서 중앙집행위원회 위원장으로 선출되어 노동운동을
지도하고 독립사상을 고취하였다. 1927년 9월 4일 이동하·정병조·오
태환 등과 함께 영남친목회(嶺南親睦會)를 조직하였다. 1963년 대통
령표창, 1990년 건국훈장 애족장이 추서되었다.

〈참고문헌〉

『매일신보』, 1916. 8. 26, 「휘문의숙 직원 개선」; 1920. 4. 12, 「조선노동
공제회 성립, 발기인 박중화씨외 근 3백명」; 1920. 4. 12, 「조선노동공제
회」; 『공제』 제1호, 1920. 9. 10, 「조선로동공제회주지」; 『대한매일신보』,
1909. 8. 17, 「청년학우회취지서」; 『매일신보』, 1927. 9. 5, 「령남친목회발
기」; 『교남교육회잡지』, 제1권 제1호, 1908년 4월, 「임원록」; 이현주, 『한국

사회주의 세력의 형성』, 일조각, 2003.

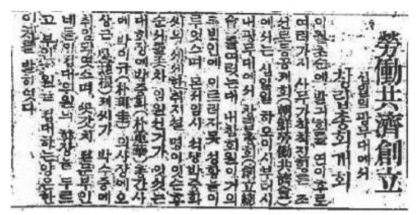

『동아일보』, 1920. 4. 12, 「노동공제회 창립」

⑲ 김사용

김사용(金思容, 1893. 10. 7~1941. 9. 21)은 경북 상주군 상주읍 인봉리에서 태어났다. 1907년 김사용은 조필연 등과 함께 상주유림에서 전개한 상산중학설립찬성회(商山中學設立贊成會) 사무원으로 활동하였으며, 1908년 3월 교남교육회, 1909년 10월경 조직된 대동청년단, 1915년 1월 조직된 조선국권회복단에 참여하여 독립운동을 벌였다. 1919년 3.1운동 때 독립선언서와 격문들을 다수 인쇄 배포하여 적극 활동하다가 소위 출판법 및 보안법 위반으로 일경에 체포되었다. 1920년 1월 7일 서울 중앙기독교청년회관에서 김사용은 50여 명의 회원들과 함께 발기인회를 열고 조선노동자연구회(朝鮮勞動者研究會)를 조직하였다.

1920년 2월에 신흥무관학교(新興武官學校) 졸업생으로 조직된 신흥학우단(新興學友團)과 연락하면서 문상직·김춘배·서영균·송정덕·

김용만·서상일 등과 함께 남만주의 김동삼이 보낸 「대한민국임시정부강령」, 「선포문」 등 독립운동 관련 문서를 배포하고, 폭탄으로 일제의 주요 관공서를 파괴하며 친일매국노들을 처단하려는 계획을 하다가 체포되었다.

1920년 4월에는 박중화·김명식·박이규 등과 함께 조선노동공제회(朝鮮勞動共濟會)에 참여하여 노동운동을 지도하고 독립사상을 고취하였다. 1923년 3월에는 의열단(義烈團)의 김시현·황옥·유석현 등이 상하이에서 폭탄을 반입하여 일제 주요기관들을 폭파하려고 하자 그 연락을 받고 폭탄 5개를 보관하는 등 적극 가담했다가 체포되어 투옥되었다. 1963년 대통령표창, 1991년에 건국훈장 애국장이 추서되었다.

〈참고문헌〉

「판결문」, 1919. 8. 30, 경성지방법원(김사용); 조선총독부경무국, 『고등경찰관계연표』, 1930; 『교남교육회잡지』 제1호, 「회원명부」; 경상북도경찰부, 『고등경찰요사』, 1934; 권대웅, 「조선국권회복단연구」, 『민족문화논총』9, 영남대 민족문화연구소, 1992; 권대웅, 『1910년대 국내독립운동』, 독립기념관 한국독립운동사연구소, 2008; 김영범, 『한국 근대민족운동과 의열단』, 창작과 비평사, 1997; 이현주, 『한국사회주의 세력의 형성』, 일조각, 2003.

⑳ 류인식

류인식(柳寅植, 1865. 5. 3~1928. 4. 28)은 본관이 전주(全州)이고, 자는 성래(聖來), 호는 동산(東山)이다. 1865년 안동 동후면 주진동 삼산에서 퇴계학파를 계승한 정재(定齋) 류치명(柳致明)의 문인 서파(西坡) 류필영(柳必永)의 장남으로 태어났다. 일찍이 척암(拓菴) 김도화(金道和)의 문하에서 수학하였다. 1893년 과거에 응시하기 위해 상경했다가 과거제도의 문란과 조정의 부패를 목격하고 귀향한 뒤, 1896년 안동의진에 참여하여 의병투쟁을 벌였다.

류인식

1903년 상경하여 성균관에서 신채호·장지연 등과 교류하며 량치차오(梁啓超)의 음빙실문집(飮氷室文集)과 같은 신서적을 읽으면서 사상적인 변신을 하였다. 특히 신채호와의 만남은 류인식의 사상과 행동에 큰 변화를 가져오는 전기가 되었다. 1907년 봄 안동군 임하면 천전리에 근대식 중등학교인 협동학교(協東學校)를 설립하고 교감에 취임하였다. 1907년 11월에는 대한협회 조직에 발기인의 한 사람으로 참여하였으며, 안창호·양기탁 등이 중심이 되어 결성한 신민회에도 참여하여 활동하였다. 1908년에는 교남교육회(嶠南敎育會)에 참여하여 교육구국운동을 펼치기도 하였다.

1910년 나라가 망하자 이상룡·김동삼 등과 함께 만주로 망명하여 유하현에서 경학사(耕學社)에 참여하여 교육부장을 맡아 독립운동 기지 건설 및 이주 한인들의 생활 안정에 기여하였다. 1912년 7월 독립운동 자금을 모으기 위해 잠시 귀국하였다가 일제에 체포되었다. 석방 후 류인식은 망명을 포기하고 국내에서 활동을 재개하였다.

1920년 이상재·류진태 등과 함께 전국 교육기관을 통일하여 조선교육회(朝鮮敎育會)를 창립하였다. 1923년 3월에는 조선민립대학기성회(朝鮮民立大學期成會) 발기총회에서 중앙집행위원으로 선출되었으며, 선전부장으로서 경상도를 순회하며 강연을 통해 지방의 청년·지식인들을 고무시켰다. 1920년 4월 박중화 등과 함께 조선노동공제회

(朝鮮勞動共濟會)의 설립에 참가하여 노동운동에 투신하기도 하였다. 1927년 2월 신간회가 창립된 뒤, 8월에 신간회 안동지회를 결성하고 회장으로 활동하며 안동지역의 사회운동을 이끌었다. 1928년 4월 29일 서거하였다. 1982년 건국훈장 독립장이 추서되었다.

「매일신보」, 1923. 4. 2, 「민대기성회 제1회 총회 종료」

〈참고문헌〉

「동아일보」, 1927. 8. 31, 「신간회 안동지회 창립」; 「중외일보」, 1927. 8. 30, 「신간안동지회 설치대회」; 권대웅, 『1910년대 국내독립운동』, 독립기념관 한국독립운동사연구소, 2008; 박걸순, 『류인식』, 안동독립운동기념관 인물총서 2, 지식산업사, 2009.

㉑ 이경희

　이경희(李慶熙, 1880. 6. 11~1949. 12. 4)는 본관이 인천이고, 자는

군선(君善), 호는 지오(池吾)이다. 1880년 6월
11일 경북 달성군 공산면 무태리에서 아버지
이병두(李柄斗)와 어머니 경주 최씨의 장남
으로 태어났다. 아버지 이병두는 1908년 3월
대한협회 대구지회의 찬의원(贊議員)으로 계
몽운동에 참여하였다.

이경희

　일찍이 서당에서 한학을 수학하다가 1908년
기호학교 중등과에 입학하여 수학하였다. 기
호학교 재학 중이던 1908년 3월 창립된 교남교육회 회원, 1908년 9월
달성친목회 회원, 1909년 10월 대동청년단 회원 등으로 애국계몽운동
에 참여하였다. 뿐만 아니라 1909년 8월 신민회가 창립한 청년학우회
에 가입하여 활동하였고, 1910년 3월 결성된 청년학우회 지방연회인
한성연회에 가입하여 검찰원으로 활동하였다.

　1910년 8월 나라가 망한 뒤 청년학우회가 강제 해산되자 서간도로
망명하였고, 망명지인 서간도에서 결혼하였다. 3.1운동 이후 국내로
잠입하여 서울의 안국동에서 거주하였다. 1920년 4월 설립된 조선노
동공제회에 가입하였고, 1921년 3월 13일 조선노동공제회 예비정기총
회에서 본회 대표 61명 중 1명으로 선출되었고, 본회의 의사원으로 활
동하였다. 같은 해 7월 본회의 소비조합이 설립되자 이사로 활동하였
으며, 1922년 2월 결성된 단연동맹회(斷煙同盟會)에 참여하는 등 사
회운동을 전개하였다.

　1923년 3월 의열단의 제2차 암살파괴계획(暗殺破壞計劃), 일명 황
옥사건(黃鈺事件)에 연루되었다. 1923년 3월 15일 황옥으로부터 「조
선혁명선언서」 1책, 「조선총독부 소속 각관공리에게」 등 독립운동 관
련 문서 100장을 전달 받았으며, 이 문서를 서울에서 각 도지사와 경

찰부에 우송하였다. 1923년 3월 오종섭의 밀고로 관련자 25명 중 18명이 체포되었다. 1923년 8월 22일 경성지방법원 결심공판에서 징역 1년을 언도받고 서대문형무소에서 옥고를 치렀다. 1924년 5월 25일 만기 출옥하였다.

1927년 신간회가 창립된 뒤, 1927년 6월 송두환·최윤동 등과 신간회 대구지회 설치 준비회를 개최하고, 같은 해 9월 3일 설립대회를 개최하였다. 설립대회 준비위원장을 맡았고, 회장으로 선출되어 활동하다가 같은 해 12월 제1회 정기대회에서 송두환에게 회장직을 넘겨주고 일반회원으로 활동하였다. 이것은 1927년 10월 16일 창립된 조선경제연구회(朝鮮經濟研究會)에 참여하였기 때문으로 보인다. 1928년 11월 밀양청년회(密陽靑年會)를 지원하다가 밀양 경찰서에 의해서 검속 당하였다. 해방 후 초대 경상북도 부지사와 초대 대구부윤을 역임하였다. 1949년 12월 사망하였다. 1980년 건국포장, 1990년 건국훈장 애국장이 추서되었다.

〈참고문헌〉

『대한협회대구지회회록』;『기호흥학회월보』, 1908. 8. 25;『교남교육회잡지』제3호, 1909. 6. 25,「회원명부」;「본회기사」;『매일신보』, 1922. 2. 24,「단연동맹회취지서」;「판결문」(1923. 8. 21, 경성지방법원);『동아일보』, 1923. 8. 22,「의열단판결언도, 리경희」;『시대일보』, 1925. 5. 30,「이경희씨출옥」;『매일신보』, 1927. 7. 25,「대구에도 신간지회창설 준비에 분망」;『중외일보』, 1927. 7. 26,「신간대구지회설치준비회」;『매일신보』, 1927. 10. 19,「조선경제연구회조직 전선적운동개시」;『동아일보』, 1928. 11. 18,「이경희씨 검속, 경성 신간회총무(밀양)」

VII

달성친목회의 조직과 활동

1. 달성친목회 결성

○ 애국계몽운동 단체로 결성되다

달성친목회(達城親睦會)는 1908년 9월 조직된 애국계몽운동 단체이다. 1910년 국권상실과 함께 겨우 명맥을 이어 오다가, 1913년 9월 서상일(徐相日)에 의해 그 조직이 정비·강화되면서 비밀결사 형태의 독립운동단체로서 성격을 띠게 되었다. 따라서 달성친목회는 친목회를 표방한 독립운동단체였다.

한말의 계몽운동은 1907년 7월과 8월의 헤이그밀사사건(海牙密使事件)에 이어 일본에 의한 고종의 강제퇴위·정미조약·군대해산 등 일련의 망국사태로 말미암아 새로운 국면으로 전개되었다.

우선 주목되는 것은 대한자강회의 반발이었다. 1906년 4월 결성된 대한자강회는 교육진흥(敎育振興)과 식산흥업(殖産興業)을 표방하여 일제의 대한정책을 인정하면서 국권회복을 모색하는 온건노선을 견지하였다. 즉 실력을 길러 부강하게 된다면 국권회복이 가능하다는 환상이 그것이다. 물론 국채보상운동(國債報償運動) 참여나 대한자강회 인천지회장 정재홍(鄭在洪)의 자살사건 등 일제의 침략정책에 반대하는 현실참여운동을 전개하였으나,[1] 근본적으로 국권회복노선에 있어서 일정한 한계를 가지고 있었다. 그 한계는 대한자강회의 설립과 함께 참여하는 고문 오가키다게오(大垣丈夫)가 의도하던 대로 배일적인 지식인들을 적극적인 형태의 항일투쟁에 참여하지 못하도록 차단하려는 의도 속에 움직였다는 것이다.[2] 그러나 망국사태 속에서 대한자강회

---

1) 『대한자강회월보』, 제13호, 76~77쪽.
2) 유영렬, 「대한자강회의 애국계몽운동」, 조항래편저, 『1900年代의 애국계몽운동연구』, 아세아문화사, 1993, 62쪽.

는 양위반대운동(讓位反對運動)을 비롯한 대일투쟁을 통해 보다 적극적인 방법으로 현실에 대처하였다.[3] 대한자강회는 1907년 8월 21일 일본에 의해 강제 해산 당하고 말았다.

1907년 8월 대한자강회가 해산 당하고, 3개월 만인 같은 해 11월 대한협회(大韓協會)가 설립되었다. 대한협회의 중앙 및 지방조직은 대체로 대한자강회와 유사한 형태를 취하고 있으며, 일부 대한자강회 지방 지회가 그대로 계승되기도 했다.[4] 대한협회의 본회 임원들 가운데 회장 김가진·부회장 오세창·총무 윤효정 등 핵심적인 인물들은 일제의 한국통치에 영합 내지 협력하는 모습을 보여주고 있다.[5] 이것은 애국계몽운동에 참가하고 있는 일부 인사들이 일본의 회유정책(懷柔政策)에 넘어가 친일화되는 경향 속에서 나타날 수밖에 없었던 필연적인 결과였다.

대한자강회의 해산, 그리고 대한협회의 설립과 계몽운동의 질적 변화 속에서 국권회복운동은 새로운 투쟁방안을 모색하기 시작하였다. 애국계몽운동의 질적 변화란 대한협회 회원들의 권력지향성과 한국이 부강해지면 국권이 회복되리라는 낙관론이다.[6] 이리하여 보다 철저한 민족주의적인 성향을 가진 인사들은 신민회(新民會)와 대동청년단(大東青年團)으로 집결하여 지하운동을 통한 국권회복을 모색하기 시작하였다. 한편으로 관동학회(關東學會)와 교남교육회(嶠南敎育會)가 조직되면서 각 지방을 대표하는 5개의 학회(學會)로 일원화되어 상호 연

---

3) 유영열, 「대한자강회의 애국계몽운동」, 80~96쪽.
4) 『대한협회회보』 제1호, 1908. 4, 40·41·44쪽.
5) 『대한협회회보』 제5호, 57쪽; 『대한매일신보』, 1908年 7月 14日.
6) 박찬승, 『한국근대정치사상사연구』, 역사비평사, 1992, 42쪽.

대체제를 형성하기 시작하였다.[7] 이러한 학회운동에서 나타난 일련의 조짐은 일제의 경각심을 더욱 자극하였다.

○ 친목회를 표방하였다

1908년 8월 26일 학부(學部)에서 기초한 「사립학교령(私立學校令)」·「학회령(學會令)」·「사립학교보조규정(私立學校補助規程)」·「공립사립학교인정에 관한 규정(公立私立學校認定에 關한 規程)」·「교과서용도서검정규정(敎科書用圖書檢定規程)」 등의 법령이 각의(閣議)를 거쳐 통감(統監)의 승인으로 반포되었다. 이 다섯 가지의 法令은 애국계몽운동의 중추적 역할을 담당한 사립학교(私立學校)와 학회(學會)의 발달을 저지하려는 데 그 목적이 있었다. 특히 학회령은 학회를 감독하고, 그 설립을 인가하며, 영리사업이나 정사(政事)에의 간섭을 막기 위한 것이었다. 따라서 기존의 학회는 이 법령에 따라 재인가를 받아야만 했고, 그 활동에 있어서도 많은 제약을 받지 않을 수 없었다. 또 새로운 학회의 설립은 사실상 불가능하게 되었던 것이다. 따라서 그 이후 결성되는 계몽운동단체는 기존학회의 목적과 활동이 같았음에도 불구하고 학회가 아닌 합법성이 있는 이름으로 친목회(親睦會)를 표방한 것으로 보인다.

1907년 8월 대한자강회가 해체된 이후 성립한 대한협회는 타협적으로 변질되었고 국권상실의 위기적 상황 속에서 토착적인 신흥자본가들은 현실에 타협하여 안주하였다. 이러한 상황에서 신교육을 받은 계몽적 지식인은 자기존립에 대해 고민하고 방황하였다. 따라서 달성친목회에 참여한 인사들은 식민지적 상황이라는 현실을 타개하기 위해

---

7) 정관, 「교남교육회에 대하여」, 역사교육회, 『역사교육논집』 제10집, 1987.

상업 활동을 모색하였고, 그 결과 신흥상업도시로 부상하고 있던 대구
로 모여들게 되었다.

대구는 조선후기 3대시장의 하나였던 상업중심지로서, 약령시(藥令
市)는 전국적으로 유명하였다. 뿐만 아니라 대구를 비롯한 부근 일대
에 대토지를 소유한 지주가 대구에 거주하였고, 중농층 이상이 상업
활동을 통해 상인자본으로 성장하여 갔다. 이들은 일본상인의 중매인
으로서 일본상품의 위탁판매를 통해 그 일부가 상인자본으로 성장하
였다. 대구의 신흥상업도시로의 성장은 1905년 이후 경부철도의 부설
에 따른 교통·통신기관의 발달과 그에 따른 정치적인 역할의 증대로
인해 급진전되었다.

대구가 상업 및 정치적인 신흥도시로 성장하자 영남 각지에서 모여
든 청년지사들은 계몽적 지식인의 모임인 달성친목회에 가입하게 되
었다. 달성친목회는 교남교육회(嶠南敎育會)나 교남학생친목회(嶠南
學生親睦會)와 연계된 활동을 전개하였다.[8]

○ 국권회복을 위한 계몽적 활동을 전개하다

달성친목회의 전모를 알려주는 자료는 1919년 조선국권회복단 중앙
총부사건(朝鮮國權恢復團 中央總部事件) 예심과정에서 제출된 대구경
찰서 순사 박준영(朴埈永)의 「복명서(復命書)」이다.

달성친목회(達城親睦會)는 명치(明治) 41년 9월 5일, 즉 구한국시대(舊韓國時
代) 부내 명치정 2정목(府內 明治町 二丁目) 이근우(李根雨) 및 김용선(金容璇)
등의 발기에 의하여 조직되었는데, 그 목적은 조선인(朝鮮人) 청년(靑年)의 교육

---

8) 권대웅, 「한말 달성친목회 연구」, 오세창교수화갑기념 『한국근현대사논총』,
1995.

(敎育)·실업장려(實業獎勵)를 표방(標榜)하나, 내면은 전적으로 유망한 청년들을 단결케 하여 대한협회(大韓協會)와 행동을 같이 하고 비밀리에 배일사상을 고취하고 있었다. 그러나 명치 43년 8월 29일 일한병합(日韓倂合)과 함께 동 회원 등은 모두 탈퇴하고 일본 관헌의 주목을 피하여 자연 해산되었다. 그리하여 대정 2년 9월 21일 서상일(徐相日)이 하얼빈에서 대구로 돌아와 친목회(親睦會)와 같은 조선인 청년 단결기관이 폐멸된 것을 유감으로 생각하여 다시 이근우(李根雨)·정운일(鄭雲馹)·서창규(徐昌圭)·서기수(徐琦洙) 등이 서로 모의하여 친목회 재흥을 기도하고 널리 동지 및 지방 인사들을 설득하여 마침내 달성친목회(達城親睦會)를 재흥케 하여 조선청년을 규합하고 암암리에 배일사상을 고취하였으므로 대정(大正) 4년 9월 중 당서(當署)에서 해산처분을 행하였던 것이다.[9]

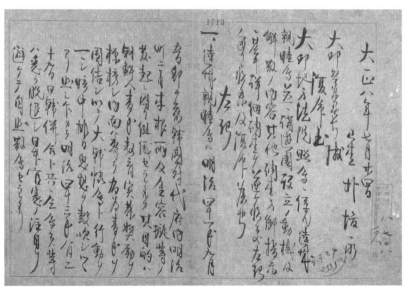

달성친목회 및 강유원에 대한 순사 박준영 「복명서」(1919. 7. 24)

---

9) 대경 제2339호, 1919. 7. 24, 달성친목회 및 강유원에 대한 「복명서」, 국사편찬위원회, 『한민족독립운동사자료집』7, 국권회복단Ⅰ 296쪽.

위의 복명서에 의하면 달성친목회는 1908년 9월 5일 이근우·김용선 등의 발기로 조직되었다. 달성친목회는 대구를 중심으로 각지의 청년들을 규합하여 청년의 교육·실업 장려를 표방하였다. 그러나 실제로는 유망한 청년들을 단결케 하여 비밀리에 배일사상을 고취시키던 단체였다.

달성친목회는 국권상실이후 지하로 잠적하여 그 명맥을 이어가다가 1913년 9월 하얼빈에서 귀국한 서상일이 재흥하였다. 서상일은 윤창기·이시영·박영모 등과 함께 상업시찰이라는 명목으로 1911년 만주와 노령을 여행하면서 독립운동 상황을 둘러보고 1913년 귀국했었다. 당시 만주는 1911년 이후 1914년까지 이어지는 흉작(凶作)과 수토병(水土病)이라는 괴질이 유행하여 많은 이주민이 생명을 잃는 등 난관에 봉착하였고,[10] 한편으로는 세계정세의 변동에 따라 독립에 대한 기대감으로 충만해 있었기 때문에 국내의 지원이 절실히 필요한 때였다.

1913년 9월 달성친목회는 비밀결사단체로서 재편되어 활성화되었고,[11] 그 조직을 갖추고 역원을 임명하였던 것으로 보인다.[12] 그리고 달성친목회의 회비는 1원,[13] 회의 장소는 대구부 수정(大邱府 壽町, 명치정과 남성정의 중간지점; 현 중구 수동)에 있었고, 이곳을 중심으로 회원들이 모여 회합하였다.[14] 이들의 모임은 명목상 각지 조선인

---

10) 신용하, 「신민회의 창건과 그 국권회복운동」(상·하), 『한국학보』 제8·9집, 1977; 조동걸, 「안동유림의 도만경위와 독립운동상의 성향」, 『대구사학』 제15·16집, 1978; 박창화, 『성재소전』, 1951.
11) 국사편찬위원회, 『한민족독립운동사자료집』7, 「국권회복단Ⅰ」, 41쪽, 서병룡 심문조서.
12) 위와 같은 책, 58쪽, 정운일 신문조서.
13) 위와 같은 책, 145쪽, 박영모 신문조서.
14) 위와 같은 책, 118쪽, 서상일 신문조서, 86쪽; 정진영 신문조서.

의 친목 도모를 표방하였으나, 실제로는 국권회복을 위한 계몽적 활동을 전개하였다.

2. 달성친목회 활동

1) 애국계몽운동 전개

○ 교육과 실업 장려를 표방하다

달성친목회의 활동은 그 목적에서 표방하고 있는 것처럼 주로 교육(敎育)과 실업(實業) 장려에 있었다. 그러나 자료상으로 찾아 볼 수 있는 달성친목회의 활동은 재경 영남인들의 계몽운동단체인 교남교육회(嶠南敎育會)와 연결된 활동과 그 하부조직인 법률야학강습소(法律夜學講習所)·하기강습소(夏期講習所)·청년체육구락부(靑年體育俱樂部) 등을 통한 계몽(啓蒙)과 교육(敎育) 활동이었다.

우선 교남교육회와 관련된 활동은 교육시찰위원 남형우(南亨祐)의 환영회와 그의 연설이다. 달성친목회 회관에서 개최된 환영회에서 「교육(敎育)은 오인(吾人)의 생명(生命)」이라는 주제의 연설은 연 이틀 간 성황리에 개최되었다. 첫날의 청중은 250여 명에 달하였고, 그 이튿날의 청중은 7~800여 명에 달했다.[15] 이러한 달성친목회에 대한 적극적인 호응에 대해 교남교육회에서는 비록 "교육(敎育)과 친목(親睦)이 그 이름은 다르나 장려(獎勵)하는 것은 같다"는 내용의 편지를 발하였다.[16]

---

15) 『황성신문』, 1909. 8. 17, 「교육위원환영」; 1909. 8. 18, 「교육시찰환영」
16) 『교남교육회잡지』 제6호, 31쪽, 「함달성친목회」

『황성신문』, 1910. 8. 14. 「대구의 청년체육」

하부조직인 법률야학강습소(法律夜學講習所)는 달성친목회의 회관에 설립된 것으로 보성전문학교 강의록(普成專門學校 講義錄)을 교재로 하고, 사법관(司法官)을 강사로 하여 야학을 열었다.[17] 하기강습소(夏期講習所)는 달성친목회의 발기로 대구협성학교(大邱協成學校)내에 설립되어 소장 서기수의 지도 아래 강습회를 열었다. 이 강습회는 교남(嶠南) 각 군의 학생 200여 명이 모여 역사 및 이화학을 강습 받았는데, 이들은 대부분 달성친목회의 임원과 학생들이었다.[18] 그리고 청년체육구락부(靑年體育俱樂部)는 대구의 윤세린·허백·박용태 등의 인사들이 교육의 3대 목표인 덕육(德育)·지육(智育)·체육(體育) 중 체육을 발전시켜 건전하고 활발한 기상을 함양할 목적으로 설립하였다. 이들은 달성친목회 내에 구락부(俱樂部)를 설치하고 체육용 각종 기구를 구입하여 체육활동을 벌였고, 여기에 참여한 부원이 100여 명에 이르렀다.[19]

---

17) 『황성신문』, 1910. 6. 15. 「친목회법률야학」
18) 『황성신문』, 1920. 8. 13. 「대구강습회성황」
19) 『황성신문』, 1910. 8. 14. 「대구의 청년체육」

2) 강의원간친회 조직

○ 독립운동단체로 이행해 가는 과정이다

한편 달성친목회의 회원 서병룡·오재숙 등이 발기하여 1913년 3월 15일 조직된 강의원간친회(講義園懇親會)는 매우 주목된다.[20] 1919년 조선국권회복단 중앙총부사건의 예심과정에서 제출된 대구경찰서 순사 박준영의 「복명서」에 의하면 강의원(講義園)의 전모는 다음과 같다.

강유원(講遊園)은 대정(大正) 2년 3월 15일 서병룡(徐丙龍)·오제숙(吳載淑) 등의 발기에 의하여 조직되었는데, 그 목적은 해외 유학생 및 조선 내의 학생들을 규합한다는 계획으로서 겉으로는 운동을 하여 강화(講和)를 행하고 청년의 체육을 겸하여 오락을 목적으로 하는 척 가장하였으나 내면에 있어서는 친목회(親睦會)와 행동을 같이 하고 암암리에 불령선인(不逞鮮人)과 기맥을 통하며 또는 불온학생들을 단결하는 거동이 있다는 것을 인정하여 대정(大正) 5년 4월중에 해산처분을 행했던 것이다. 그러나 친목회원(親睦會員) 및 강유원(講遊園) 회원의 일부는 잔무처리라는 명목 하에 회합을 하고 있었던 바, 마침내 대정 5년 8월 중순경 국권회복을 표방하고 대구부내 남정 서우순(徐祐淳)의 집에 몰려 들어가 강도를 범한 사례가 있다.[21]

위 자료에 의하면 강의원은 달성친목회와 매우 밀착된 조직이다. 즉

---

20) 강의원간친회(講遊園懇親會)에 관해 살펴 볼 수 있는 국권회복단 관련 피고의 조사기록(국사편찬위원회, 『한민족독립운동사자료집』7, 「국권회복단 I 」)에 의하면 강유원(講遊園)으로 지칭되고 있으나, 국권회복단을 경찰에 밀고한 참고인 정진영 신문조서에 의하면 "달성친목회 말경에 그 회원들이 강의원(講義園)이라고 칭하며 모이고 있었으므로 그것을 잘못 알고 강유원(講遊園)이라고 말하는 것"이라는 진술을 하고 있어, 강의원(講義園)이라는 칭호가 오히려 합리적으로 보인다.

21) 대경 제2339호, 1919. 7. 24, 달성친목회 및 강유원에 대한 「복명서」, 국사편찬위원회, 『한민족독립운동사자료집』7, 국권회복단 I , 296쪽.

달성친목회의 회원으로 그 회원이 구성되어 있었고, 또 그 회의 장소는 달성친목회의 회의장을 사용하고 있었다.[22] 여기에서 강의원은 계몽운동단체인 달성친목회의 구성원 중에서 혈기왕성한 청년들을 중심으로 1913년 3월 15일 결성되었으나, 동년 9월 만주에서 귀국한 서상일이 달성친목회의 조직 재정비와 함께 강의원을 재편성하였다. 그 후 달성친목회와 강의원은 1915년 1월 15일 조선국권회복단(朝鮮國權恢復團)으로 발전하였다. 따라서 강의원은 조선국권회복단으로 재편성해 가는 중간조직이라 할 수 있을 것이다. 즉 1913년 강의원의 결성과 달성친목회 조직의 재정비는 국권회복을 목적으로 한 계몽운동단체가 국권상실 이후 조선국권회복단이라는 독립운동단체로 이행해 가는 과정이었다.

강의원은 그 표면상의 목적인 해외유학생 및 조선 내 학생을 규합한

조선국권회복단 결성지 안일암 원경(현재 대구광역시 남구 앞산로 440, 대명동)

22) 위와 같은 책, 41쪽, 서병룡 신문조서; 58쪽, 정운일 신문조서.

다는 계획 하에 강화(講和)를 도모하고, 청년체육(青年體育)을 겸하여 오락(娛樂)을 행하였다. 이것은 유망한 청년을 단결케 하여 비밀리에 배일사상을 고취한다는 달성친목회의 목적과 일치하는 것이다. 그러므로 강의원은 달성친목회와 같은 목표, 즉 독립운동가들과 기맥을 통하고 해외유학생 및 조선 내 학생을 대상으로 항일사상을 고취시켜 이들을 단결시키는 것이 그 목표였다. 이런 목표 달성을 위해 매주 1회씩 집회를 열고 학술강의를 통한 지식개발(知識開發), 체육활동을 통한 신체단련(身體鍛鍊)을 도모하여 장차 독립운동의 역군으로 그 자질을 향상시키고자 하였다.[23] 또 강의원의 이러한 활동은 달성친목회가 국권상실 이전에 법률야학강습소(法律夜學講習所)·하기강습소(夏期講習所)·청년체육구락부(青年體育俱樂部)를 설치하여 전개했던 계몽 및 교육운동과 기맥을 같이 하는 것이기도 했다.

강의원의 회원들은 매주 1회씩 달성친목회의 회장에서 실제로 한문 강의, 또는 강연을 회원들에게 실시했던 것으로 보인다.[24] 1916년 가을 경남 진주의 청년들이 운동회를 개최함에 강의원의 단원들이 참석하고 있어 지방과 연결되는 활동을 하기도 하였다.[25] 그러나 달성친목회나 강의원이 목적으로 표방하고 있던 교육 및 실업의 장려를 위한 활동 중에서 실업 장려에 관한 것은 자료상 찾아 볼 수 없다. 다만 달성친목회가 표방한 실업 장려는 회원들의 상업 활동을 통해서 그 목표를 구현하고 있다.

이와 같이 달성친목회는 초기에 본회와 그 하부조직인 법률야학강습소·하기강습소·청년체육구락부로 편성되어 계몽운동을 전개하였

---

23) 위와 같은 책, 118쪽, 서상일 신문조서.
24) 위와 같은 자료, 86쪽, 참고인 정진영 신문조서; 118쪽, 서상일 신문조서.
25) 위와 같은 책, 119쪽, 서상일 신문조서.

다. 또 강의원간친회가 그 하부기관으로 조직되고, 1913년 서상일이 그 조직을 정비·강화하면서 비밀결사로서의 성격을 가진 독립운동단체로 이행해 가는 모습을 보여주고 있다. 따라서 달성친목회는 겉으로 친목회를 표방하였지만, 초기에는 국권회복을 목적으로 한 계몽운동 단체로 결성되었고, 국권상실 이후에는 독립운동단체로 전환해 갔던 것이다.

3. 달성친목회 회원 활동

○ 신학문을 공부한 계몽적인 지식인이었다

달성친목회에 관한 가장 구체적인 자료는 조선국권회복단 중앙총부 사건(朝鮮國權恢復團 中央總部事件)의 재판기록이다. 그러나 이 자료 도 재판기록이 가지는 한계가 있어 달성친목회의 실체를 분명히 할 수 는 없다. 따라서 이 글에서는 조선국권회복단 관련 피고 중 달성친목 회 회원으로 진술하거나 거명된 인물을 분석함으로써 그 실체에 접근하고자 한다.

달성친목회는 결성 이듬해인 1909년 8월 교남교 육회 교육시찰위원 남형우(南亨祐)의 환영회(歡迎 會)에 회원을 포함한 참석 인원이 첫날 250명, 이 튿날 7·800명 정도였다는 사실에서 과히 영남지 방을 대표할 만한 단체로 손색이 없었다.[26] 또 재 판기록에 의하면 서상일(徐相日)은 달성친목회의

『황성신문』, 1909. 8. 18,「교육시찰환영」

---

26) 『황성신문』, 1909. 8. 17,「교육위원환영」; 1909. 8. 18,「교육시찰환영」

회원은 4·500명이며, 그 회원으로 조직된 강의원(講義園)의 단원은 4·50명으로 밝히고 있다.[27]

달성친목회의 회원으로 대구출신의 청년지사는 서상일·윤창기·정운일·김진만·서창규·이시영 등을 비롯하여, 달성친목회의 발기인 이근우·김용선, 부속기구인 하기강습소 소장 서기수, 청년체육구락부 발기인 허백·윤세린·박용태 등이다. 이들은 지연·혈연·학연으로 연결된 부호 및 유력자의 자제들이거나 신교육을 이수한 계몽지식인(啓蒙知識人)들이다.

고령출신의 남형우와 김재열은 홍와(弘窩) 이두훈(李斗勳)의 문하에서 한학을 공부하였다. 1903년 상경한 남형우는 1908년 보성중학에 입학, 1910년 졸업후 1917년까지 모교인 보성전문학교의 법률학교수로 봉직하였다. 남형우의 주선으로 김재열은 보성중학교에 입학하여 2년간 수학하고, 다시 경신학교 공과로 옮겨 2년을 수학하고 귀향하였다. 남형우는 보성중학 시절 교남교육회의 교육시찰원으로 영남 각처를 순방하였는데 이러한 활동과정에서 김재열과는 동지적 결속이 이루어진 것으로 보인다. 이렇게 남형우와 김재열은 한말 애국계몽운동의 시대적 배경 속에서 점점 성장해 갔다.

한편 자본의 투자지로서 신흥상업도시인 대구에 관심을 가진 각 지역의 지주출신 인사들도 주목된다. 청도의 김유덕·김유경 종형제, 달성의 서병룡, 성주의 배상겸·정순영, 합천의 박영모 등을 꼽을 수 있다. 이들은 대부분 미곡상을 경영하는 대구의 서상일 등과의 관계 속에서 자본을 투자하고 있다. 이러한 상업관계는 달성친목회를 출입하는 자연스러운 계기가 되었으리라고 본다.

---

27) 국사편찬위원회, 『한민족독립운동사자료집』7, 「국권회복단 I 」, 118쪽, 서상일 신문조서.

그 외 청도군 운문면 출신의 홍주일은 일본유학 후 교사로 신교육에 참여하였으나, 일찍이 서상일과 관련을 맺으면서 태궁상회 점원이 되고 있다. 서북지방인 평안도출신의 안확(安廓)은 일찍이 대구의 달성학교(達城學校)의 교사를 역임하였고, 그 후 마산의 창신학교(昌信學校) 교사로 있었는데, 이것을 인연으로 달성친목회와 관계를 맺고 있었다.

〈표 Ⅶ-1〉 달성친목회 회원

성명	나이	직업	학력	본적	주소	비 고
김재열 金在烈	36	농업	보성중학 경신학교	고령	고령	• 1903. 서울 보성중학교 졸업, 보성전문학교 법학과 입학, 경신공업야학교 염직과 • 1908. 9. 달성친목회 회원 • 1908. 10. 대한협회 대구 지회 회원 • 1915. 1. 조선국권회복단 단원 • 1915. 7. 광복회 단원 • 1916. 9. 대구권총사건 체포, 징역 6월 • 1917. 11. 장승원·박용하 암살사건 연루 • 1918. 11. 미곡상, 누룩제조회사 경영 • 1924. 4. 대구학교평의원 • 1924. 8. 대구 수해 시민 대회 준비위원

성명	나이	직업	학력	본적	주소	비 고
박영모 朴永模	32	종이 제조업	서당교육	합천	합천	• 1908. 9, 달성친목회 회원 • 1909. 10, 대동청년단 단원 • 1915. 1, 조선국권회복단 교통부장 • 1915, 안동현 박광의 간성 덕호에서 한지를 판매하며 독립운동 • 1919. 6, 내란죄로 기소, 불기소 방면 • 1920, 조선청년연합회 결성 • 1920. 6, 조선청년연합회 기성회 조직 • 1920. 12, 106개 청년단체 대표자 발기총회 의사회 의사로 선출, 조선청년연 합회 헌장 초안, 기관지 『아성(我聲)』 발간
서상일 徐相日	33	미곡상 태궁상회	달성학교 보성전문	대구	대구	• 1908. 3, 교남교육회원 • 1913. 9, 귀국, 태궁상점 설립 • 1915. 정월, 15. 조선국권회복단 결성 • 대구청년회 가입, 회장 • 1920년대초, 조선불교단 대구지부 평의원 • 1921, 조양회관 건립, 조선 인산업대회 위원, 대구곡물주식회사 이사 • 1922. 대구운송주식회사 감사. • 1923. 7, 동아일보 대구지국 • 1924. 조양무진회사 설립 • 1931. 대구산업금융주식회 사 출자 • 1937. 경북상공주식회사 이사. • 1939. 8, 조선군 관할 경상 북도 대구병사부 대표

성명	나이	직업	학력	본적	주소	비 고
서상일 徐相日	33	미곡상 태궁상회	달성학교 보성전문	대구	대구	• 1941. 10. 조선임전보국단 발기인 및 평의원 • 1941. 12. 국민총력경상북도연맹과 대구부연맹 주최 국위선양과 정전관철 국민대회 참석자 대표
홍주일 洪宙一	44	태궁상회 점원	동경연수 학관정칙 예비학교	청도	대구	• 1906. 일본 유학, 도쿄 연수학관 수학(數學) 공부 • 1908. 동경문리전문학교 수리와 화학공부 • 1910. 대구협성학교 교사, 달성친목회 회원 • 1913. 3. 천도교 종법사, 대구교구장, 사립 명신학교 교장 • 1917. 9. 태국상회 점원 • 1915. 1. 조선국권회복단 기밀부장 • 1915. 7. 광복회 회원 • 1916. 9. 대구권총사건 연루, 징역 5월 • 1919. 3. 대구 독립만세운동 계획, 예비 검속으로 체포 징역 2년 • 1921. 1. 서상일과 달성유치원 설립 • 1921. 9. 교남학교 설립 참여 • 1921. 7. 조선경제회 개최 조선인산업대회 발기총회 발기인 • 1923. 2. 민립대학 설립운동 발기인 • 1924. 8. 대구유지회, 수해 피해 시민대회 준비위원 • 1927. 7. 신간회 대구지회 설치 준비회 준비위원

성명	나이	직업	학력	본적	주소	비 고
김유덕 金裕德	22	농업 및 미곡상		청도	청도	• 청도 출신의 부호 • 강의원 단원 • 김재열과 누룩제조회사 설립 　논의
서병룡 徐丙龍	35	대구은행 부지배인	한문 사숙 달성학교	달성	대구	• 1908. 9, 달성친목회 회원, 　강의원 단원 • 1915. 1, 조선국권회복단 　문서부장 • 1933. 3, 식산은행 대구지 　점장 대리 • 1937. 6, 경북상공(대표윤 　상태)이사 지배인
윤창기 尹昌基	31	원흥상회 고용인	달성학교	대구	함남 원산	• 1908. 9, 달성친목회 회원, 　강의원 단원 • 1915. 1, 조선국권회복단 　단원 • 1915. 7, 광복회 단원 • 1919. 3, 파리장서 파견 김 　창숙 여비 지원 • 1922. 6, 임시정부 군자금 　제공
정운일 鄭雲馹	36	전당업	한문서당	대구	대구	• 1908. 9, 달성친목회 간사 • 1915. 1, 조선국권회복단 　단원 • 1915. 7, 대한광복회 회원 • 1916. 9, 대구권총사건 체포, 　징역 10년
김진만 金鎭萬	44	무직		대구	대구	• 1915. 1, 조선국권회복단 　단원 • 1915. 7, 대한광복회 회원 • 1916. 9, 대구권총사건 체포, 　징역 10년

성명	나이	직업	학력	본적	주소	비 고
서창규 徐昌圭	30	농업	한문 수학 동경청년 학원	대구	대구	• 달성친목회 회원 • 1915. 4, 최준명의 군자금 요청을 거부 • 1915. 6, 최병규 등의 군자금 요청을 거부 • 1918. 여름 서상일과 대구에서 미곡거래회사 설립, 백산상회에 1만원 출자 • 1924. 2, 조양무진(주) 이사 및 주주 • 1937. 6, 경북상공(대표윤상태) 이사 • 1938. 1, 경북무진(주) 주주
배상렴 裵相濂	27	농업	성주보통학교 경성청년학원	성주	성주	• 배상연의 아우 • 1908. 9, 달성친목회 회원 • 1911, 안창호 연설집 출판, 출판법 위반, 서울 청년학원 졸업
김유경 金裕經	21	농업		청도	청도	• 청도 출신의 부호 김유덕의 아우
신상태 申相泰	21	대구은행	보성전문	칠곡	칠곡	• 칠곡 약목 동락의숙 졸업 • 1909. 10, 비밀결사 대동청년단 가입 • 보성학교 졸업 • 1912, 대구은행근무, 천도교대구지부 주간 • 1915. 1, 조선국권회복단 단원 • 1918, 이종암이 현금 1만 9천원 인출, 만주 망명 시 은신처 제공 • 1920. 4. 23, 상하이로 망명 • 1926, 6.10만세운동 시 칠곡에서 활동 • 1927. 1, 조선농인사 조직 발기인

성명	나이	직업	학력	본적	주소	비 고
신상태 申相泰	21	대구은행	보성전문	칠곡	칠곡	• 1927, 신강회 칠곡지회 간사 • 1928, 중외일보 주주 • 1929, 신간회 김천지구 대표 • 1930. 11, 신간회 중앙집행 위원 • 1931, 신간회 해산 반대투쟁 • 1945. 9, 국민준비대회 발 기인
박상진 朴尙鎭	36	상덕태 상회	한문수학, 양정의숙	경주	경주	• 의병장 왕산 허위의 문인 • 1905. 2, 양정의숙 법률과 입학 • 1908. 3, 교남교육회 회원 • 1908. 9, 달성친목회 회원 • 1910. 봄, 판사시험 합격, 평양법원 판사 • 1914. 3, 대구 상덕태상회 설립 • 1915. 1, 조선국권회복단 회원 • 1915. 7, 광복회 조직, 총 사령 • 1916. 8, 대구권총사건
이시영 李始榮	39	전당업		대구	대구	• 1908. 9, 달성친목회 회원 • 1913, 중국 만주와 베이징 여행 후 귀국 • 1913, 천도교 대구교구 공 선원 • 1915. 1, 조선국권회복단 단원 • 1915. 7, 광복회 단원 • 1916. 8, 대구권총사건, 징역 4월 옥고

성명	나이	직업	학력	본적	주소	비 고
이시영 李始榮	39	전당업		대구	대구	• 1919. 상해 망명, 남만주 유하현 삼원포 독립운동 전개
정순영 鄭舜永	38	농업		성주	성주	• 을사조약 후 만주 망명, 1913년 귀국 • 1915. 1, 조선국권회복단 단원 • 1915. 7, 대한광복회 회원, 국외 연락책 • 1916. 9, 대구권총사건 연루 • 1916. 10, 만주 망명 • 1919, 조선고사연구회 가입 • 1920. 3, 인도공의회 조직 • 1920. 8, 대한독립단 국내 지단 조직 참여 • 1926. 7, 조선민흥회 창립 준비위원회 준비위원
남형우 南亨祐	43	교수(보성 전문학교)	보성전문 학교	고령	중국	• 1906, 신민회 회원 • 1908. 1, 보성전문학교 졸업 • 1908. 3, 교남교육회 평의원 • 1908. 9, 달성친목회 회원 • 1909. 10, 대동청년단 단원 • 1911, 보성전문학교 법률학 교수 • 1915. 1, 조선국권회복단 단원 • 1915. 3, 산직장려계 가입 • 1919. 3, 연해주 대한국민 의회 산업총장 • 1919. 4, 독립청원서와 군 자금 5천원 지참, 조선국 권회복단 대표 상해 망명

성명	나이	직업	학력	본적	주소	비 고
남형우 南亨祐	43	교수(보성 전문학교)	보성전문 학교	고령	중국	• 1919. 4. 13, 대한민국 　임시정부 법무차장 • 1919. 4. 25, 임시의정원 　의원 • 1919. 5. 10, 임정 법무총장 • 1920. 11, 임정 교통총장 • 1921. 6. 6, 국민대표회의 　준비위원장 • 1922. 4, 다물단 조직 • 1928, 흑룡강에서 사설학교 　경영 • 1931, 귀국 • 1943. 3. 13, 음독 자살
안확 安廓	34	교사(마산 창신학교)	일본대학 정치과		창원	• 1895, 서울 수하동 소학교 　입학 • 1896, 독립협회 만민공동회 　참여 연설지도를 받음, 유 　길준『서유견문』과 양계초 　『음빙실문집』을 읽고 서구 　문물과 정치사상 수용 • 1910년 이후 마산창신학교 　교사 • 1914년경 일본대학 정치학 　수학 • 1915. 1, 조선국권회복단 　마산지부 지부장 • 1921, 조선청년연합회 기 　관지『아성』편집 • 1922, 신천지사 편집인, 　『조선문학사』,『조선문명사─ 　조선정치사』발표,「자각론」 　등 시론을 발표

성명	나이	직업	학력	본적	주소	비 고
최병규 崔丙圭				대구	대구	• 1915. 1, 조선국권회복단 단원 • 1915. 6, 서창규에게 군자금 요청 거절 • 1915. 7, 광복회 회원 • 1916. 9, 대구권총사건으로 체포
최준명 崔俊明						• 1915. 4, 서창규에게 군자금 요청 거절 • 1916. 9, 대구권총사건 체포, 징역 2년
이근우 李根雨						• 1908년 달성친목회
김용선 金容璇						• 1908년 달성친목회
서기수 徐琦洙						• 달성친목회 하기강습소
허백 許伯						• 달성친목회 청년체육구락부
윤세린 尹世鱗						• 달성친목회 청년체육구락부
박용태 朴容泰						• 달성친목회 청년체육구락부
박연조 朴淵祚						• 강의원 단원

비고) 국사편찬위원회, 『한민족독립운동사자료집』7·8·9, 「국권회복단」Ⅰ·Ⅱ·Ⅲ에 의거함·『황성신문』및 『대한매일신보』등

우선 달성친목회 회원을 정리한 위 표를 통해서 그들의 사회적 실태를 정리하면 다음과 같다.

첫째, 회원의 대부분은 경북지방 출신으로 1919년 현재 30대였으나, 달성친목회가 결성되는 1908년도에는 20대였다. 따라서 달성친목

회의 회원은 종래 대구를 비롯한 경북일원에서 계몽운동을 전개한 인물과 비교하면 계몽운동에 있어서 2세대라 할 수 있다. 대한자강회·대한협회·교남교육회 등과 비교할 때, 달성친목회는 지방에서 계몽운동에 참여하였으므로 서구사상의 수용과 인식에 많은 한계를 가지고 있었다.

둘째, 회원들의 대부분은 근대학교에서 신교육을 이수하고 있다. 비록 서당에서 한문교육을 받은 사람도 있으나 대구출신의 회원들은 달성학교(達城學校)를 졸업하였고, 그 외 경북의 각 지역 출신들은 서울에서 보성학교(普通學校) 등을 졸업하고 있다. 그 후 이들은 경성이나 일본유학을 통해 신사상과 신학문을 받아들이고 있다. 즉 상경 유학생들은 보성(普成)·경신(敬新)·양정학교(養正學校)를 졸업하였고, 일본유학생들은 전문학교(專門學校)나 대학(大學)을 졸업하였다.

셋째, 회원의 직업은 대부분 상업에 종사하였다. 이들이 종사하고 있는 상업은 미곡상(米穀商)·제조업(製造業)·전당업(典當業)·은행원(銀行員) 등이며, 비록 지방의 지주로서 농업에 종사하더라도 축적된 자본을 상업부문에 투자하고 있다. 이들이 비록 신교육을 통해 신사상과 신학문을 받아들였다고 해도 상업부문에 종사할 수밖에 없는 식민지적 상황이었던 것이다. 즉 일제의 식민지 통치하에서 현실에 참여하여 문제를 타개할 수 없는 극히 제한된 상황이라 할 수 있다. 더욱이 일본인 상인들의 침투(浸透)와 상권의 침식(浸蝕)에 따른 위기의식은 더욱 가중되고 있었다.

이상과 같이 회원구성을 통해 볼 때, 달성친목회는 대구를 중심으로 한 주변지역의 신사상과 신학문을 수용한 계몽적인 지식인들이 결성하였고, 이들은 상업 활동을 통해 현실에 참여하였다. 이러한 현실 참여는 이들이 직면하고 있던 암울한 현실을 타개하기 위한 방법이기도

하였다. 이와 같이 달성친목회는 결성 초기에 친목회를 위장한 계몽운동단체로서 국권회복운동을 전개하였고, 국권상실 이후에는 독립운동단체로 이행하는 체질 개선을 하고 있었다. 그렇지만 일부는 일제의 식민통치기구에 종사하기도 하였고, 나아가 일제말기 군국주의 일본의 전쟁수행에 협조하는 등의 친일행적을 남기기도 했다.

달성친목회의 회원인 서상일과 남형우는 한말 애국계몽운동 단체나 일제하의 독립운동 단체에 참여하여 광범한 활동을 전개하였다. 서상일은 서울에 올라가 수학하면서 교남교육회의 회원이 되었고, 남형우도 일찍이 서울에 올라가 수학하면서 대한자강회·신민회·교남교육회에서 활동하였다.

대체로 달성친목회의 회원은 조선국권회복단의 주축이 되었지만, 서상일·남형우·박영모·신상태 등 일부는 대동청년단, 김재열·정운일·이시영·정순영·홍주일 등은 광복회에 참여하기도 하였다.

여기에서 우리는 달성친목회의 회원은 계몽운동기에 신교육을 받고 성장한 계몽운동의 2세대라는 사실을 파악할 수 있다. 즉 대한자강회·대한협회·교남교육회 등 계몽운동단체의 회원들과는 달리 근대적인 지식인으로서 면모를 구비하고 있었다.

【부록】 달성친목회 회원

① 서상일

　서상일(徐相日, 1886. 7. 9~1962. 4. 18)
은 본관이 달성이고, 호는 동암(東庵)이다.
1886년 7월 9일 달성서씨 서봉기(徐鳳綺)와
이영천의 6남 2녀 중 3남으로 태어났다.

　아버지 서봉기는 대구부의 주사(主事)를
역임하였던 하급관료였다. 1907년 9월 사립
수창학교(私立壽昌學校) 발기인으로 참여하
였고, 1907년 10월 서상돈이 설립한 대한농
회(大韓農會) 경북지부의 부장(副長)으로 지

서상일

부장 박해령·평의장 서상돈 등과 함께 활동하였다.

　백형 서상규(徐相奎)는 국외로 망명하여 러시아령 니콜리스크에서
독립운동에 참여하였고, 중형 서상락(徐相洛)은 중국으로 건너가 신흥
무관학교를 졸업하고 의열단에 참여하였다. 그리고 셋째 동생 서상한
(徐相漢)은 일본 명치대학에 유학 중 영친왕 이은(李垠)과 일본 황족
방자(方子)의 가례일(嘉禮日)에 폭탄투척을 계획하였다가 실패하고 체
포되었다.

　서상일은 1899년 대구 공립소학교를 졸업하였으며, 1905년 달성학
교 고등과를 졸업하였다. 그 후 탁지부 측량과의 과정을 이수하고,
1907년부터 측량기수(測量旗手)로 일을 하다가 1909년 퇴직한 뒤, 서
울의 보성전문학교 법률과에 입학하였다. 1908년 3월 결성된 교남교
육회 회원, 대한협회 대구지회 회원, 1908년 9월 결성된 달성친목회

회원, 그리고 1909년 10월 결성된 대동청년단의 단원으로 가입하여 활동하였다.

1910년 나라가 망한 뒤 1911년 만주로 건너가, 만주의 독립운동 상황을 둘러보았다. 1913년 9월 귀국하여 대구에서 태궁상점(太弓商店)을 설립하는 한편, 달성친목회를 재흥하였다. 1915년 정월 15일 조선국권회복단을 결성하여 독립운동 자금 모집과 해외 독립운동 세력과의 연계를 통해 국권회복운동을 전개하였다.

1920년 대구청년회에 가입하였으며, 1922년 5월 임시총회에서 회장으로 선출되었고, 1921년 조양회관의 건립을 추진하였다. 1921년 조선인산업대회 위원, 대구곡물신탁주식회사의 이사, 1922년 대구운송주식회사의 감사, 1923년 7월 동아일보 대구지국 운영, 1924년 조양무진회사 설립 참여, 1931년 대구산업금융주식회사 출자, 1937년에는 경북상공주식회사의 이사 등으로 활동하였다.

그 외에도 1920년대 초 조선불교단 대구지부 평의원, 1939년 8월

『매일신보』, 1941. 10. 23, 「임전보국단결성」

조선군(朝鮮軍) 관할 경상북도 대구병사부 대표, 1941년 10월 조선임전보국단 발기인 및 평의원, 1941년 12월 국민총력경상북도연맹과 대구부연맹이 주최한 국위선양과 정전관철 국민대회 참석자대표, 등을 역임함으로써 군국주의 일본의 전쟁수행에 협조는 등의 친일행적을 남기기도 했다.

해방 후 1945년 8월 16일 경북치안유지회 대표, 9월 7일 국민대회준비회 의장, 9월 21일 한민당 총무 등을 역임하였다. 1948년 개원된 제헌국회 의원으로 헌법기초위원회 위원장, 1955년 진보당 결성에 참여하여 혁신정당운동을 전개하였다. 4·19혁명 이후 사회대중당 창당에 참여하여 7.29총선거에 출마하여 대구 을구 민의원으로 당선되었다. 1961년 5.16군사정변이후 통일사회당 사건으로 군사혁명재판소에 기소되어 징역 3년, 집행유예 5년을 선고받았다. 1962년 4월 18일 사망하였다. 1963년 대통령 표창, 1990년 애족장이 추서되었다.

〈참고문헌〉

『황성신문』, 1907. 9. 22, 「대구사립수창학교취지서」; 『대한매일신보』, 1907. 10. 16, 「대구사립수창학교취지서」; 『황성신문』, 1907. 10. 25, 「대구농회」; 『황성신문』, 1905. 2. 17, 「서임급사령」; 『대한협회대구지회회록』; 『대한협회회보』 제3호, 1908. 6. 25, 「회원명부」; 『매일신보』, 1922. 5. 5, 「대구청년 총회」; 1921. 8. 1, 「산업대회 총회, 각 위원 결정」; 1921. 9. 12, 「대구신탁성립」; 1939. 8. 23, 「각도선출자- 대구병사부」; 1941. 10. 23, 「임전보국단결성」; 1941. 12. 14, 「정전관철을 기서 - 피 끓는 國民大會」; 국사편찬위원회, 『한민족독립운동사자료집』7, 「국권회복단 I」, 118쪽, 서상일 신문조서; 권대웅, 『1910년대 국내독립운동』, 독립기념관 한국독립운동사연구소, 2008.

② 윤창기

윤창기(尹昌基, 1888. 2. 16~1927. 10. 17)는 대구 남산동에서 태어났다. 달성학교를 졸업한 후 농공은행 대구지점에 근무하였으며, 1908년 9월 조직된 달성친목회 회원으로 활동하였다. 1910년 나라가 망한 뒤 1911년 서상일·이시영·박영모 등과 함께 상업시찰이라는 명목으로 만주와 노령을 여행하면서 독립운동 상황을 둘러보고 1913년 귀국하였다.

1915년 1월 조선국권회복단 중앙총부의 단원으로 활동하였으며, 1918년 광복회 총사령 박상진에게 권총 10자루의 구입자금 및 여비를 지원하였다. 대구에서 일시 포목점을 경영하다가 그만두고 원산으로 옮겨가 일본인 경영의 해산물 도매상 원흥상회(元興商會)의 점원이 되었다.

1918년 11월경 대동청년단의 안희제와 남형우가 방문하여 원흥상회에 백상상회의 지점 및 연락사무소를 개설하였다. 1919년 초 조선국권회복단 중앙총부에서 이시영·박영모·서상일을 노령(露領)지역 독립운동가와의 연락을 위해 파견할 계획을 세웠으며, 1919년 3·1독립운동이 발발하자 경남 창원(昌原)에서 만세시위를 주도하였다. 1919년 3월 김창숙(金昌淑)이 파리강화회의에 제출할 청원서를 소지하고 중국 상해로 갈 때 여비를 지원하였다. 일경에 붙잡혀 1919년 9월 29일 고등법원에 이송되어 고초를 겪었다.

『중외일보』, 1927. 1. 5, 「윤창기씨장서」

1922년 6월 서대문 감옥에서 출옥한 후 함남 홍원(洪原)에서 덕흥상회(德興商會)를 경영하면서 대한민국 임시정부에 군자금을 제공하였다. 1927년 9월 함흥경찰서에 체포되어 검사국에서 고문을 받던 중 병보석 석방되었다. 1927년 10월 17일 사망하였다. 1990년 건국훈장 애족장이 추서되었다.

⟨참고문헌⟩

『중외일보』, 1927. 1. 5, 「윤창기씨장서 열렬한 민족운동자 삼십팔세를 일기로」; 경상북도경찰부, 『고등경찰요사』, 1934; 국사편찬위원회, 『한민족독립운동사자료집』7, 「국권회복단Ⅰ」, 윤창기 신문조서; 권대웅, 『1910년대 국내독립운동』, 독립기념관 한국독립운동사연구소, 2008.

③ 김진만

김진만

김진만(金鎭萬, 1876~1933)은 본관이 분성(盆城)이며, 호는 긍석(肯石)이다. 1876년 대구 남산동에서 김재양(金在穰)과 전주이씨 춘옥(春玉) 사이에서 장남으로 태어났다. 달성서씨 서우순(徐佑淳)의 장녀 서복(徐福)과 결혼하여 영조(永祚)·영우(永祐)·영기(永祺)·영정(永禎)의 4남과 필순(畢順)·분조(粉祚)·순분(順分)의 3녀를 두었다. 일찍이 석재(石齋) 서병오(徐丙五)의 문하에서 가르침을 받았다. 1901년 스승 서병오가 중국을 방문할 때 동행하여 중국의 명필가 우창쉬(吳昌石)·치바이스(齊白石) 등을 만났다.

1908년 9월 달성친목회 회원, 1915년 정월 조선국권회복단 단원,

그리고 1915년 음력 7월 광복회 회원으로 활동하였다. 1915년 7월 15일 광복회가 결성된 뒤 먼저 총사령 박상진 등과 함께 군자금 모집 활동을 벌이다가 1916년 9월 이른바 대구권총사건(大邱拳銃事件)으로 체포되었다. 1917년 6월 18일 대구복심법원에서 징역 10년을 선고받고 옥고를 치렀다.

1924년 6월 49세에 가출옥하여 1933년 11월 타계할 때까지 세상을 은둔하며 그림에만 전념하였다. 아우 김진우(金鎭瑀)와 아들 김영우(金永祐)는 항일독립운동에 참여하였으며, 손자 김일식(金一植)도 사회운동과 학생운동에 참여하였다. 1977년 건국훈장 독립장이 추서되었다.

〈참고문헌〉

『매일신보』, 1916. 9. 29; 1917. 2. 24; 「판결문」(1917. 6. 18, 대구복심법원); 「판결문」(1932, 대구지방법원 형사부); 「김진만 신문조서」, 국사편찬위원회, 『한민족독립운동사자료집』7(국권회복단 I), 1993; 경상북도경찰부, 『고등경찰요사』, 1934; 권대웅, 『1910년대 국내 독립운동』, 독립기념관 한국독립운동사연구소, 2008; 김일수, 「김일식(金一植)일가의 독립운동과 국가건설운동」, 『역사연구』26, 2014.

④ 이시영

이시영(李始榮, 1882. 1. 10~1919. 7. 9)은 본관이 경주(慶州)이고, 호는 우재(又齋), 본명은 이중현(李仲賢)이다. 1882년 1월 10일 대구시 봉산동에서 만당(晩堂) 이관준(李寬俊)의 차남으로 태어났다. 아버지 이관준에게 한학을 배웠다.

1908년 9월 5일 설립된 달성친목회에 가입하여 서상일·윤창기·정운일·김진만·서창규 등과 함께 활동하였다.
1914년 중국 만주와 베이징 등지를 여행하며
국제 정세를 살피는 한편, 국외의 동지들과
연락하여 독립운동의 방책을 모색한 뒤 귀국
하였다. 아들 이응창(李應昌)은 서상일의 사
위였고, 대구 부호 서우순(徐祐淳)도 집안의
사돈이었다.

이시영

　1913년 천도교(天道敎) 대구교구(大邱敎
區)의 공선원(共宣員)을 역임하였다. 1915년
음력 정월 15일 조직된 조선국권회복단의 교통부장을 맡았다. 1915년
7월 15일 조직된 광복회에 참여하여 해외 독립운동기지 건설에 필요
한 군자금 조달을 목표로 활동하였다. 1916년 8월 이른바 대구권총사
건(大邱拳銃事件)으로 체포되어, 1917년 6월 18일 대구복심법원에서
징역 4월을 선고받고 옥고를 치렀다.

　1919년 3·1운동 이후 한위건·김영호·이경식 등과 함께 상해로 망
명하였다가 남만주의 루허현(柳河縣) 싼위안바오(三源浦)에서 독립운
동을 전개하였다. 1919년 7월 9일 향년 38세로 병사하였다. 유해(遺
骸)는 반장(返葬)치 못하였다. 도산 안창호는 그를 "날개 달린 호랑이"
라고 평소에 칭찬하였으며, 그가 죽은 뒤 "문무를 겸전한 우재(又齋)
가 갔으니, 또 하나 큰 별을 잃었다."고 탄식하였으며, 성재(省齋) 이
시영(李始榮)도 "나라의 큰 별"이라 하였다. 1963년 대통령표창, 1990년
건국훈장 애족장이 추서되었다.

〈참고문헌〉

『조선민족운동연감』, 1919. 4. 11: 경상북도경찰부, 『고등경찰요사』, 1934;

문일민, 『한국독립운동사』, 1956; 윤보현, 『영남출신독립운동략전』 제1집, 1961; 윤보현, 『경북판독립운동실록』, 1974; 권대웅, 『1910년대 국내독립운동』 15, 독립기념관 독립운동사연구소, 2008.

⑤ 김재열

김재열(金在烈, 1884. 5. 20~1950. 3. 29)은 본관이 김녕(金寧)이고, 이명은 김광두(金光斗), 자는 무경(武卿), 호는 백농(栢儂)이다. 1884년 5월 20일 경북 고령군 운수면 법동 58번지에서 아버지 김정환(金正煥)과 어머니 은진 송씨 사이에서 외아들로 태어났다. 홍와(弘窩) 이두훈(李斗勳)의 문하에서 남형우 등과 함께 수학하였다. 1903년 서울에 올라가 보성중학교를 졸업하고, 보성전문학교 법과에 입학하여 약 반 년간 수학하고 귀향하였다. 그 뒤 다시 서울에 올라가 경신공업야학교(儆新工業夜學校)에 입학하여 2년간 염직과(染織科)에서 수학하였다.

1908년 10월 대한협회 대구지회 회원, 1908년 9월 달성친목회 회원으로 활동하였다. 1915년 정월 15일 조선국권회복단 단원, 같은 해 7월 15일 광복회 회원으로 독립운동기지 건설에 필요한 군자금 조달을 목표로 활동하였다. 1916년 9월 광복회의 이른바 대구권총사건(大邱拳銃事件)에 연루되어 체포되었고, 1917년 6월 18일 대구복심법원에서 징역 6월을 받고 옥고를 치렀다. 1917년 11월 10일 장승원암살사건(張承遠暗殺事件)과 1918년 1월 24일 박용하암살사건(朴容夏暗殺事件)에 연루되어 1918년 2월 천안경찰서에 체포되었으나 증거 불충분으로 4개월 만에 풀려났다.

1918년 11월경부터 청도 출신의 부호 김유경과 함께 부산에서 미곡상, 대구에서 누룩제조회사 설립을 협의하는 등 상업 활동을 전개하였다. 1919년 3·1운동 이후 일시 만주를 다녀온 뒤 국외 독립운동을 지원하는 한편, 주로 국내에서 청년·노동 등 사회운동에 참여하였다. 1924년 4월 1일 대구학교평의원(大邱學校評議員), 같은 해 8월 1일 대구지역 수해의 원인을 밝히기 위한 시민대회의 준비위원으로 선정되기도 했다. 1950년 3월 29일 향년 67세로 사망하였다. 1977년 대통령 표창, 1990년 애족장이 추서되었다.

〈참고문헌〉
『대한협회회보』, 제7호, 1908. 10,「회원명부」;『매일신보』, 1917. 2. 4,「대구단총강도」;『매일신보』, 1917. 4. 28,「대구권총강도판결언도」;『매일신보』, 1922. 4. 2,「노동대회강연회」;『매일신보』, 1924. 4. 4,「대구, 달성의 학평의당선자」;『매일신보』, 1924. 8. 5,「대구부 시민대회」;『동아일보』, 1921. 5. 23,「합천청년연합회주최대강연회」; 경상북도 경찰부,『고등경찰요사』, 1934; 국사편찬위원회,『한민족독립운동사자료집』7·8, 1988; 권대웅,『1910년대 국내독립운동』15, 독립기념관 한국독립운동사연구소, 2008.

⑥ 정운일

정운일(鄭雲馹, 1884. 1. 16~1956. 2. 6)은 호가 춘주(春洲)이다. 1884년 1월 16일 대구부동산면(東山面) 신전동(新田洞, 현 봉산동) 37번지에서 출생하였다. 일찍이 한학을 수학하였으며, 전당업(典當業)으로 부호가 되었다.

1908년 9월 조직된 달성친목회 간사, 1915년 (음)정월 15일 조직된 조선국권회복단 단원, 1915년 7월 15일 조직된 광복회 회원으로 해외 독립운동기지 건설에 필요한 군자금 조달을 목표로 활동하였다. 1916년 9월 광복회의 이른바 대구권총사건(大邱拳銃事件)에 연루되어 체포되었다. 1917년 6월 18일 대구복심법원에서 징역 10년을 선고받고 7년간 옥고를 치렀다.

광복 후 미군정 경상북도 상임고문, 1946년 민주통일당(民主統一黨) 발기인 대표, 1949년 반민족행위특별조사위원회(反民族行爲特別調査委員會) 경상북도 조사위원회 위원장 등을 역임하였다. 1956년 2월 5일 향년 74세로 사망하였다. 1977년 건국포장, 1990년 건국훈장 애국장이 추서되었다.

〈참고문헌〉

『자유신문』, 1946. 12. 16; 『조선일보』, 1949. 2. 13; 『대구시보』, 1949. 12. 19; 「판결문」(1917. 6. 18, 대구복심법원); 경상북도경찰부, 『고등경찰요사』, 1934; 국사편찬위원회, 『한민족독립운동사』7(국권회복단 I), 「정운일신문조서」, 1988; 권대웅, 『1910년대 국내 독립운동』, 독립기념관 한국독립운동사연구소, 2008; 윤보현, 『영남출신 독립운동략전』 제1집, 1961; 박영석, 「대한광복회연구」, 『한국민족운동사연구』1, 1986.

⑦ 정순영

정순영(鄭舜永, 1879. 4. 9~1941. 11. 17)은 본관이 청주(淸州)이고, 자는 휘경(彙卿), 호는 이당(彝堂)이다. 이명은 정서웅(鄭瑞雄)으로 만주에서 사용한 이름이다. 1879년 4월 9일 경북 성주군 청파면(현 수륜면) 수성동 812번지에서 정주석(鄭周錫)의 아들로 태어났다. 조선 중종(中宗) 때의 문신이며 학자인 한강(寒岡) 정구(鄭逑)의 10대손이다.

1905년 을사늑약 이후 국권회복에 뜻을 두고 1906년 11월 박상진·권영만 등과 함께 대구 이시영의 집에서 구국책(救國策)을 논의하였다. 1907년 3월부터 1913년까지 남·북만주·연해주·상하이 등지를 여행하며 독립운동을 전개하다가 귀국하였다.

1915년 음력 1월 15일 박상진·윤상태·홍주일·이시영·서상일 등과 함께 조선국권회복단을 결성하고 유세부장(遊說部長)을 맡았다. 1915년 7월 15일 광복회를 결성하고, 본부 회장 박상진, 만주 사령관 이석대(李奭大, 李鎭龍), 그리고 만주 안동여관(安東旅館)의 손일민(孫逸民) 등과 함께 국외 연락책을 맡았다. 1916년 가족과 함께 펑톈(奉天)에 이주하여 삼달양행정미소(三達洋行精米所)를 운영하며 남만주 연락책으로 활동하였다. 1916년 9월 3일 이른바 '대구권총사건(大邱拳銃事件)'으로 단원들이 체포되자 1916년 10월경 만주로 들어가 지린(吉林)·펑톈(奉天) 등지를 전전하며 독립운동에 참여하였다.

1919년 정안립(鄭安立)이 설립한 조선고사연구회(朝鮮古史硏究會)에 가입하여 중국·한국·러시아 3국인이 결합하여 대동민국(大東民國)을 건설할 계획으로 활동하다가 1919년 12월 귀국하였다. 1920년 3월 이상규(李相珪) 등과 함께 서울에서 인도공의회(人道公議會)를 조직하기도 하였다.

1920년 8월 중순 루허현(柳河縣) 싼위안바오(三源浦)에 본부를 둔 대한독립단(大韓獨立團)의 전권특파원 김기한(金起漢)·경기도시찰 전권위원 강지형(姜芝馨) 등과 함께 대한독립단 국내지단의 전국중앙기관으로 서울의 중앙본부(中央本部)와 전국 각 군에 지단(支團)을 설치하였다. 그리고 송내호(宋乃浩)·강지형·조종하(趙宗夏) 등과 함께 「대한독립단국내지방분치기관임시통칙(大韓獨立團國內地方分置機關臨時通則)」·「격고국내진신사림(檄告國內縉紳士林)」 등의 문서를 충청·경상·전라·함경·강원도 등지에 배포하였다. 1920년 11월 11일 대한독립단 중앙본부의 전모가 드러나면서 김기한 등과 함께 체포되었다. 대정 8년 제령 제7호 위반 및 출판법 위반으로 기소되어 1921년 9월 20일 경성지방법원에서 징역 2년을 받고 옥고를 치렀다.

『매일신보』, 1921. 8. 30, 「조선내 총기관」

1926년 7월 8일 서울청년회와 조선물산장려회가 중심이 된 조선민흥회(朝鮮民興會)의 창립 준비위원회 준비위원으로 참여하여 민족협동전선을 목표로 활동하였다. 그 후 진주·남해·목포 등지를 전전하다가 1941년 11월 17일 대구에서 서거하였다. 향년 62세였다. 1963년 대통령표창, 1990년 건국훈장 애족장이 추서되었다.

〈참고문헌〉

「판결문」(1920. 3. 22, 고등법원); 「판결문」(1921. 9. 30, 경성지방법원); 『매일신보』, 1921. 8. 30, 「조선내 총기관」; 1921. 9. 21, 「독립단 초심공판 (1)」; 1921. 9. 21, 「독립단 초심공판(2)」(경성총기관 설치사건); 1921. 9. 21, 「김기한 8년구형」; 『독립신문』, 1921. 10. 14, 「판결사건일속」; 경상북도 경찰부, 『고등경찰요사』, 1934; 김정명, 『조선독립운동』 제1권 분책, 민족주의운동편, 1967; 문일민, 『한국독립운동사』, 1956; 김승학, 『한국독립사』하, 독립문화사, 1970; 윤보현, 『영남출신독립운동략전』 제1집, 1961; 윤보현, 『경북판독립운동실록』, 1974; 권대웅, 「대한독립단 국내지단의 조직과 활동」, 『교남사학』 제5집, 영남대학교국사학과, 1990.

⑧ 신상태

신상태(申相泰,1889. 4. 1~1950. 12. 8)는 본관이 평산(平山)이고, 호는 혜산(兮山)이다. 1889년 경북 칠곡군 약목면(若木面) 복성동(福星洞)에서 태어났다. 일찍이 칠곡군 약목에 있는 동락의숙(同樂義塾)에서 장지필(張志必)의 가르침으로 민족의식과 항일의식을 인식하게 되었다.

1909년 10월 비밀결사 대동청년단(大東靑年團)에 가입하였다. 보성전문학교(普城專門學校)를 졸업한 뒤 1912년 대구은행에 근무하면서 천도교 대구지부의 주간으로 활동하였다. 1918년 대구은행에 근무하고 있는 기회를 이용하여 함께 근무하고 있던 출납계 주임 이종암(李鍾岩)이 현금 1만 9천 원을 인출하여 만주로 망명할 때 은신처를 제공하는 등 일본 경찰의 수사를 피할 수 있도록 지원하였다.

1915년 음력 정월 15일 결성된 조선국권회복단의 단원으로 가입하여 상하이 대한민국임시정부를 후원하는 활동을 전개하는 한편, 동지

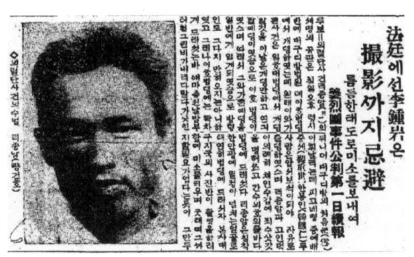

『동아일보』, 1926. 12. 11, 「법정에 선 이종암은 촬영까지 기피」

의 규합을 위해 노력하던 중 체포되어 옥고를 치렀다. 1920년 봄 상하이 대한민국임시정부가 천도교의 대표적 인물의 파견을 요청했을 때 그 인물로 선임되었다. 같은 해 4월 23일 천도교 중앙대종사(中央大宗司) 종법위원(宗法委員) 신숙(申肅)과 함께 만주를 거쳐 상하이로 갔다. 그 뒤 상하이를 거쳐 안동현에 도착하여 국내에서 보내오는 군자금의 중계와 독립운동을 위해 만주로 가는 청장년의 연락과 안내책으로 활동하던 중, 대구경찰서에서 밀파된 경찰에 체포되어 서문형무소에서 2년의 옥고를 치렀다.

1926년 6·10만세운동이 발발하자 허홍제·조중규·채충식 등의 칠곡 지역 청년지사들과 함께 활동하였으며, 1927년 1월 "농촌계발과 문맹퇴치를 목적"으로 하는 조선농인사(朝鮮農人社)를 조직하여 채충식·여운홍 등과 함께 발기인으로 참가하였다. 1927년에 민족협동전선을 표방한 신간회가 창립되자 신간회 칠곡지회(漆谷支會) 간사를 비롯하여 1929년 신간회 김천지구(金泉地區) 대표, 1930년 11월 9일 신간회 중앙집행위원(中央執行委員) 등을 역임하였다. 1928년 안희제·이

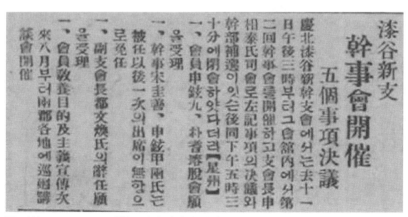

『중외일보』, 1928. 7. 16. 「칠곡신지 간사회 개최」

상협 등이 창립한 중외일보(中外日報)의 주주로 참여하기도 했다.

그 외 1931년 신간회 해산 반대투쟁으로 검속되었으며, 패망을 앞둔 일제에 의해 체포되어 왜관경찰서에 수감되었다가 광복 3일전에 병가보석으로 출옥하였다. 광복 후 1945년 9월 7일 송진우 등이 민족주의 세력을 합쳐 정당을 결성하기 위해 조직한 국민대회준비회(國民大會準備會) 발기인으로 참여하였다.

1963년 대통령표창, 1990년 건국훈장 애족장이 추서되었다.

<참고문헌>

『매일신보』, 1920. 3. 24, 「대구사건에 면소된 각피고」; 1927. 1. 3, 「뜻 깊은 농인사」; 『동아일보』, 1930. 11. 9, 「규칙 개정하고 신간부 선정」; 『중외일보』, 1928. 7. 16, 「칠곡신지 간사회 개최」; 1929. 11. 13, 「신지칠곡지회 집행위원회」; 1930. 9. 10, 「신상태씨 석방」; 「기념비문」(왜관읍 석전리, 1971); 독립운동사편찬위원회, 『독립운동사』7, 1975; 독립운동사편찬위원회, 『독립운동사』10, 1975; 독립운동사편찬위원회, 『독립운동사자료집』14, 1978; 권대웅, 『1910년대 국내독립운동』, 독립기념관 독립운동사연구소, 2008.

⑨ 박영모

박영모(朴永模, 1887. 4. 11~1938. 10. 8)는 본관이 울산(蔚山)이고, 자는 주원(周元), 아명이 박가수(朴伽壽)이다. 1887년 4월 11일 경남 합천군 합천면 합천리 748번지에서 아버지 박광순과 어머니 임회(臨淮) 최씨 사이에서 장남으로 태어났다. 14·5세까지 서당에서 한문을 배웠으며, 합천군 대양면 양산리로 이거하여 농업과 한지제조업에 종사하였다.

1908년 9월 조직된 달성친목회와 1909년 10월 조직된 비밀결사 대동청년단의 단원으로 활동하였다. 1915년 정월 15일 대구에서 결성된 조선국권회복단 중앙총부의 교통부장(交通部長)으로 선임되어 활동하였는데, 중국 안둥현(安東縣) 박광(朴洸)의 상점 간성덕호(艮盛德號)에 체제 중 중국인들에게 한지를 판매하면서 독립운동을 전개하였다.

1919년 3·1운동이 발발하자 만세시위운동에 적극적으로 참가하는 한편, 상해 대한민국임시정부와 연락을 취하는 등의 활동을 벌였다. 1919년 제령 제7호 위반으로 체포되어 1919년 6월 19일부터 대구지방법원 검사국에서 조사를 받고 소위 내란죄로 기소되었다. 1920년 3월 22일 대구고등법원 특별형사부로부터 불기소 판결을 받고 방면되었다.

『동아일보』, 1921. 3. 25, 「아성창간호」

1920년 조선청년회연합회(朝鮮靑年會聯合會)의 결성에 참여하였다. 1920년 6월 28일 오상근 등과 함께 청년회의 역량을 결집하여 민족운동의 동력으로 활용하기 위해 조선청년회연합회기성회(朝鮮靑年會聯合會期成會)를 조직하였다. 같은 해 12월 1일 중앙기독교 청년회관에서 전국 106개 청년단체 대표자들이 발기총회를 개최할 때, 의사회(議事會) 의사(議士)로 선출되어 임원이 되었다. 조선청년회연합회 헌장(憲章) 초안을 의결하고, 기관지 『아성(我聲)』의 발간을 위한 논의에 참여하였다. 1938년 10월 8일 향년 53세로 서거하였다. 2006년 대통령표창이 추서되었다.

〈참고문헌〉

「판결문」(대구지방법원, 1919. 9. 29); 「판결문」(대구고등법원, 1920. 3. 22); 경상북도경찰부, 『고등경찰요사』, 1934; 독립운동사편찬위원회, 『독

립운동사자료집』, 제6집, 제14집; 국사편찬위원회, 『한민족독립운동사자
료집』, 제7집, 제8집; 김정명, 『조선독립운동』 제1권 분책, 1967.

⑩ 홍주일

홍주일(洪宙一, 1875. 9. 22~1927. 8. 1)은
본관이 남양(南陽)이고, 호는 해동(海東)이
다. 유년기에 수갑(壽甲)이라 쓰다가 중년기
에 주일(鑄一)이라 하였고, 1915년에 주일(宙
一)로 고쳤다. 1875년 9월 22일 경북 청도군
운문면 오진리에서 태어났으며, 대구 남산동
383번지에 거주하였다.

홍주일

1895년경 20세쯤 한문을 배웠으며, 1906년
31세에 일본 큐슈(九州) 구마모토(熊本)에 유
학하여 6개월 정도 일본어를 배웠다. 1907년 도쿄(東京)의 연수학관
(研數學館)에서 수학(數學)을 3~4개월 배우다가 귀국한 뒤, 평안북도
백마군 옥천학교(玉川學校)의 교사로 근무하던 중 평양에서 독립운동
의 일환으로 지하운동을 전개하기도 하였다. 1908년 일본 도쿄로 가
서 도쿄세이소쿠예비학교(東京正則豫備學校, 東京文理專門學校]에 입
학하여 수리(數理)와 화학(化學)을 1년 반 공부하고 귀국하였다.

1909년 경북 예안의 사립학교 교사, 1910년 경남 구포의 구명학교
(龜明學校) 교사를 거쳐 대구협성학교(協成學校) 교사를 역임하였다.
1908년 9월 대구에서 결성된 달성친목회에 참여하는 한편, 1913년 3월
달성친목회 부설 강의원(講義園)에서 신학문을 지도하는 등 인재 양성
에 힘을 기울였다. 당시 천도교 종법사(宗法師)로서 대구교구장(大邱
教區長)과 대구 사립 명신여학교(明信女學校) 교장으로 취임하였다.

1914년 5월 사립 명신학교(明信學校)의 교장을 사직하였다. 서상일과 관련을 맺으면서 1917년 음력 9월부터 서상일이 경영하던 태궁상회(太弓商會)의 점원이 되었다.

1915년 음력 1월 15일 비밀결사 조선국권회복단 중앙총부(朝鮮國權恢復團 中央摠部)를 조직하고 기밀부장(機密部長)을 역임하였다. 1915년 7월 15일 결성된 광복회(光復會)에도 가입하여 활동하던 중, 1916년 9월 대구권총사건(大邱拳銃事件)에 연루되었다. 1917년 6월 대구복심법원에서 징역 5월을 선고받고 복역하였다.

1919년 3월 서울의 이갑성과 연락을 취하고, 김태련·이만집 등과 대구에서 독립만세운동을 계획하였다. 그러나 3월 3일 일제의 예비검속으로 체포되어 대구지방법원에서 징역 2년을 선고받고 대구형무소에서 옥고를 치렀다.

1921년 음력 정월 15일 서상일과 함께 달성유치원(達城幼稚園)을 설립하여 원장을 역임하였으며, 1921년 9월 15일 교남학교(嶠南學校) 설립에 참여하였다. 1921년 7월 30일 서울에서 조선경제회(朝鮮經濟會)가 개최한 조선인산업대회(朝鮮人産業大會) 발기총회의 발기인, 1923년 2월 민립대학 설립운동의 발기인으로 참여하였다. 그리고 1924년 8월 대구유지회(大邱有志會)에서 대구지역 수재 피해에 대한 선후책을 강구하기 위한 시민대회를 개최하자 준비위원을 맡아 활동하기도 하였다. 1927년 7월 25일 신간회(新幹會) 대구지회(大邱支會)를 설립하기 위한 설치 준비회의 준비위원으로 활동하던 중, 1927년 8월 1일 신병으로 서거하였다. 향년 53세였다. 장례식은 1927년 8월 4일 교남학교 학교장(學校葬)으로 치러졌다. 오전 10시 대구 서성정 천도교(天道敎) 교구당(敎區堂)에서 장의위원장 정운기의 주례로 영결식이 거행되었으며, 장지는 대구부의 신설 공동묘지였다. 1977년 건국포장, 1990년 건국훈장 애국장이 추서되었다.

<참고문헌>

「(윤상태 외 29인)판결문」(고등법원, 1920. 3. 22); 「형사사건부」(대구지방
검찰청, 1919. 9. 29); 「홍주일신문조서」, 『조선민족독립운동사자료집』7,
국권회복단Ⅰ, 국사편찬위원회,1988; 『동아일보』, 1921. 7. 30, 「조선인산
업대회발기총회」; 1923. 2. 11, 「민대발기인」; 1924. 8. 4, 「대구유지회」;
1924. 8. 15, 「대구시민대회 실행위원선정」; 1927. 3. 27, 「새주인을 맞난
대구교남학교」; 『동아일보』, 1927. 8. 3, 「홍주일씨 필경 영면」; 8. 5, 「고
홍주일선생의 장의」; 8. 7, 「홍주일씨의 장식」; 『매일신보』, 1927. 7. 25,
「대구에서도 신간지회 창설 준비에 분망」; 『중외일보』, 1927. 7. 26, 「신간
대구지회, 설치준비회, 준비위원회」; 경상북도 경찰부, 『고등경찰요사』,
1934; 국가보훈처, 『독립운동사』 제3권, 1975; 국가보훈처, 『독립운동사』
제8권, 1976; 윤보현, 『영남출신독립운동략전』 제1집, 1961; 권대웅 외,
『청도의 독립운동사』, 청도군, 2010.

⑪ 안확

　안확(安廓, 1886. 2. 28~1947. 3. 3)은 호가
자산(自山) 혹은 운문생(雲門生)이란 필명과 팔
대수(八大搜)라는 호를 사용하기도 하였다. 우대
마을(서울 성내의 서북쪽에 위치하는 지역, 곧
인왕산과 가까운 지역)의 중인 집안에서 출생하
였다.

안확

　1895년 서울 수하동 소학교에 입학하여 신학
문을 공부하였고, 1896년 독립협회가 만민공동회를 개최할 때 그 모
임에 참여하여 연설지도를 받기도 하였다. 유길준의 『서유견문(西遊見

聞)』과 양계초의 『음빙실문집(飮氷室文集)』을 통해 서구 문물과 서양의 정치사상에 대하여 인식을 넓혀 갔다.

1900년대에는 서북 지방에서 교육활동에 참여하였다. 1910년 나라가 망한 뒤 마산 창신학교(昌信學校) 교사로 근무하며 학생들에게 독립정신을 고취시켰다. 1914년경 일본에 유학, 일본대학에서 정치학을 수학하였다. 1916년경 다시 마산으로 돌아와 1915년 정월 비밀결사 조선국권회복단에 참가하여 마산지부의 지부장을 맡았다. 3.1운동 당시 마산 지역의 만세운동을 주도하였다. 3·1운동 이후 서울에 올라와 1921년 창간된 조선청년연합회 기관지 『아성(我聲)』의 편집을 맡았고, 다음 해에는 신천지사(新天地社)의 편집인이 되었다. 이때부터 본격적인 저술활동을 시작해 『조선문학사』와 『조선문명사—조선정치사』로 대표되는 국어와 국문학, 국사를 비롯한 국학에 대한 글들을 발표하였

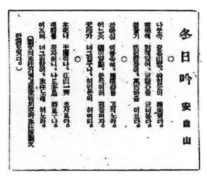

다. 또한 당시 일제의 문화통치에 말려드는 지식인들의 현실을 비판하고 새로운 지식인의 지향을 제시하는 「자각론(自覺論)」 등의 시론(時論)도 발표하였다. 1993년 건국훈장 애족장이 추서되었다.

『동아일보』, 1940. 1. 20, 「冬日吟」

〈참고문헌〉

『안자산의 국학』(최원식, 심상, 1981. 8); 「안자산의 국어연구」(이기문, 『주시경학보』2, 1988); 「자산 안확의 국어학사상의 위치」(최범준, 『한국어학과 알타이어학』—박은용박사회갑기념논총—, 1987); 「안확의 생애와 국학

세계」(이태진, 『역사와 인간의 대응』-고병익선생회갑기념논총-, 1985);
「한국근대역사학과 조선시대사 이해-안확의 조선문명사-」(한영우, 『인문
과학의 새로운 방향』, 심상, 1984); 「안자산 연구」(이동영, 『청구공업전문
대학논문집』2, 1965)

⑫최병규

　최병규(崔丙圭, 1881. 2. 26~1931. 2. 17)는 1881년 2월 26일 대
구시 중구 계산동(桂山洞)에서 태어났다.

　1915년 (음)1월 15일 결성된 조선국권회복단(朝鮮國權恢復團)의 회
원으로 활동하였다. 박상진의 지시에 따라 정운일·최준명 등과 함께
대구의 부호들을 대상으로 1차 군자금 모집에 나섰다. 먼저 1915년 4월
경 최준명이 대구의 대부호 서창규를 만나 독립운동에 필요한 자금을
요청하였으나 실패하였다. 같은 해 6월 정운일·김재열 등과 함께 권
총을 소지하고 다시 서창규를 만나 군자금을 요청하였으나 돈이 없다
는 이유로 거절당하고 말았다.

　1915년 (음)7월 15일 박상진은 정운일·김재열 등과 함께 풍기 광복
단(豊基光復團)과 조선국권회복단을 통합하여 광복회(光復會)를 결성
하였다. 이들은 군자금을 조달하여 만주의 독립운동기지건설을 지원
하고 독립군을 양성함으로써 무력투쟁을 통해 독립을 달성하고자 하
였다. 1915년 11월 무렵 정운일·김진만·김진우 등과 함께 대구의 부
호 정재학·이장우·서우순 등에게 각각 5만 원, 2만 원, 3만 원을 독
립군자금으로 내줄 것을 요구하는 서신을 보내면서 군자금 모집이 시
작되었다. 그러나 대구의 부호들은 그들의 요구에 응하지 않았다. 마
침 김진만의 장인 서우순이 현금을 그 첩의 집에 보관하고 있다는 사
실을 알게 되었다.

1916년 8월 박상진·이시영·정순영·홍주일·정운일·김재열 등과 대구의 최준명·김진만·김진우, 그리고 서우순의 아들인 서상준(徐相俊) 등과 함께 서우순을 상대로 군자금을 확보한다는 계획을 세웠다. 9월 4일 정운일·김진만·김진우 등과 함께 서우순이 자고 있는 방으로 들어갔다. 그러나 이들의 방문에 놀란 서우순의 비명소리에 집사 우도길이 달려오자 일행은 총을 쏘면서 달아났다. 그들은 얼마 후 모두 체포되었는데, 이른바 대구권총사건(大邱拳銃事件)이었다.

1917년 6월 18일 대구복심법원(大邱覆審法院)에서 징역 10년을 선고받고 옥고를 치렀다.

1977년 정부는 건국포장, 1990년 건국훈장 애국장을 추서하였다.

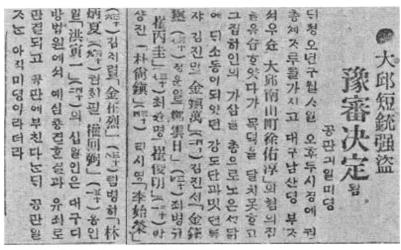

『매일신보』, 1917. 2. 24, 「대구단총강도 예심결정」

〈참고문헌〉

『매일신보』, 1917. 2. 24; 판결문(1917. 6. 18, 대구복심법원), 경상북도경찰부, 『고등경찰요사』, 1934, 180쪽; 권대웅, 『1910년대 국내 독립운동』,

독립기념관 한국독립운동사연구소, 2008. 131쪽; 박영석, 「대한광복회연구」, 『한국민족운동사연구』1, 1986.

VIII

맺는말

대한제국기 애국계몽운동은 "한편으로 제국주의 침략으로부터 국가의 독립을 보조·유지·회복하고, 다른 한편으로는 국내 보수 지배 세력의 횡포로부터 민중의 인권을 보호하고 신장하기 위해 민중의 의식을 계발한 조직적인 운동"이라고 정의할 수 있다.

한국 최초의 애국계몽운동 단체는 교육 진흥을 내세우고 1904년 6월 서울에서 설립된 국민교육회였다. 국민교육회는 학교 설립, 문명적 학문에 응용할 서적의 편찬과 번역, 본국사기와 지지 및 고금 명인전적을 수집하여 널리 펴내는 등 교육과 문화 활동을 전개하였다.

대구지역 애국계몽운동은 1904년 설립된 우현서루와 1905년 2월 설립된 시무학당이 그 시작이었다. 이와 더불어 1906년 1월 설립된 대구광문사와 같은 해 8월 설립된 대구광학회가 교육진흥과 식산흥업을 목표로 하여 애국계몽운동을 이끌었다.

대구광문사는 1906년 1월 서상돈 등의 대구 지역 부호들이 설립하였다. 1906년 3월 경북관찰사로 부임한 신태휴는 대구광문사와 협의하여 근대학교의 설립을 추진하였다. 경북 관찰사 신태휴는 고종의 '흥학조칙(興學詔勅)'에 따라 3월 20일 '흥학훈령(興學訓令)'을 발표하였다. 김광제와 서상돈 등이 이끌고 있던 대구광문사는 총회를 개최하여 흥학조칙을 낭독·선포하였다. 그리고 관찰사와 함께 각 군을 순행하며 학교 설립을 위한 방략을 결의하였다.

대구광학회는 1906년 4월 서울에서 설립된 광학사(廣學社)의 지회로 1906년 8월 대구 출신의 윤필오·김선구 등 5·6인이 발기하여 결성하였다. 대한자강회와 밀착되어 대구 지방의 애국계몽운동에 주도적인 역할을 수행하였다.

대구광문사와 대구광학회가 애국계몽운동을 벌이는 과정에서 나타난 것이 국채보상운동이었다. 1907년 2월 16일 대구광문사 사장 김광제, 부사장 서상돈 등이 발의한 국채보상운동은 대구단연상채소를 필두로 전국적으로 확산되었다. 경북지방의 경우에는 경북각군국채의무금수합소가 결성되어 대구단연상채소와 유기적인 연결 속에 국채보상운동을 벌였다. 또 각 군에서는 국채보상을 위한 보상소를 설립하고 광범위한 대중운동으로 키워 나갔다. 그렇지만 대부분 일제의 침략정책에 편승하여 관료로 나아가거나 경제적인 부를 취하는 데 전력하는 한계를 가졌다.

대구 지역의 애국계몽운동은 1908년 3월 대한협회 대구지회와 서울의 교남교육회가 설립되면서 본격화되었다. 대한협회 대구지회는 1908년 3월 설립되어 교육진흥과 실업장려를 목적으로 활동하였고, 교남교육회는 1908년 3월 서울에서 활동하던 영남 출신의 인사들이 상호간의 친목과 출신 지역의 계몽사상 고취를 위해 설립하여 신교육의 보급을 목표로 활동하였다.

대한협회 대구지회나 교남교육회 회원들은 그 성향이 매우 관료 지향적이었다. 특히 대한협회 대구지회의 임원 및 회원 중 많은 사람들이 초기부터 관료로 임명되거나 경술국치 이후 일제의 식민지 통치기구에 종사하는 관리가 되었고, 친일로 기울어졌다. 이러한 현상은 교남교육회의 경우에도 거의 비슷한 현상으로 나타나고 있어 애국계몽운동이 가진 한계를 보여 주고 있다. 이러한 한계를 극복하면서 설립된 애국계몽운동 단체가 달성친목회였다.

1908년 9월 5일 결성된 달성친목회는 이근우·김용선 등 대구 출신의 계몽적 지식인들이 조직하였다. 달성친목회 회원들은 대구 지역의 자본가 세력인 부호들의 후원 속에 신사상과 신문물을 희구하며 성장한 지식인이었다.

달성친목회는 교남교육회와 연결되어 대구를 중심으로 청년의 교육진흥과 실업장려를 표방하며 활동하였지만, 실제로는 국권회복을 목표로 활동하였다. 나아가 1910년 경술국치 이후에는 항일독립운동을 목적으로 하는 비밀결사의 성격까지 띠게 되어 1910년대 독립운동 단체 조선국권회복단 중앙총부로 발전하였다.

|참고문헌|

1. 신문·잡지

『황성신문』, 『대한매일신보』, 『동아일보』, 『중외일보』, 『매일신보』
『대한자강회월보』, 『대한협회회보』, 『교남교육회잡지』, 『대한협회대구지회
회록』 제1호(영남대학교 박물관 소장)

2. 관변자료

『고종실록』, 『승정원일기』, 『대한제국관보』, 『조선총독부관보』(조선총독부),
『중추원자료』(조선총독부 중추원), 『조선총독부직원록』(조선총독부), 『일본
제국직원록』(조선총독부, 1913), 『조선총독부및소속관서직원록』(1920년),
『경상남북도래거안』(경상북도), 『대한제국관원이력서』(국사편찬위원회,
1972), 『기밀서류철』(정부기록문서, 문서번호 88-1), 『조선은행회사요록』
(1923년판), 『조선은행회사조합요록』(1921 및 1929년판), 『고등경찰요사』
(경상북도 경찰부, 1934), 『조선민족운동연감』(재상해일본총영사관경찰부,
1919. 3), 『조선독립운동』 제1권 분책(김정명편, 1967)

3. 문집·일기

『한계유고』(이승희), 『학초전』1·2(박학래), 『후담문집』(채헌식, 1962), 『대
구읍지』(채헌식·이병운, 1924), 『일엽구화』(조병희), 『석농유고』(조병희),
『백농실기』(조창용), 『남은선생문집』(여중용), 『음빙실합집』(양계초, 북경중
화서국, 1994), 『장지연해항일기』(장지연), 『독립지사김광제선생유고집』

(일신당, 1997), 『동산문고』(유인식, 동산기념사업회, 1978), 『성재소전』 (이시영, 1951), 『소남유고』(이일우)

4. 저술

문일민, 『한국독립운동사』, 1956.

윤보현, 『영남출신독립운동략전』 제1집, 1961.

김준엽·김창순, 『한국공산주의운동사』2. 고려대학교출판부, 1962.

독립운동사편찬위원회, 『독립운동사』5·8·10, 1973.

윤보현, 『경북판독립운동실록』, 1974.

강동진, 『일제의 한국침략정책사』, 한길사, 1980.

최원식, 『안자산의 국학』, 심상, 1981.

정순목, 『영남교육사초』, 영남대 출판부, 1983.

박찬승, 『한국근대정치사상사연구』, 역사비평사, 1992.

안용식편, 『한국행정사연구』1, 대영문화사, 1993.

조항래 편저, 『1900年代의 애국계몽운동연구』, 아세아문화사, 1993.

『한민족독립운동사자료집』7, 국사편찬위원회, 1998.

김영범, 『한국 근대민족운동과 의열단』, 창작과 비평사, 1997.

안동대학교 안동문화연구소, 『영양주실마을』, 2001.

김일수, 『서상일의 정치·경제 이념과 활동』, 성균관대학교 박사학위논문, 2001.

이현주, 『한국사회주의 세력의 형성』, 일조각, 2003.

유영렬, 『애국계몽운동』I, 독립기념관, 2007.

권대웅, 『1910년대 국내독립운동』, 독립기념관, 2008.

최기영, 『애국계몽운동』II, 독립기념관, 2009.

김희곤·강윤정, 『오미마을 사람들의 민족운동』, 지식산업사, 2009.

박걸순, 『류인식』, 안동독립운동기념관 인물총서 2, 지식산업사, 2009.

김영범, 『혁명과 의열』, 경인문화사, 2010.

김희곤, 『안동 사람들이 만주에서 펼친 항일투쟁』, 지식산업사, 2011.

김용달, 『김지섭』, 안동독립운동기념관 인물총서 5, 지식산업사, 2011.
권대웅·권영배, 『경북독립운동사』Ⅰ, 의병, 경상북도, 2012.
경북독립운동기념관, 『백농이동하』, 2015.
미와조테츠(三輪如鐵), 『조선대구일반』, 1911(영남대학교 출판부, 2016)
권대웅, 『달성의 독립운동가 열전』, 민속원, 2017.
권대웅, 『한계 이승희의 생애와 독립운동』, 성주문화원, 2018.
이인숙, 『석재 서병오』-필묵에 정을 담다-, 중문, 2018.

5. 논문

이동영, 「안자산 연구」, 『청구공업전문대학논문집』2, 1965.
최영희, 「3·1운동에 이르는 민족운동의 원류」, 『3·1운동50주년기념논문집』, 동아일보사, 1969.
윤병석, 「1910년대 한국독립운동 시론」, 『사학연구』27, 한국사학회, 1977.
이송희, 「한말 국채보상운동에 관한 일연구」, 이대사학회, 『梨大史苑』 제15집, 1978.
조동걸, 「대한광복회의 결성과 그 선행조직」, 『한국학논총』5, 국민대 한국학연구소, 1982.
조동걸, 「대한광복회 연구」, 『한국사연구』42, 한국사연구회, 1983.
신용하, 「신민회의 창건과 그 국권회복운동」, 『한민족독립운동사연구』, 을유문화사, 1985.
이태진, 「안확의 생애와 국학세계」, 『역사와 인간의 대응』, 1985.
박영석, 「대한광복회 연구」, 『한국민족운동사연구』1, 한국민족운동사학회, 1986.
정관, 「교남교육회에 대하여」, 역사교육회, 『역사교육논집』 제10집, 1987.
조동걸, 「1910년대 독립운동의 변천과 특성」, 『한민족독립운동사』, 국사편찬위원회, 1988.
권대웅, 「백산 우재룡의 항일독립운동」, 『향토문화』 제4집, 향토문화연구회, 1988.

권대웅, 「조선국권회복단 연구」, 『민족문화논총』9, 영남대학교 민족문화연구소, 1989.

권대웅, 「대한독립단 국내지단의 조직과 활동」, 『교남사학』 제5집, 영남대학교국사학과, 1990.

강영심, 「조선국권회복단의 결성과 활동」, 『한국독립운동사연구』4, 한국독립운동사연구소, 1990.

권대웅, 「대동청년단연구」, 박영석교수화갑기념 『한민족독립운동사논총』, 1992.

권영배, 「한말 의장 이청로와 의령의병의 김해전투」, 『조선사연구』 제3집, 1994.

권대웅, 「한말 경북지방의 사립학교와 그 성격」, 『국사관논총』 제58집, 국사편찬위원회, 1994.

권대웅, 「일제하 독립운동단체 '민단조합'」, 『한국학보』74, 일지사, 1994.

권대웅, 「한말 달성친목회연구」, 오세창교수화갑기념 『한국근현대사논총』, 1995.

권대웅, 「한말 재경 영남유림의 구국운동」, 한국근대사연구회, 『일제의 한국침략과 영남지방의 반일운동』, 1995.

권대웅, 「대한광복회의 조직과 활동」, 『대경논총』창간호, 대경대학교, 1995.

권대웅, 「한말 교남교육회 연구」, 중산정덕기교수화갑기념 『한국사학논총』, 경인문화사, 1996.

권대웅, 「한말·일제초기 청도지역의 민족운동과 주도세력의 성격」, 『민족문화논총』21, 2000.

김승, 「한말·일제하 동래지역 민족운동과 사회운동」, 『지역과 역사』6, 부경역사연구소, 2000.

김일수, 「대한제국 말기 대구지역 계몽운동과 대한협회 대구지회」, 『민족문화논총』25, 2002.

최재목 외, 「일제강점기 신지식의 요람 대구 「우현서루」에 대하여」, 『동북아문화연구』 제19집, 2009.

권대웅, 「박상진의 생애와 독립운동」, 『동학연구』28, 한국동학학회, 2010.

이희환, 「백초 유완무의 북간도에서의 민족운동」, 『범월犯越과 이산 離散』, 인하대학교 출판부, 2010.

권대웅, 「경주 부호 최준의 생애와 독립운동」, 『한국독립운동사연구』45, 2013.

권대웅, 「백산무역주식회사의 설립과 경영」, 『백산 안희제의 생애와 독립운동』, 선인, 2013.

김일수, 「김일식(金一植)일가의 독립운동과 국가건설운동」, 『역사연구』26, 2014.

권대웅, 「고령군단연상채회의 설립과 의연금 모집」, 『한국근현대사연구』제77집, 2016.

권대웅, 「대한협회 대구지회의 활동과 성격」, 『경북인의 애국계몽운동 연구』, 경상북도 독립운동기념관, 2017.

김일수, 「지오 이경희의 생애와 민족독립운동」, 계명대 『한국학연구』63, 2016.

ǀ찾아보기ǀ

| 권대웅(權大雄) |

약력
영남대학교 국사학과 및 같은 대학교 대학원 졸업(한국근현대사 전공, 문학박사)
영남대학교 부설 민족문화연구소 상임연구원 및 간사
대경대학교 교수
경상북도 문화재위원회 전문위원
대구광역시 문화재위원회 전문위원
경상북도 독립운동기념관 운영위원
대구광역시 국가유공자 명예의 전당 인물선정위원회 위원장

주요저서
『1910년대 국내 독립운동』(독립기념관, 2008)
『청도의 독립운동사』(청도군, 2010)
『경북독립운동사Ⅰ』(경상북도, 2012)
『희고 흰 저 천길 물속에, 김도현』
(독립기념관, 2012)
『목숨바쳐 나라를 사랑한 선비, 왕산 허위』
(경상북도독립운동기념관, 2014)
『달성의 독립운동가 열전』
(달성문화재단, 2018)
『한계 이승희의 생애와 독립운동』
(성주군, 2018)
『불굴의 의병장, 해운당 김하락』
(경상북도독립운동기념관, 2020)
『알기쉬운 대구독립운동』
(광복회 대구광역시지부, 2020, 공저) 등 다수